Touren für Ausgeschlafene

# Wanderungen für Langschläfer

## Bayerischer Wald

30 erlebnisreiche Halbtagstouren in wilder, ursprünglicher Natur

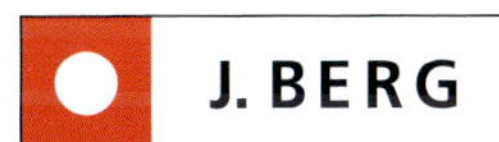

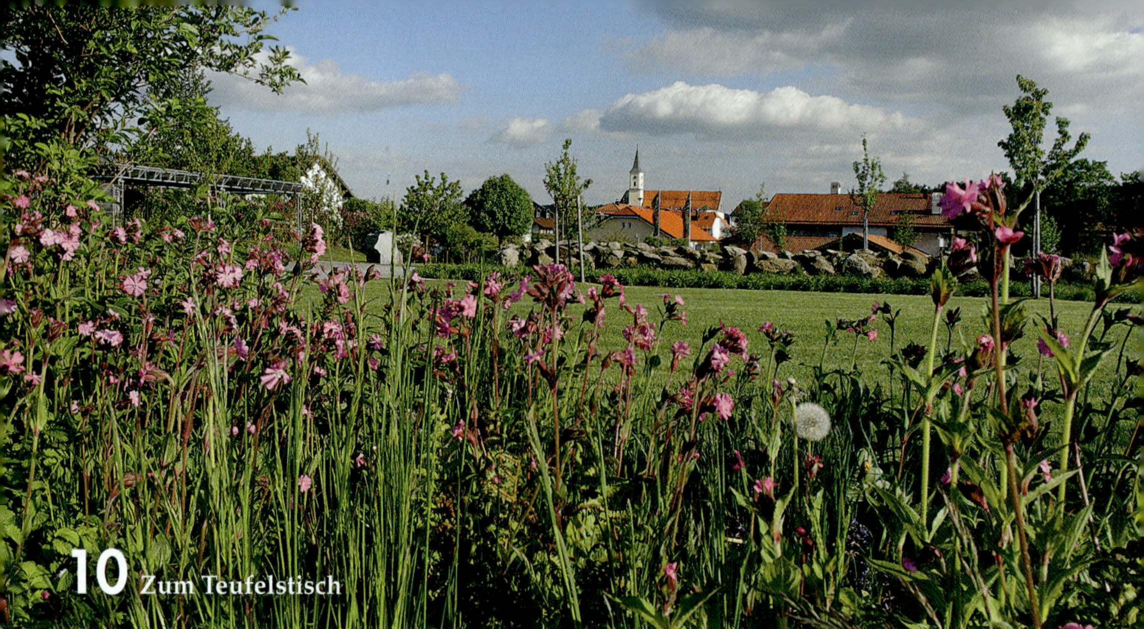


# Inhalt

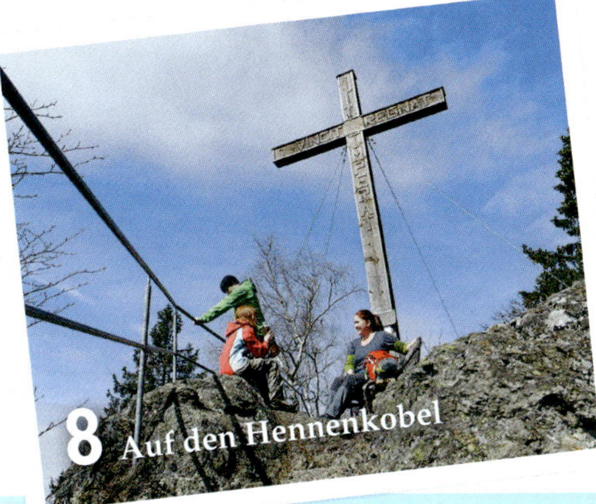

**8** Auf den Hennenkobel

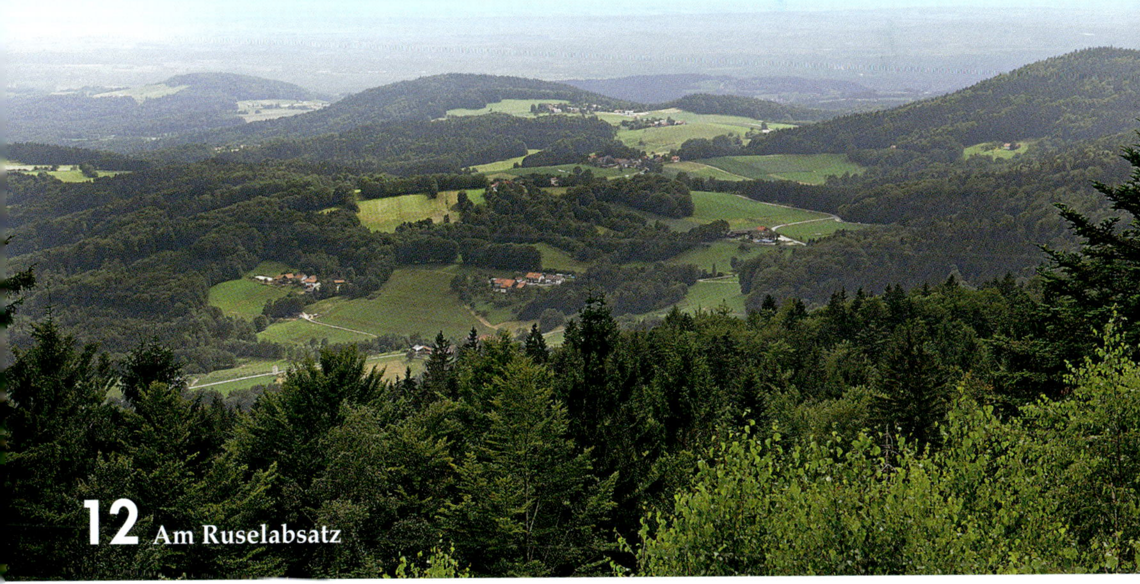

**12** Am Ruselabsatz

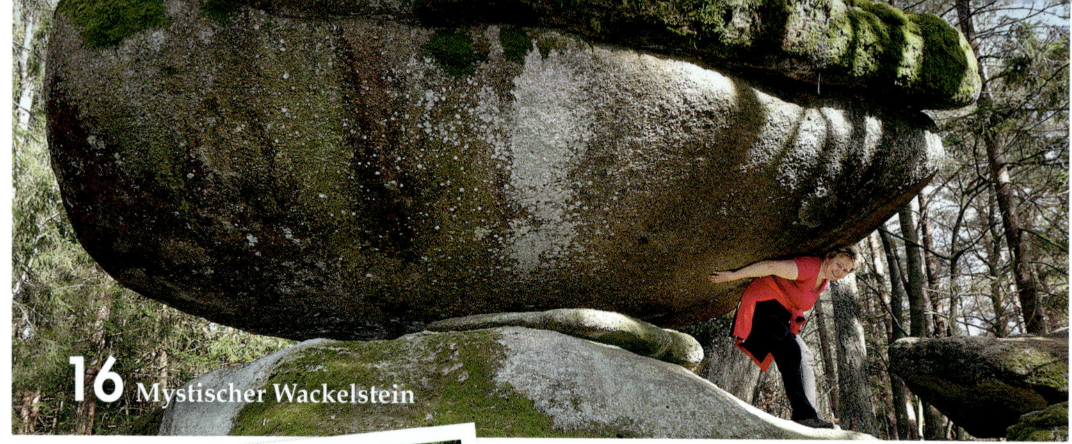
16 Mystischer Wackelstein

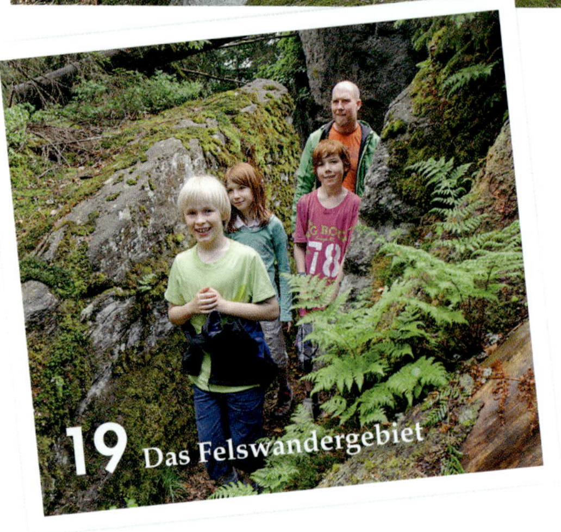
19 Das Felswandergebiet

# Tourenüberblick

| Tour | | | km | Hm | Zeit | Einkehr | Kinder | Kultur | Winter | Sommer | Natur | Seilbahn | Baden | Bus |
|---|---|---|---|---|---|---|---|---|---|---|---|---|---|---|
| 1 | ● | Von Kollnburg ins Aitnachtal | 9,0 km | 375 Hm | 3.00 Std. | • | • | | | | | | | • |
| 2 | ● | Ecker Sattel zum Mühlriegel | 5,0 km | 220 Hm | 2.30 Std. | • | • | | • | | • | | | • |
| 3 | ● | Zum Großen Riedelstein | 7,5 km | 350 Hm | 3.30 Std. | • | | | | | • | | | • |
| 4 | ● | Rund um die Arbergipfel | 1,2 km | 100 Hm | 1.00 Std. | • | • | • | | • | | • | | • |
| 5 | ● | Kleiner Arbersee | 7 km | 200 Hm | 2.00 Std. | • | • | • | | | | | | • |
| 6 | ● | Vom Waldhaus zum Falkenstein | 10,5 km | 600 Hm | 4.30 Std. | • | | | | | • | | | • |
| 7 | ● | Tierfreigelände Ludwigsthal | 8 km | 80 Hm | 2.30 Std. | • | • | • | | | | | | • |
| 8 | ● | Hennenkobel | 14,5 km | 450 Hm | 4.00 Std. | • | • | | | | • | | | • |
| 9 | ● | Großer Pfahl | 4.5 km | 170 Hm | 2.00 Std. | • | • | • | • | • | | | | |
| 10 | ● | Teufelstisch | 8 km | 300 Hm | 2.30 Std. | • | • | • | | | | | | • |
| 11 | ● | Dreitannenriegel, Kreuzfelsen | 9,5 km | 500 Hm | 3.30 Std. | • | • | | | | • | | | |
| 12 | ● | Ruselabsatz | 4 km | 150 Hm | 1.15 Std. | • | • | | | | | | | • |
| 13 | ● | Um den Schaufling | 6 km | 200 Hm | 1.45 Std. | | | | | • | | | | |
| 14 | ● | Lalling | 7,5 km | 200 Hm | 1.45 Std. | • | | • | | • | | | | |
| 15 | ● | Brotjacklriegel | 7,5 km | 400 Hm | 2.45 Std. | • | • | • | • | | | | | • |
| 16 | ● | Wackelstein, Steinernes Kirchlein | 3,8 km | 180 Hm | 1.45 Std. | • | • | • | • | | • | | | • |
| 17 | ● | Entlang der Ilz | 10,5 km | 350 Hm | 2.45 Std. | • | | | | | | | • | |
| 18 | ● | Buchberger Leite | 8 km | 200 Hm | 2.30 Std. | • | • | • | | | • | | | • |
| 19 | ● | Felswandergebiet Nationalpark | 4 km | 300 Hm | 1.30 Std. | • | • | | | | • | | | • |
| 20 | ● | Um Neuschönau | 6,5 km | 150 Hm | 2.15 Std. | • | • | • | • | | | | | |
| 21 | ● | Klosterfilze bei Riedlhütte | 12,5 km | 150 Hm | 3.00 Std. | • | | • | • | | | | | • |
| 22 | ● | Um Waldhäuser | 4 km | 200 Hm | 1.30 Std. | • | • | | | | • | | | |
| 23 | ● | Auf den Lusen | 5,5 km | 250 Hm | 2.30 Std. | • | • | • | | | • | | | |
| 24 | ● | Von Gfäll auf den Rachel | 10 km | 500 Hm | 4.00 Std. | • | | | | | | | | |
| 25 | ● | Reschbachklause, Moldauquelle | 11,5 km | 350 Hm | 4.00 Std. | • | | • | | | | | | • |
| 26 | ● | Nach Fürstenhut | 12,5 km | 300 Hm | 4.00 Std. | | | • | | | | | | |
| 27 | ● | Dreisessel, Hochstein | 3 km | 100 Hm | 1.15 Std. | • | • | • | | | | | | |
| 28 | ● | Plöckenstein | 9 km | 300 Hm | 2.30 Std. | • | | | • | • | | | | |
| 29 | ● | Saußbachklamm | 7 km | 200 Hm | 2.00 Std. | • | • | • | | | | | | |
| 30 | ● | Donausteig | 14,5 km | 500 Hm | 4.00 Std. | • | | • | • | | | | | |

# Vorwort

Nun ist es schon einige Jahre her, dass unsere ersten »Langschläfer«-Bücher erschienen sind. Niemals hätten wir gedacht, dass es so viele Spätaufsteher gibt, die ebenso wie wir gern einmal ausschlafen wollen.

Nachdem wir zuerst nur die Alpen ausgeschlafen erkundet haben, wird es nun auch Zeit für andere bayerische Gebiete. So durften wir dieses Mal den Bayerischen Wald entdecken, bewandern und kennenlernen. Voilà – hier sind sie also, die ersten 30 Langschläfer-Wanderungen im Osten Bayerns! Manche führen auf Berge – von denen es auch im Bayerischen Wald so einige gibt –, andere führen über Hügel, durch Wälder und Täler, entlang von Flüssen und durch kleine Dörfer. Wie üblich ist für jeden Sportsgeist etwas dabei: für die routinierten Allrounder und für die Gelegenheitswanderer, für die Einsamkeit liebenden Berggeher und für Familien oder Kulturinteressierte!

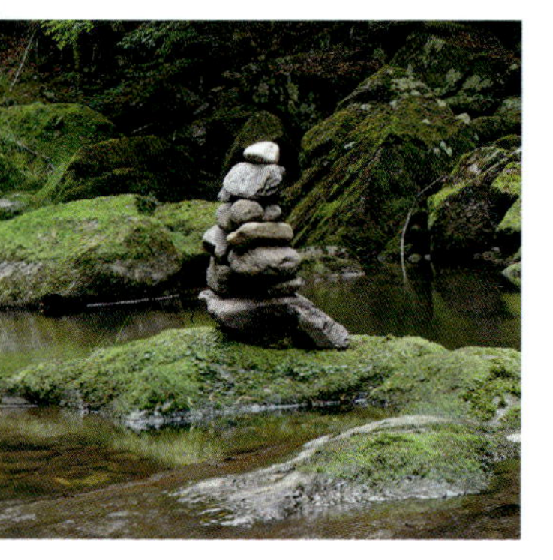

Steinmanndl an der Wolfsteiner Ohe in der Buchberger Leite

Bei den 30 Wanderungen haben wir versucht, eine gute Mischung zwischen touristisch bewährten Zielen und unbekannten Touren zu bieten. Dabei müssen wir gestehen, dass wir im Bayerischen Wald von der Fülle der Touren geradezu überwältigt waren – immer wieder haben uns nämlich Einheimische ihre Lieblingsrouten verraten, sodass man niemals alle wunderbaren Wanderungen in einem einzigen Buch unterbringen könnte.

Und vielleicht geht es Ihnen ja wie uns: Von den Alpen verwöhnt – immerhin leben wir direkt an deren Rand –, haben wir uns dennoch einfach in den Bayerischen Wald verliebt. Die Landschaft zusammen mit ihren freundlichen Bewohnern ist wohltuend anders, einsamer und geruhsamer geht es hier zu – perfekt zum Entschleunigen! Und zum Schluss noch etwas ganz Wichtiges: Natürlich dürfen die Wanderungen für Langschläfer auch von Frühaufstehern begangen werden!

Weiterhin ganz viel Spaß beim Ausschlafen und Wandern wünschen Ihnen

*Lisa und Wilfried Bahnmüller*

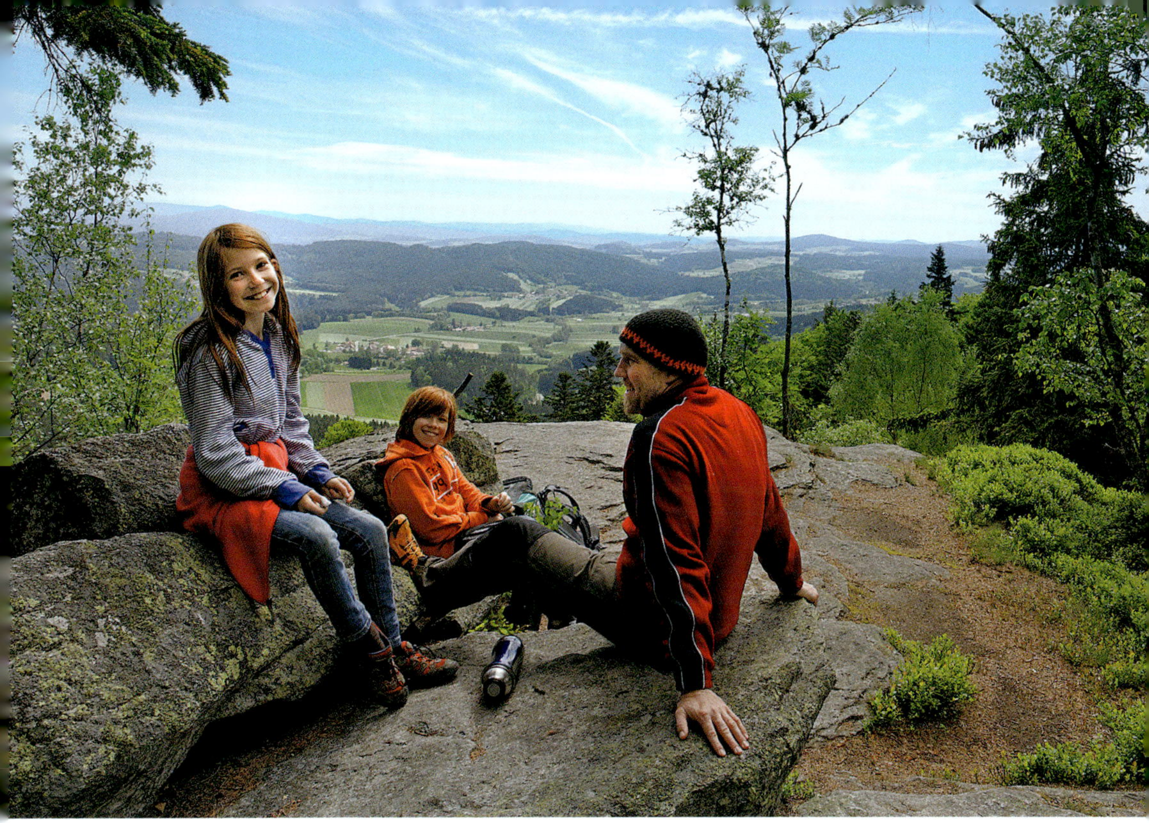

# Praktische Informationen

Für Familien mit Kindern eignet sich ein Wanderurlaub im Bayerischen Wald besonders. Wilde Steinformationen und Aussichtsplattformen wie hier am Teufelstisch in Bodenmais finden sich fast überall.

Der Titel dieses Buchs sollte nicht irreführen: »Wanderungen für Langschläfer im Bayerischen Wald«, das sind zumeist keine Spaziergänge in Halbschuhen auf gemütlich breiten Wegen. Natürlich haben wir keine knieschlotternden Touren beschrieben, trotzdem ist der Bogen hinsichtlich Anforderungen an Technik und Kondition für die vorgestellten Wanderungen weit gespannt, und man darf niemals übersehen, dass gerade in den Bergen – auch in denen des Bayerischen Walds! – andere Spielregeln gelten als in der Ebene. Wanderneulinge tasten sich am einfachsten mit zwei bis drei leichteren Touren an das neue Geh-Gefühl heran.

Viele gute und auch allgemeine Tipps zum Wandern gibt es im Übrigen auf der Homepage des Deutschen Alpenvereins (alpenverein.de) nachzulesen – und diese gelten auch für den Bayerischen Wald. Wir wollen hier aber den Umfang des Buchs nicht sprengen und versuchen so, nur auf die für uns wichtigsten Hinweise einzugehen.

## Gehzeiten und Höhenangaben

Wir haben uns sehr um genaue Zeit- und Höhenangaben bemüht. Aber auch unsere Schwierigkeitseinstufungen sind nicht immer objektiv, sondern hängen von unserem persönlichen Empfinden sowie von der Tagesverfassung ab. Die erste Tour in jeder neuen Saison ist immer die Schwerste …

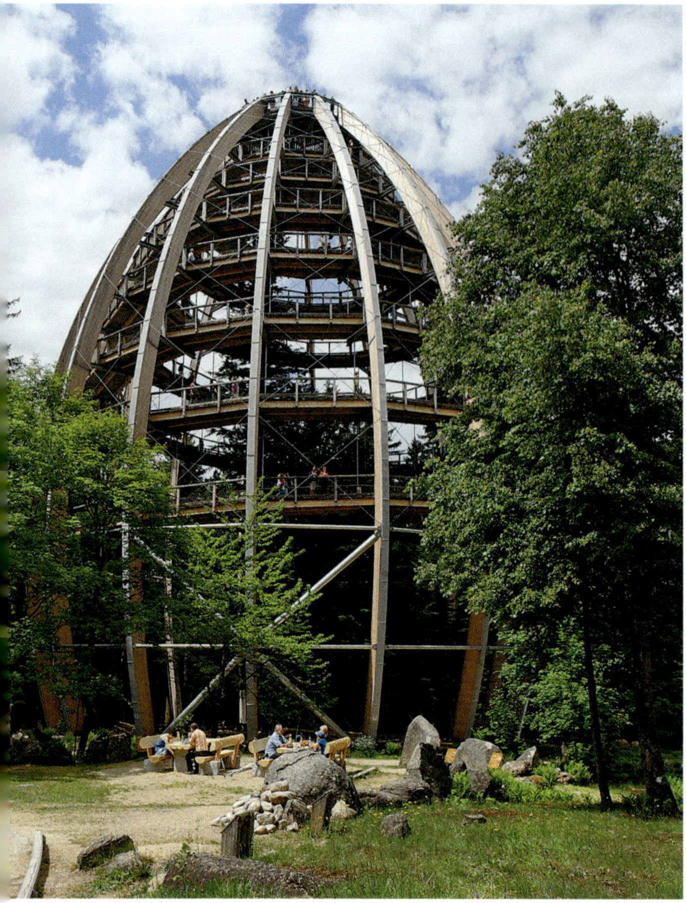

Alle aufgeführten Zeiten verstehen sich als reine Gehzeit. Rechnen Sie in der Tourenplanung immer noch Ihre Pausen, die Rast am Gipfel sowie Zeit für Besichtigungen mit ein. Vor allem berücksichtigen Sie ein ausreichendes Zeitfenster für Unvorhersehbares wie Wettersturz, abgerutschte Wege, Verlaufen oder ungeplante Umwege. So kommen Sie sicher vor Einbruch der Dunkelheit zurück.

Unsere Höhenangaben entnehmen wir den GPS-Geräten, aber auch diese arbeiten nicht immer punktgenau. Neben der Differenz von Ausgangspunkt und höchstem Punkt am Wanderziel liegen eben auch immer wieder zusätzliche An- und Abstiege – vor allem im hügeligen Bayerischen Wald.

Der Baumwipfelpfad im Nationalpark bei Neuschönau liegt direkt auf einer Wanderroute.

## Wanderkarten

Die Karten im Buch zusammen mit der Beschreibung im Text sind eigentlich ausreichend. Wer aber die Tour verlängern oder abkürzen will, der sollte eine zusätzliche Wanderkarte zur Orientierung mitnehmen. Wir haben sehr gute Erfahrungen mit den Kompass-Karten gemacht, die es für den Bayerischen Wald in einem äußerst praktischen dreiteiligen Kartenset gibt, das die gesamte Gegend abdeckt.

## Ausrüstung

Feste Wanderstiefel oder Trekkingschuhe sind Grundvoraussetzung für sicheres Wandern. Falsches Schuhwerk (Halbschuhe, Sandalen, Badeschuhe etc.) bieten niemals genügend Halt und sind oft Auslöser von schweren Unfällen.

Teleskopstöcke sind vor allem beim Abstieg bequem und entlasten die Gelenke. Gut ist's, wenn sie klein und leicht sind und an den Rucksack gebunden werden können, sollten sie doch einmal stören.

Sonnen- und Regenschutz sollte man immer mit dabei haben – und auch das Antimückenmittel war uns gerade in den Hochmoorwanderungen und entlang der Flüsse und Bäche eine große Hilfe. Vernünftig ist es auch, ein kleines Erste-Hilfe-Set inklusive Rettungsfolie (Fachhandel) mitzunehmen, das gut im Rucksack liegt und nicht viel Platz wegnimmt.

Bequeme Wanderkleidung aus technischem Funktionsmaterial ist praktisch und spart Ersatzwäsche. Besonders im Herbst sollte man unbedingt auf eine wärmende Jacke achten oder sogar eine Mütze dabei haben. Spätestens ab Mitte September kann der Wind auf den Höhen bitterlich kalt pfeifen!

Weniger wichtig, aber manchmal praktisch und schön sind Fotokamera sowie Bestimmungsbücher für Flora und Fauna.

## Sicherheit

Bereits bei der Auswahl der Touren sollte man seine eigene Leistungsfähigkeit – und auch die der Begleiter – kritisch mit in die Überlegungen einbeziehen. Die in diesem Buch beschriebenen Wanderungen mögen zwar verhältnismäßig kurz sein, sie fordern aber trotzdem oft einiges an Kondition. Viele Unfälle passieren aufgrund mangelnder Erfahrung und Selbstüberschätzung. Gehen Sie besser nie allein auf eine Wanderung – denn falls Ihnen etwas zustößt, kann Ihre Begleitung Hilfe holen.

Sinnvoll ist auch die Mitnahme eines Handys. Das Empfangsnetz ist im Bayerischen Wald fast überall zuverlässig flächende-

Im Herbst wachsen üppig Blaubeeren in den Wäldern.

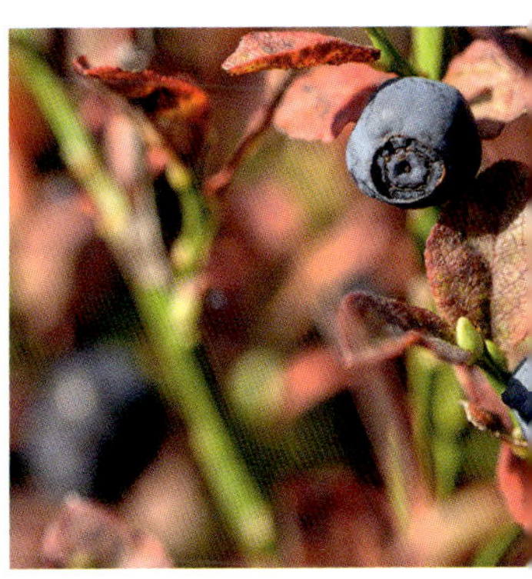

ckend. Bedenken Sie jedoch, dass sich gerade im Grenzbereich das Handy oft in tschechische oder österreichische Netze einwählt. Und wenn die moderne Technik nichts mehr nutzt, gibt es immer noch das alte, aber bewährte alpine Notsignal. Es besteht aus sechs optischen oder akustischen Signalen (alle 10 Sekunden) in der Minute (Rufen, Pfeifen, Winken); dann folgen drei Minuten Pause vor einer Wiederholung. Antwort: dreimal pro Minute ein Signal.

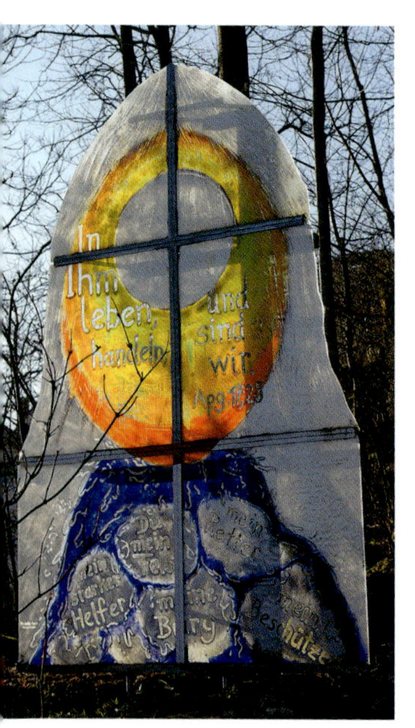


Auf gläserne Kunstwerke stoßen wir immer wieder bei unseren Wanderungen, daran lässt sich die alte Handwerkstradition im Bayerischen Wald erkennen (Tour 1).

Wichtig bereits vor der Tourenplanung ist auch die Wetterbeobachtung. Unvorhersehbare Wetterumschwünge sind gerade in den Sommermonaten nicht selten. Vor allem wir als Spätaufsteher müssen mit Gewittern rechnen, die sich besonders am Nachmittag in den Bergen zusammenbrauen. Wer dennoch von einem Gewitter überrascht wird, sollte exponierte Wegstellen unbedingt meiden – allein stehende Bäume, Gipfel und deren Kreuze stellen tödliche Gefahrenquellen dar! Am besten wird die Tour unverzüglich abgebrochen, oder man sucht Schutz in Senken oder Mulden in einer am Boden zusammengekauerten Haltung.

Wir als Nachmittagsgeher müssen auch immer ein Auge auf die Zeit haben. Bevor man in Zeitnot gerät, ist es einfacher, umzudrehen. Im Dunkeln einen Berg hinunterzutapsen, ist kein Vergnügen und gefährlich!

Eine Besonderheit des Bayerischen Walds ist die Gefahr des Windbruchs. Es bedarf keines größeren Windes, und schon können von den vielen toten Bäumen Äste abbrechen oder gar ganze Stämme entwurzelt werden. Natürlich macht es keinen Sinn, die Wanderungen mit Sturzhelm anzutreten, aber ein wenig Gefühl für die Landschaft sollte man dabei schon entwickeln. Besonders im Bereich des Nationalparks, wo die Natur ja sich selbst überlassen ist, sollte man auf das stehende Totholz achten.

Zum Schutz bedrohter Pflanzen- und Tierarten, wie z.B. des Auerhuhns, gilt in großen Teilen des Nationalparks Bayerischer Wald ein strenges Wegegebot: Die Wege dürfen nicht verlassen werden! Zusätzlich gibt es Gebiete, die man in der Zeit ab Mitte November bis Mitte Juni gar nicht betreten darf. Auskünfte darüber sowie viele weitere Informationen rund um das Ökosystem im Nationalpark erhält man unter: nationalpark-bayerischer-wald.de.

## Einkehr und Verpflegung

Zu einer richtigen Wanderung gehört eine leckere Brotzeit. Im Bayerischen Wald gibt es zahllose wunderschöne Picknick- und Raststellen, und das nicht immer auf den Gipfeln, sondern auch entlang der Wege, von denen man oft Jahre später noch verträumt erzählt. Nicht jede Wanderung führt hier an einem Gasthaus oder an einer Berghütte vorbei, im großen Unterschied zu den Wanderungen in den Alpen, wo man häufig auf Almen trifft. Der Bayerische Wald ist einfach um ein Vielfaches einsamer – und das macht ja gerade seinen Reiz aus. Vergessen Sie also nicht, sich vor Beginn der Tour mit Brotzeit und reichlich Getränken einzudecken. Dazu bieten sich die viele Dorfmetzgereien und Bäckereien an.

Sollte es unterwegs Einkehrmöglichkeiten geben, haben wir diese im Text erwähnt. Bedenken Sie jedoch, dass Gasthäuser sowohl Ruhetage als auch Betriebsferien haben können.

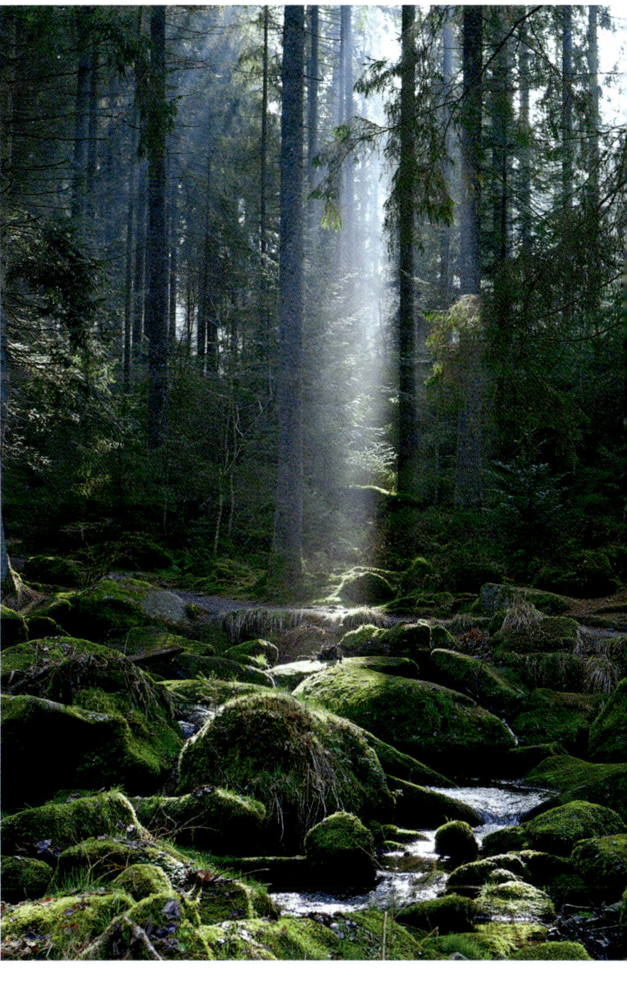

Mystisch fallen Sonnenstrahlen in die dunkle Saußbachklamm (Tour 29).

## Anfahrt

Viele Ausgangsorte der Touren lassen sich mit öffentlichen Verkehrsmitteln erreichen. Besonders im Gebiet des Nationalparks Bayerischer Wald kann man mit dem »Igelbus« sehr viel umweltverträglicher ankommen (Infos z. B. unter ostbayernbus.de). An einigen der anderen Startplätze ist es aber leider gerade am Wochenende schwieriger, auf das öffentliche Bussystem zurückzugreifen. Viele der kleinen Weiler und Dörfer sind nämlich nur mit den Schulbussen an die nächstgrößeren Orte angebunden. Manchmal muss man dann eben ein wenig mehr Wanderzeit mit einkalkulieren, wenn man einen alternativen Startpunkt wählt.

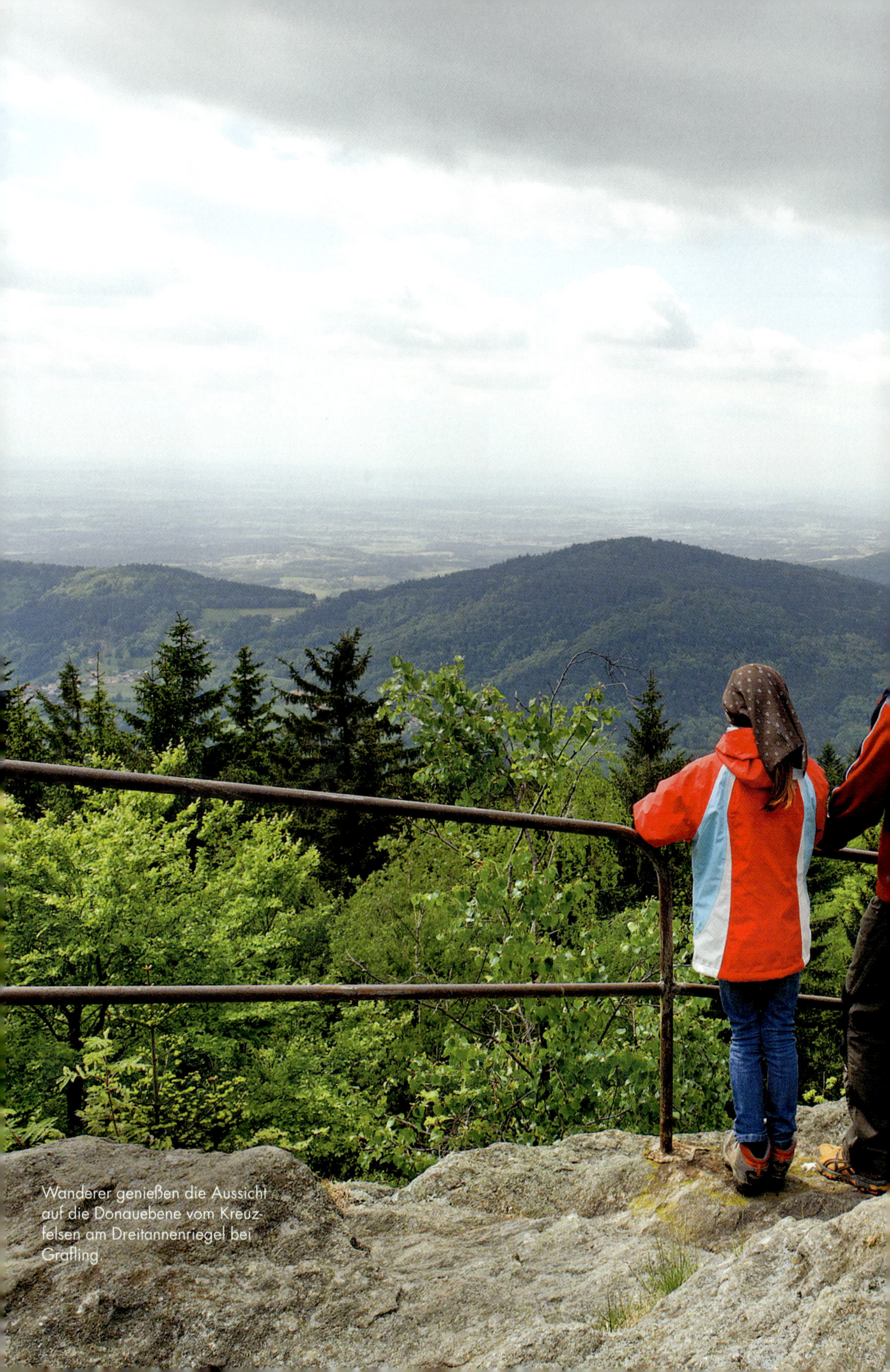
Wanderer genießen die Aussicht auf die Donauebene vom Kreuzfelsen am Dreitannenriegel bei Grafling.

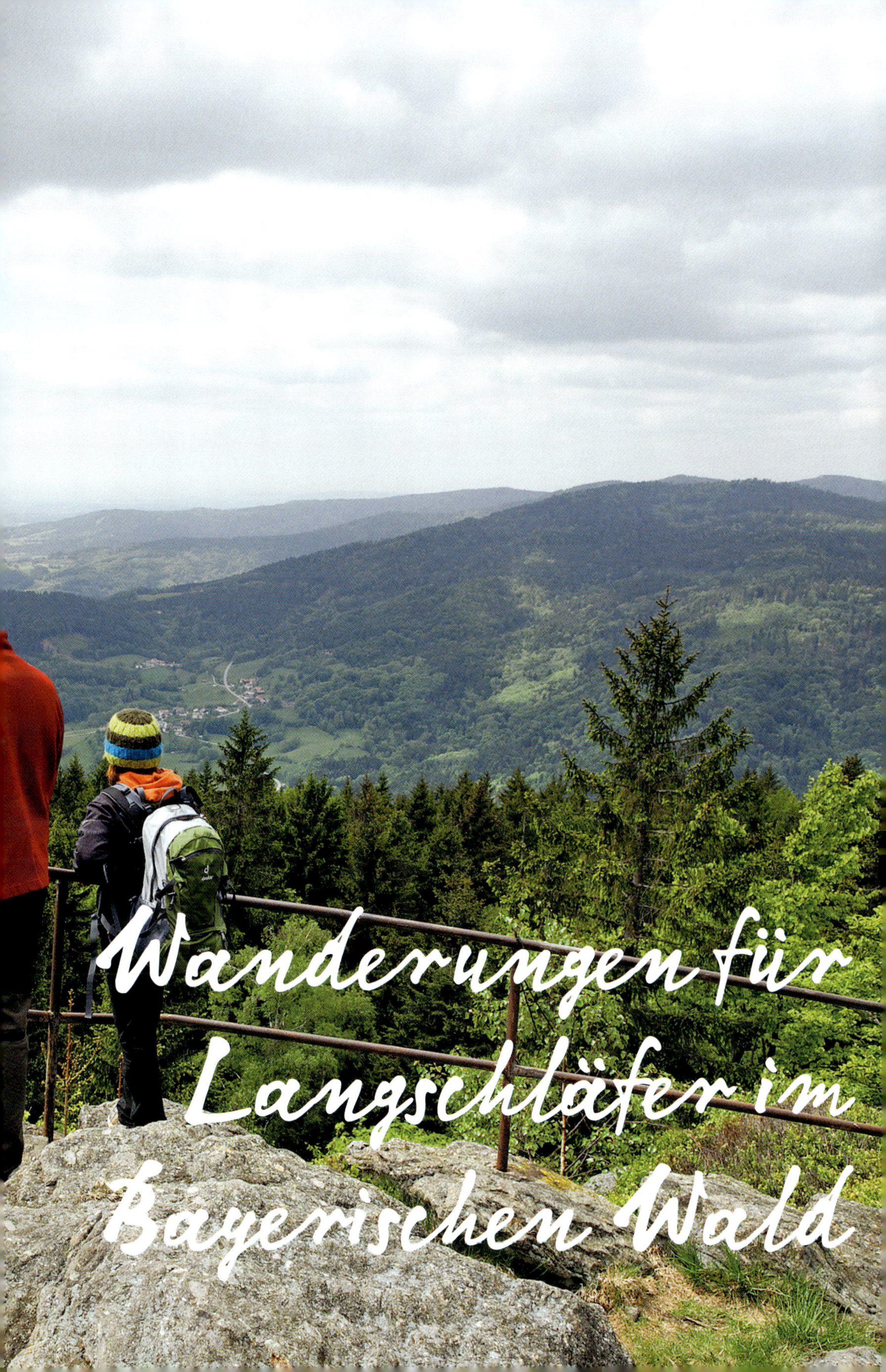
Wanderungen für
Langschläfer im
Bayerischen Wald

# 1 Von Kollnburg ins Aitnachtal

## Denkmäler und eine uralte Eiche

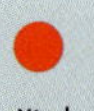
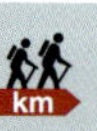
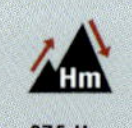
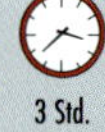
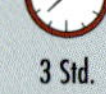

| Mittel | 9 km | 375 Hm | 3 Std. |
|---|---|---|---|

**Tourencharakter**
Die Tour verläuft zum einen auf oder neben wenig befahrenen Teerstraßen, zum größeren Teil aber auf Feld-, Wald- oder Wiesenwegen, die festes Schuhwerk voraussetzen.

**Ausgangs-/Endpunkt**
Rathaus Kollnburg (655 m)

**GPS-Daten**
49.04600, 12.86176

**Anfahrt**
Auto: Von der A 3, Ausfahrt Bogen, Richtung Viechtach. Ca. 5 km nach St. Englmar kommt die 1. Abfahrt nach Kollnburg. Wir empfehlen die 2. Abfahrt 1 km weiter, dann kann man neben dem Friedhof parken oder auf dem Parkplatz bei den Sportanlagen (beschildert). Im Zentrum sind Parkplätze Mangelware.
Bahn/Bus: Bürgerbus von Viechtach (sehr eingeschränkter Fahrplan)

**Karte**
Kompass 1:50 000, Nr. 198/2 Bayerischer Wald

**Einkehr**
In Kollnburg: Hotel-Gasthof Zum Bräu und Burggasthof Hauptmann

**Information**
kollnburg.de

**Der Bayerische Wald besteht nicht nur, wie sein Name vermuten ließe, aus Wald, sondern er ist ein Kulturland, das seit 1000 Jahren von Menschen besiedelt wird. So wechseln sich weite Felder mit Wäldern ab, und die Dörfer mit ihren Denkmälern erzählen vom einst harten Leben der Bewohner, die vor allem durch ihren tief verwurzelten Glauben immer wieder Kraft schöpften.**

Wir beginnen unsere Wanderung am **Kollnburger Rathaus** und folgen auf der Schulstraße der Wegmarkierung Nr. 16, die uns fast die ganze Wanderung über begleiten wird. Leicht abwärts erreichen wir die große Autostraße, der wir für 100 Meter nach rechts folgen müssen, dann zweigt links die Straße ab, die uns durch den Ortsteil Dornach/Baierweg bringt. Diese Straße ist das Überbleibsel des alten Verkehrswegs von Bayern nach Böh-

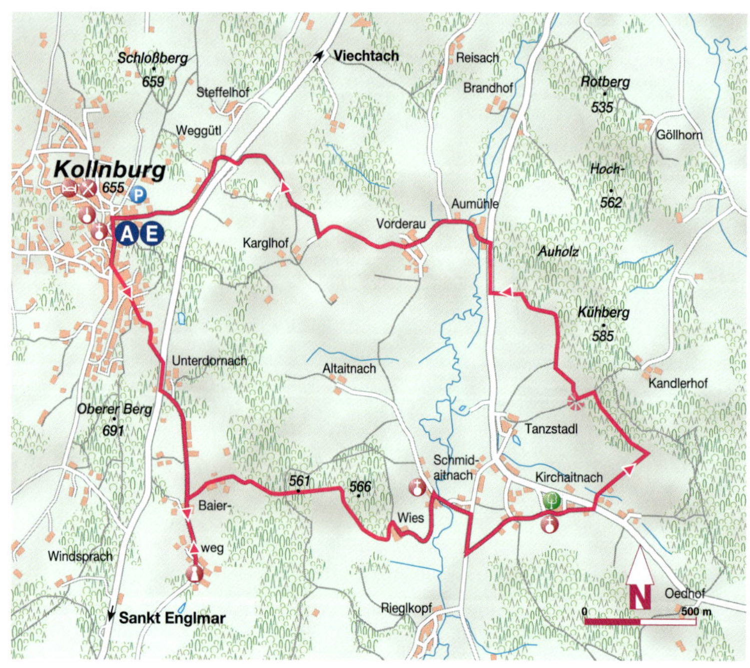

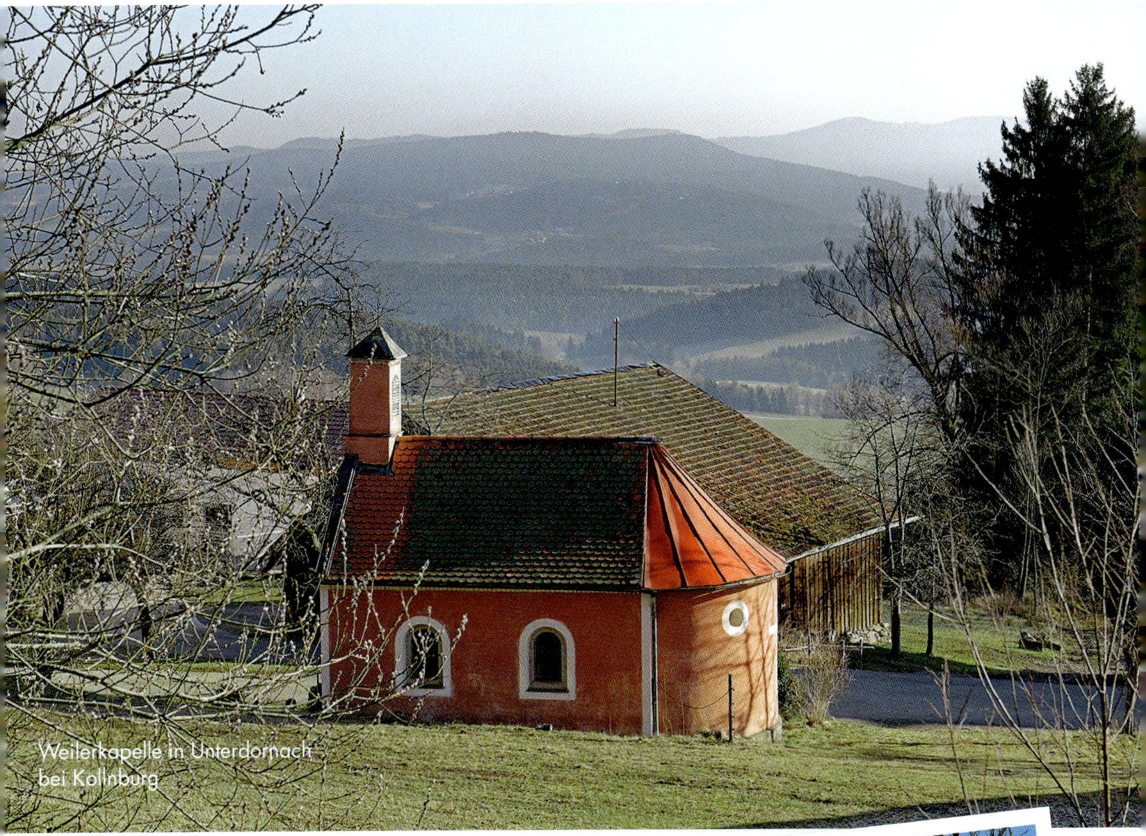

Weilerkapelle in Unterdornach bei Kollnburg

men. Wir passieren das Denkmal, das der Schnupferclub seinen verstorbenen Mitgliedern gewidmet hat, und finden kurz nach dem Denkmal das Schild mit der Nr. 16 wieder, das uns nach links abwärts ins Tal der Aitnach schicken will. Das verkneifen wir uns zunächst und gehen noch etwa 300 Meter zum **Bauerndenkmal** weiter. Dieses wurde vom Bauern Georg Bielmaier errichtet, der Mittelteil 1869 eingeweiht. Alle anderen Figuren wurden von ihm bis zu seinem Tod 1892 nach und nach hinzugefügt. Es wird erzählt, dass es ein Sühnedenkmal für einen Betrug sei.

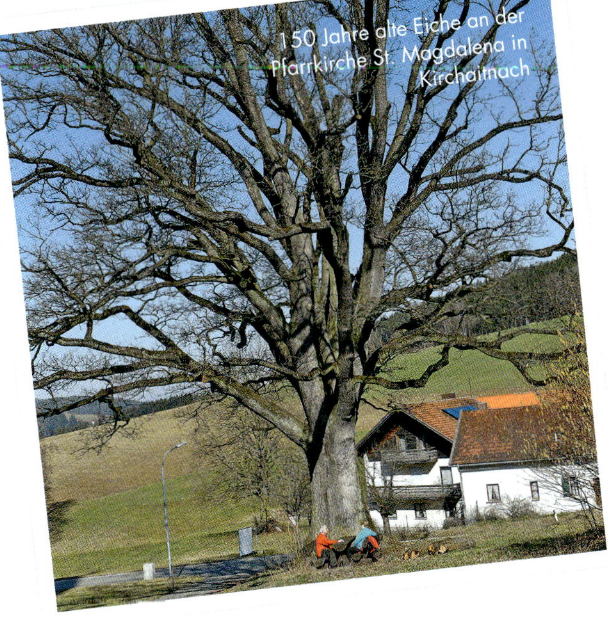

150 Jahre alte Eiche an der Pfarrkirche St. Magdalena in Kirchaitnach

## Schätze entlang des Wegs

In Kollnburg lohnt sich ein Abstecher zur alten Burg. Der Bergfried ist gegen eine Spende, die den Unterhalt sichern soll, zugänglich und erlaubt einen weiten Rundblick über den Bayerischen Wald zwischen Donau und der Grenze nach Tschechien. Vom Burghof aus kommt man durch eine kleine Holztür auf einen Weg, der um den Burgberg herum in den Bibelgarten führt. Auf 38 großen Glastafeln von regionalen Künstlern sind Themen aus der Bibel visualisiert und laden zur Meditation ein.
Die Pfarrkirche der Hl. Maria von Magdala in Kirchaitnach ist ein einmaliges Kunstwerk aus der Zeit des Historismus im ausgehenden 19. Jh. Der Backsteinbau, der ihr den Namen »Rote Kirche« einbrachte, ist in feinster Neoromanik ausgeführt, und die Inneneinrichtung ist in neugotischem Stil komplett erhalten geblieben. Solche Kirchen sind bei uns sehr selten geworden. Fast immer wurde nach dem Krieg im Zuge einer Modernisierung die damals wenig geschätzte Inneneinrichtung vernichtet. Das Alter der Eiche unterhalb der Kirche wird auf etwa 150 Jahre geschätzt. Sie ist 21 Meter hoch und wurde schon vor 20 Jahren unter Naturschutz gestellt.

Wir gehen vom Denkmal zu der Abzweigung zurück und wandern auf der kleinen Teerstraße abwärts. An einem Haus endet der Teer; wir überqueren auf einem Feldweg eine Wiese und kommen in einen kleinen Wald, den wir aber rasch wieder verlassen, um im Uhrzeigersinn um eine weite Lichtung zu gehen. Dort, wo sich die Lichtung zu einem kleinen Bach hin öffnet, biegen wir links nochmals kurz in den Wald ab und erreichen einen Bauernhof, der bereits zu **Kirchaitnach** gehört. Wir gehen zwischen den Häusern hindurch und wandern auf der Zufahrtsstraße zunächst zu der schmalen Aitnach, die sich hier noch frei durch die Felder schlängeln darf. Kaum zu glauben, dass dieses Bächlein früher zahlreiche Mühlen betrieben hat, von denen nur noch die Aumühle als großes Sägewerk übrig geblieben ist. An der Hauptstraße biegen wir rechts ab und verlassen für ein kurzes Stück den Weg Nr. 16. Nach etwa 200 Metern geht es dann links aufwärts zur »Roten Kirche«, dem Backsteinbau der Magdalenenkirche. Unterhalb finden wir auch eine **gewaltige Eiche**, die zum Naturdenkmal erklärt wurde.

Hier beginnt unser **Rückweg**. Wir wandern in unserer alten Wanderrichtung nach Osten bis zur Autostraße, queren sie, passieren dann hangaufwärts einen Bauernhof und gehen nun an einer langen Buschreihe entlang. An ihrem Ende kann man links auf Fahrspuren zum Wald gelangen, denen wir dann weiter am Waldrand entlang folgen. Wenn hier jedoch angesät wurde, zertrampeln wir dem Bauern nicht das Gras, sondern gehen das kurze Stück weiter zum Wald und wenden uns dort auf dem Feld- bzw. Waldweg nach links. Beide Wege führen zu einem mit **Birken umstandenen Rastplatz**, bei dem auf Totenbrettern der Verstorbenen von Kirchaitnach gedacht wird. Das Schild mit der Nr. 16 weist uns ab hier wieder den Weg. An einer weiteren gewaltigen Eiche und an einer Buschreihe entlang treffen wir abwärts wieder die Autostraße.

Jetzt geht es 200 Meter nach rechts und dann links durch das Sägewerk, die **Aumühle**, auf der Feldstraße bergauf. Auf ihr kommen wir zur Schnellstraße, die wir am Anfang etwas weiter links überquert haben. Wir überqueren sie erneut und sind auf der Viechtacher Straße, die uns direkt nach **Kollnburg** zurückführt.

Der Pröller (1048 m) vom Bergfried der Burg Kollnburg

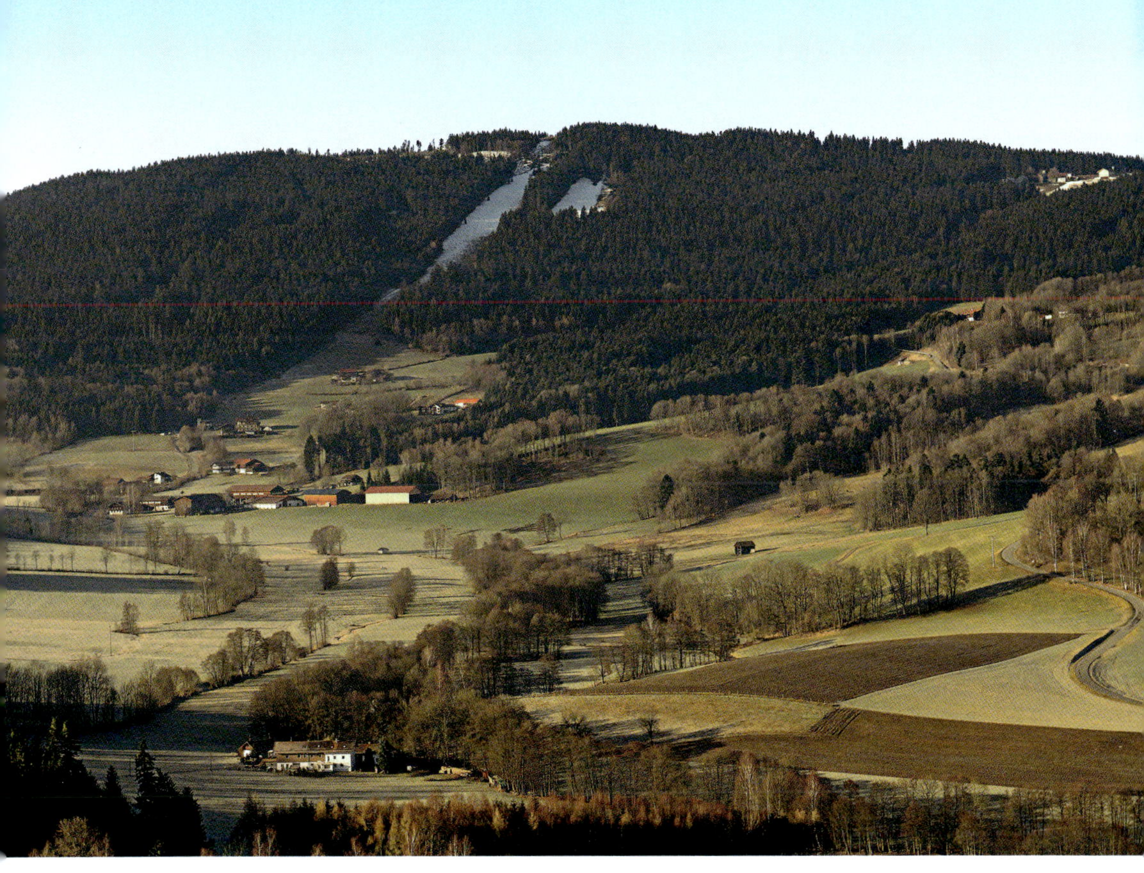

# 2 Vom Ecker Sattel auf den Mühlriegel

## Ein versteckter Aussichtsberg

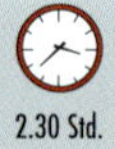

Leicht | 5 km | 220 Hm | 2.30 Std.

**Tourencharakter**
Einfache Tour auf einer Forststraße und einem ausgetretenen Waldweg, nur die letzten Meter zum Gipfel erfordern etwas Vorsicht. Der Rückweg erfolgt auf dem Anstiegsweg.

**Ausgangs-/Endpunkt**
Ecker Sattel (842 m) zwischen Arnbruck und Arrach

**GPS-Daten**
49.16280, 12.99016

**Anfahrt**
**Auto:** Von der A 3, Ausfahrt Deggendorf, auf der B 11 nach Patersdorf, weiter über Teisnach, Drachselried und Arnbruck auf den Ecker Sattel. Hinter dem Gasthof-Hotel Eck gibt's einen großen Wanderparkplatz.
**Bahn/Bus:** Im Sommer verkehrt ein Wanderbus zwischen Arrach und Arnbruck (Fahrplan bei der Tourist-Info Arrach erfragen).

**Karte**
Kompass 1:50 000, Nr. 198/2 Bayerischer Wald

**Einkehr**
Unterwegs keine; direkt am Endpunkt auf dem Ecker Sattel Berggasthof-Hotel Eck (mit Eigenjagd, also vielen leckeren Wildgerichten)

**Information**
bayerischer-wald.org

**Vor dem Abendessen noch die Füße vertreten tut gut, vor allem, wenn man von weither in den Bayerischen Wald angereist ist. Dafür bietet sich der Weg auf den Mühlriegel geradezu an. Er ist nicht schwierig, aber doch kein bloßer Spaziergang, und man wird mit einer Aussicht belohnt, die bis zu den Alpen reicht.**

Wir starten am **Ecker Sattel** vom Wanderparkplatz am Gasthof-Hotel Eck, gehen auf der Straßenseite am Hotel vorbei und überqueren die Fahrstraße nach dem großen Nebenhaus auf der anderen Seite. Zwischen ihm und einem Holzhaus führt ein Weg

### Der Ecker Sattel und sein Gasthaus

Der lange Höhenrücken des Kaiterbergs senkt sich zwischen Arrach und Arnbruck zum Ecker Sattel etwas ab, was die natürliche Voraussetzung für einen Verbindungsweg war. Oben am Sattel hat sich wohl sehr früh schon ein Bauer mit einem Einödhof angesiedelt, der die Reisenden mit dem Notwendigsten versorgen konnte. Erstmals wird in einer Urkunde aus dem Jahr 1650 dieser Hof als Gasthof erwähnt. Zu Beginn des 19. Jh. war der Gasthof bereits mit einer Schmiede und einer Wagenwerkstatt ausgestattet – vermutlich war der Weg auf den Berg so schlecht, dass regelmäßig die Gespannwagen zu Bruch gingen. 1871 kauften schließlich die Vorfahren des heutigen Besitzers den Hof samt dem Gasthaus. 1967 baute man den ersten Skilift und machte damit den Ecker Sattel zum Ziel der Skifahrer. Heute ist das Wirtshaus nicht nur im Winter beliebt, sondern auch im Sommer – z. B. bei den Weitwanderern, die auf dem »Goldenen Steig« unterwegs sind. Wenn die Arbeit es erlaubt, setzt sich manchmal die Seniorchefin Anna Mühlbauer mit ihren Enkeln zusammen, und dann spielen sie mit ihren Instrumenten auf.

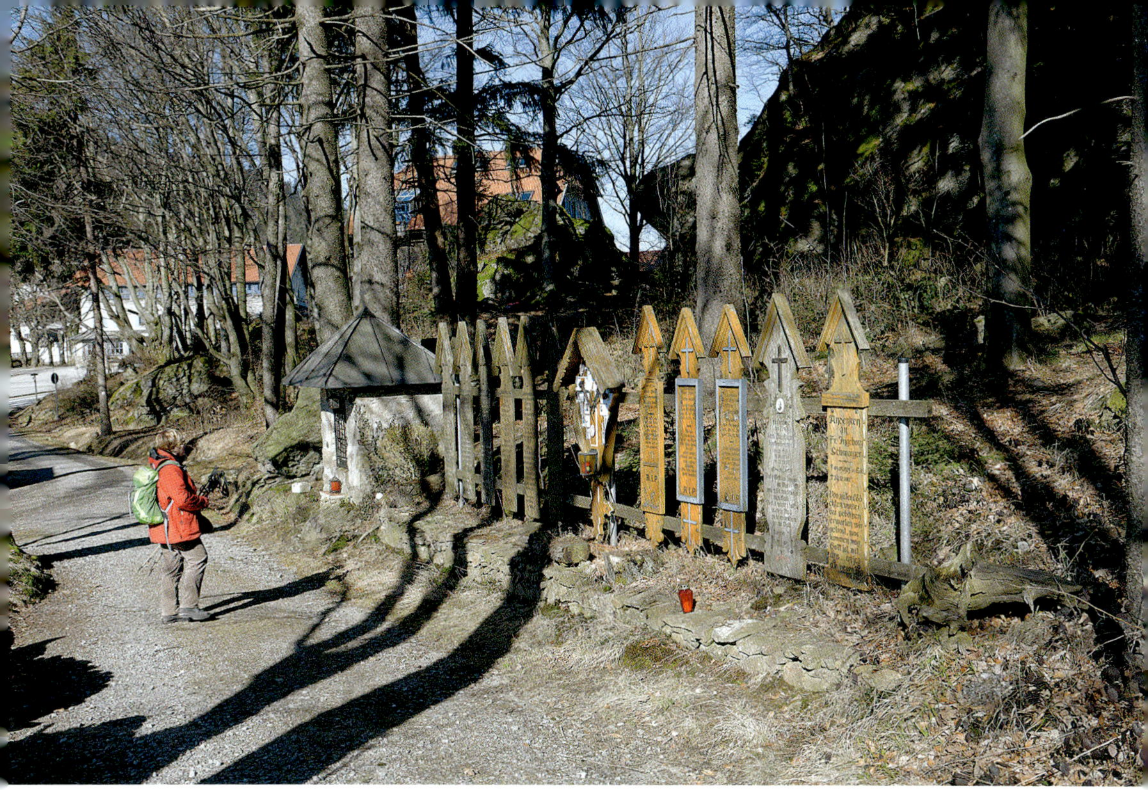

Totengedenkstätte der Wirtsfamilie am Ecker Sattel mit den typischen Totenbrettern an der Kapelle

zunächst durch eine Art Allee aus Bäumen und Büschen. Hier steht neben einer Reihe Totenbrettern die Hauskapelle des verstorbenen Gastwirts vom Hotel Eck, die dieser eigenhändig erbaute, um damit Gott zu danken, dass er einst gesund aus jugoslawischer Kriegsgefangenschaft zurückgekommen war.

Wir erreichen den Wald und wandern angenehm schattig auf einer Forststraße aufwärts. Dies ist ein uralter Verbindungsweg vom Dorf Arrach über den Ecker Sattel nach Bodenmais; er wird deshalb »Ecker Steig« genannt. Bei einer Wendeschleife für die Holzfahrzeuge haben wir den größten Teil des Anstiegs hinter uns gebracht; jetzt wird der Weg flacher, aber auch schmäler. Die gewaltigen Felsblöcke, die hier immer wieder seitlich des Wegs zu sehen sind, deuten darauf hin, dass wir den Bergkamm erreicht haben.

Dann stehen wir schließlich vor dem Mühlriegel, der uns zunächst rätseln lässt, wie wir ohne schwere Kletterei überhaupt auf den Gipfel kommen sollen … Doch das geht! Links von dem kleinen **Unterstandshäuschen** führt ein nur schmaler, ausgetretener Steig auf die Ostseite des Felsens, und über eine kleine Felsschwelle kommen wir in den »Bergwachtwinkel«, eine fast

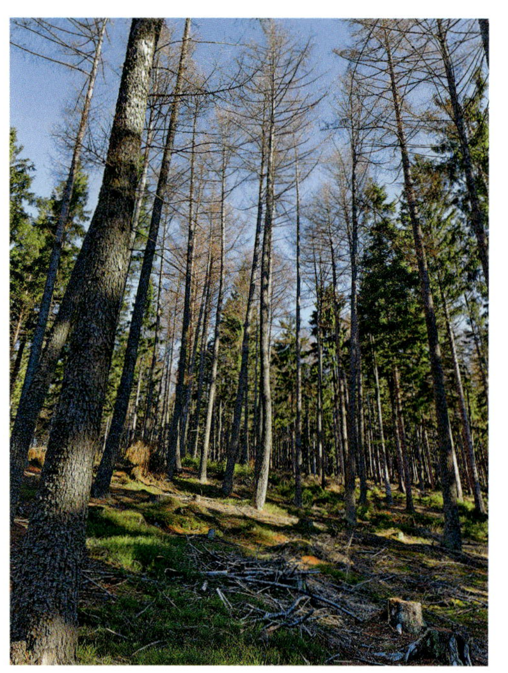

ebene Fläche, die seitlich von Felsen eingeschlossen ist. Hier erinnert die Bergwacht Arnbruck mit einem Kreuz und zwei Schrifttafeln an ihre verstorbenen Mitglieder. Wenn oben am Gipfel der »böhmische Wind« wieder einmal eiskalt pfeift, ist das der ideale windgeschützte Platz für eine Rast.

Wir steigen aber auf alle Fälle zum Gipfel des **Mühlriegels** (1080 m) hinauf und schauen von hier weit in den südlichen Teil des Bayerischen Walds hinein. Nach Norden blicken wir auf den lang gezogenen Gebirgskamm um den Osser, das Künische Gebirge, und im Süden liegt direkt unter uns in dem lang gestreckten Zellertal, das sich von Bad Kötzting bis nach Bodenmais hinzieht, das Glasbläserdorf Arnbruck. Bei klarer Sicht soll man von hier aus am Horizont sogar die Alpenkette sehen können. Das große Holzkreuz am Gipfel wurde erst 1999 aufgestellt, nachdem das alte Kreuz zusammengebrochen war. Jedes Jahr wird hier am 15. August eine Bergmesse gefeiert, an der weit über 1000 Besucher teilnehmen.

Angenehm schattig führen die Wege durch den Wald.

Rechte Seite: Das Gipfelkreuz des Mühlriegels

Wir steigen vom Gipfel wieder zu der kleinen **Schutzhütte** ab und wandern auf dem schon bekannten Anstiegsweg zum **Ecker Sattel** zurück.

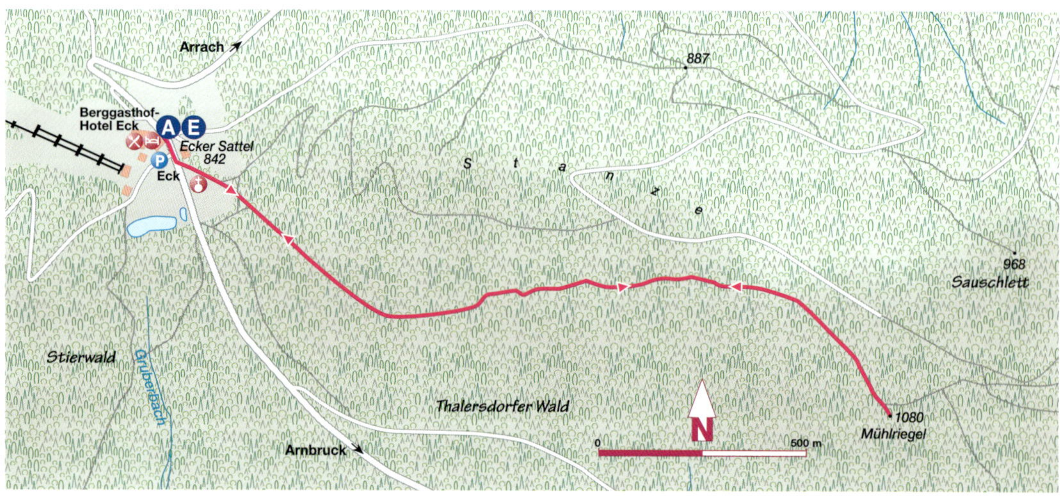

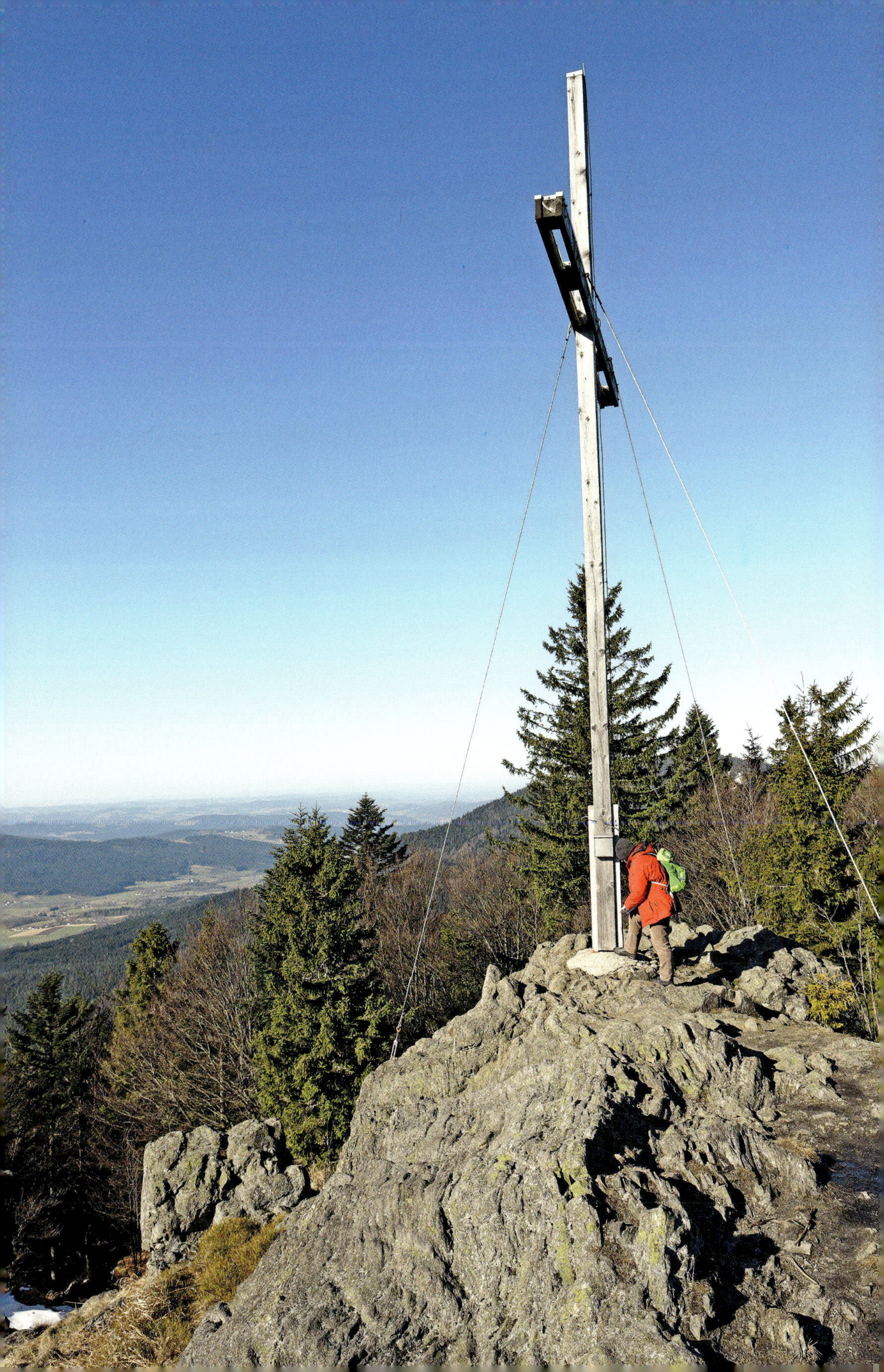

# 3 Zum Großen Riedelstein

## Denkmal des Bayerwald-Poeten Maximilian Schmidt

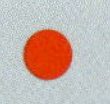

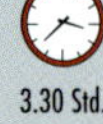

Mittel | 7,5 km | 350 Hm | 3.30 Std.

**Tourencharakter**
Rundtour auf Forststraßen und bequemen Waldwegen; nur der Abstieg von Rauchröhren ist anfangs steil und insgesamt sehr steinig.

**Ausgangs-/Endpunkt**
Ecker Sattel (842 m) zwischen Arnbruck und Arrach

**GPS-Daten**
49.16280, 12.99016

**Anfahrt**
Auto: Von der A 3, Ausfahrt Deggendorf, auf der B 11 nach Patersdorf, weiter über Teisnach, Drachselried und Arnbruck auf den Ecker Sattel. Hinter dem Gasthof-Hotel Eck gibt's einen großen Wanderparkplatz.
Bahn/Bus: Im Sommer verkehrt ein Wanderbus zwischen Arrach und Arnbruck (Fahrplan bei der Tourist-Info Arrach erfragen).

**Karte**
Kompass 1:50 000, Nr. 198/2 Bayerischer Wald

**Einkehr**
Berggasthof-Hotel Eck direkt am Ecker Sattel

**Information**
bayerischer-wald.org

**Der Weg führt auf den Großen Riedelstein, auf dem seit 1909 ein mächtiges Denkmal an den Dichter Maximilian Schmidt erinnert, der durch seine Romane den Bayerischen Wald im gesamten deutschsprachigen Raum bekannt und berühmt gemacht hat.**

Wir starten am **Ecker Sattel** vom Wanderparkplatz am Gasthof-Hotel Eck, gehen auf der Straßenseite am Hotel vorbei und überqueren den Parkplatz des Skilifts. Links neben dem Lifthäuschen beginnt unser eigentlicher Anstieg. (Achtung: In fast allen Karten sind Aufstiegswege eingezeichnet, die über Skipisten führen – seit 2013 sind diese Wege jedoch gesperrt!) Die breite Forststraße führt in weiten Schleifen aufwärts zu einer neuen **Kapelle**, die der Heiligen Familie geweiht ist. Jetzt haben wir das steilste Stück geschafft! Nur kurz noch, dann passieren wir links den Kleinen Riedelstein und gehen an der Unterstandshütte un-

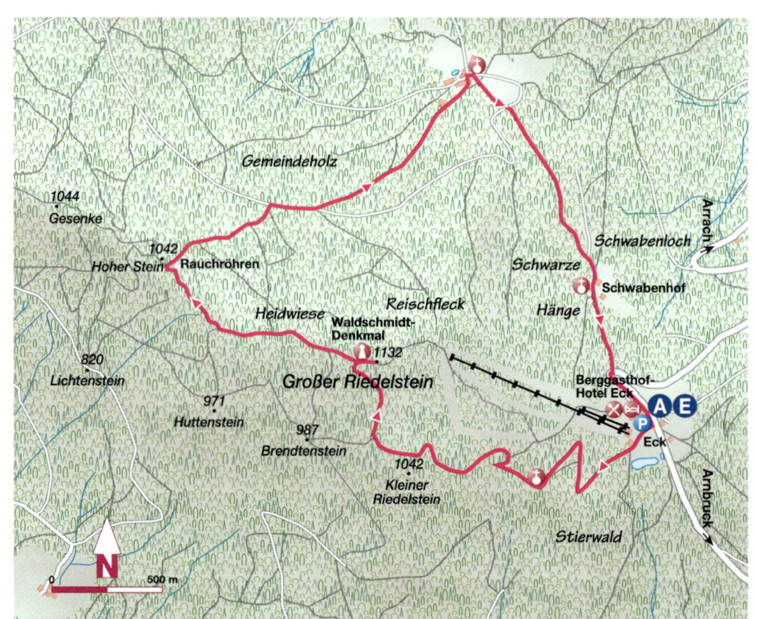

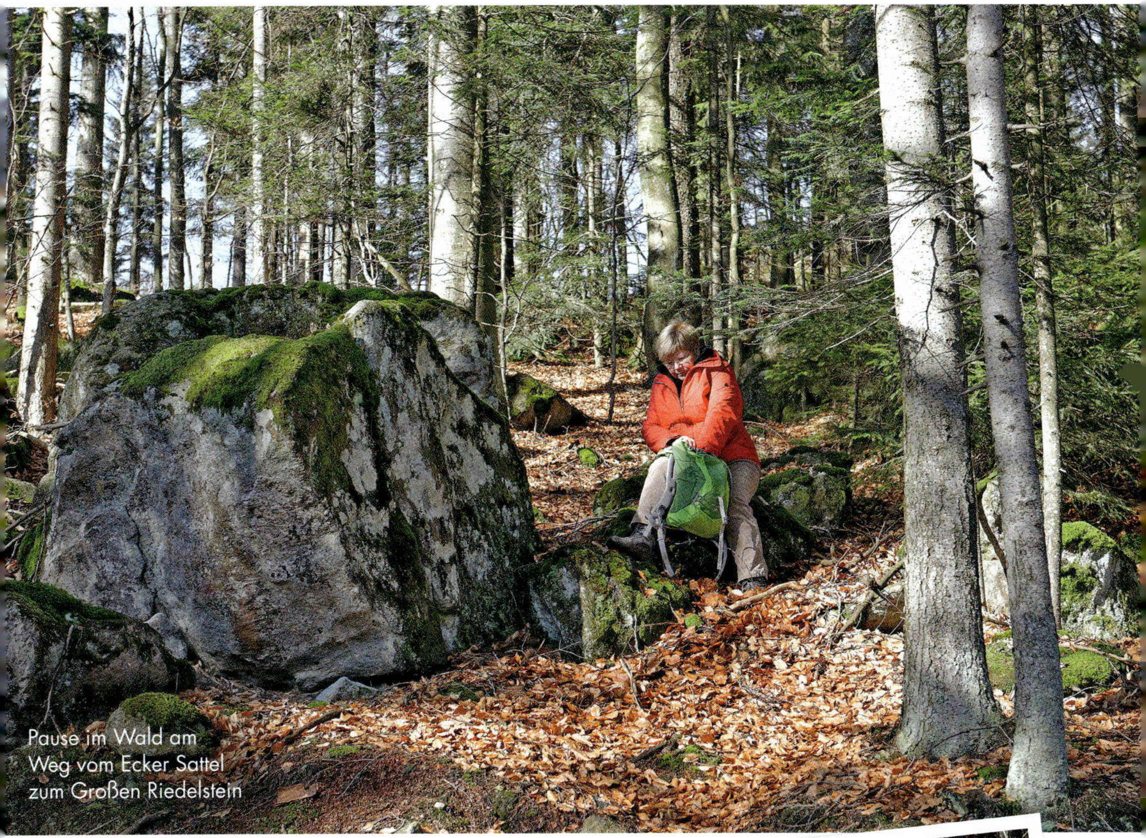

Pause im Wald am Weg vom Ecker Sattel zum Großen Riedelstein

ter dem Felsen vorbei und rechts herum auf den Gipfel des **Großen Riedelsteins** (1132 m). Das Denkmal hier oben wurde 1909 noch zu Lebzeiten von Maximilian Schmidt erbaut. Wem der Wettergott geneigt ist, der darf sich über die fantastische 360°-Aussicht freuen: Nach Norden schaut man auf den Böhmerwald mit dem Osser, im Osten erkennt man den Großen Arber deutlich an seinen Antennen am Gipfel. In der Ferne tauchen die Gipfel des Salzkammerguts auf, und ihnen schließen sich die Berchtesgadener Alpen mit dem Watzmann an. Dann folgen die Hohen Tauern, und ein Stück weiter ist die Zugspitze zu sehen.

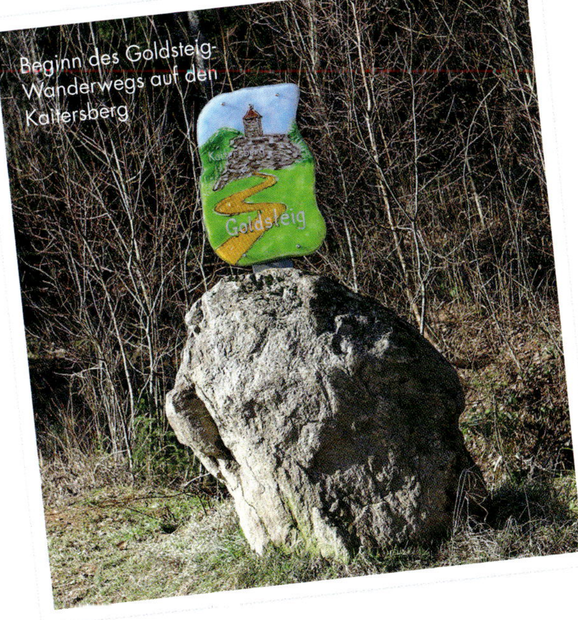

Beginn des Goldsteig-Wanderwegs auf den Kaitersberg

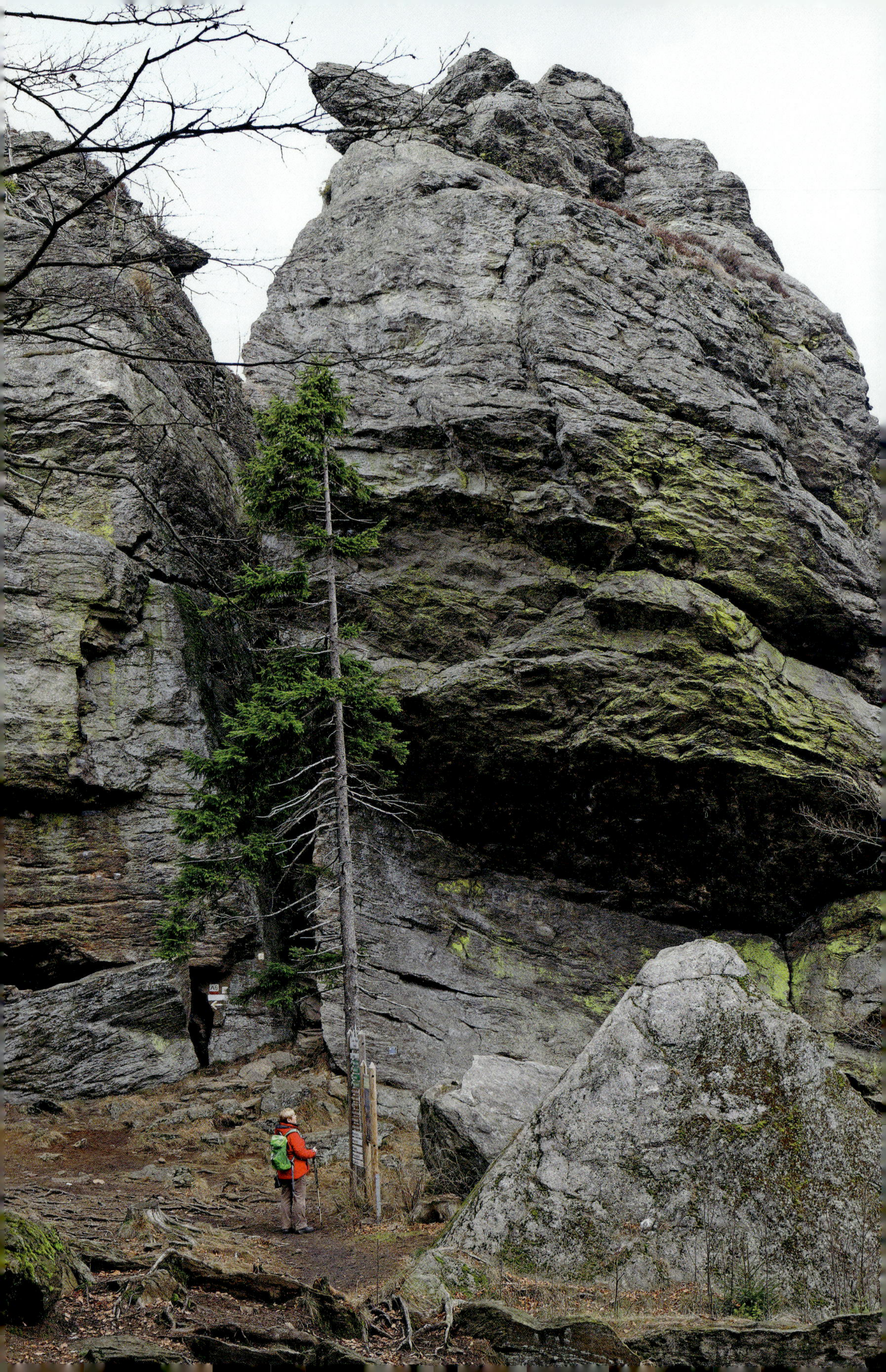

Der nächste Punkt unserer Wanderung sind die **Rauchröhren**. Wir steigen wieder zur Unterstandshütte ab und folgen dort den Wegweisern in Richtung Westen. Eine gute halbe Stunde schlendern wir so durch den Wald, dann tauchen die Rauchröhren auf, ein in der Mitte gespaltener, gewaltiger Felsblock. Seinen seltsamen Namen, so die Legenden, erhielt der Fels, weil sich angeblich die Bauern der Umgebung bei Kriegen in dieser Kluft versteckten. Von ihrem Lagerfeuer habe man nur den Rauch gesehen, doch niemand habe jemals den völlig zugewachsenen Eingang gefunden. Heute sind die Rauchröhren als Kletterfelsen weithin bekannt.

Wir wenden uns direkt vor den Felsen nach rechts und folgen dem Weg »A 9«. Es ist nur mehr ein schmaler Pfad, der zuerst sehr steil, dann aber immer flacher werdend abwärts führt. Nach etwa 20 Minuten stößt er auf eine Forststraße. Wir folgen ihr nach rechts, biegen aber bereits nach knapp 200 Metern links auf einen breiten Weg ab, der uns zum **Gut Eschlsaign** bringt.

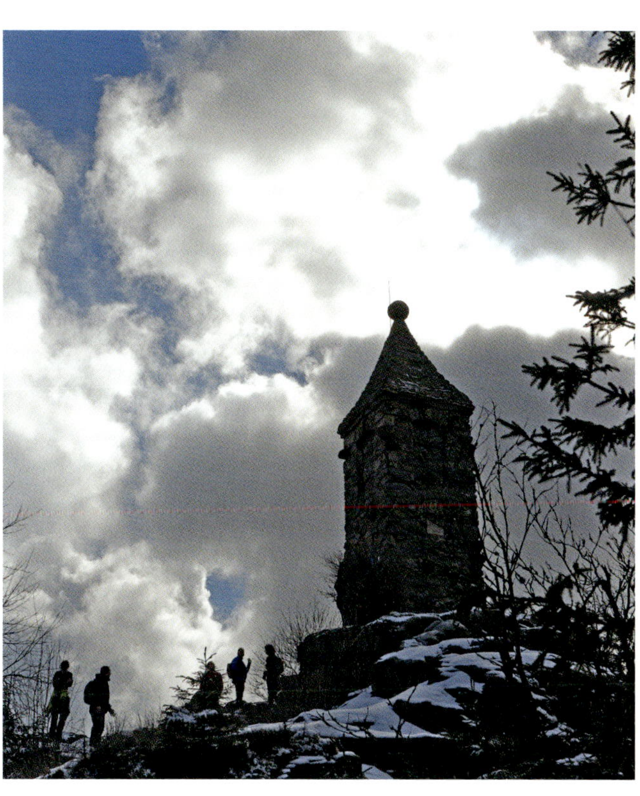

Das Waldschmidt-Denkmal am Großen Riedelstein (1132 m)

Linke Seite: Die Rauchröhren am Kaitersberg sind riesengroß und wirken dramatisch.

Zur letzten Wegetappe gehen wir die kleine geteerte Straße, die senkrecht vom Gasthaus wegführt, nur wenige Meter aufwärts. Noch vor dem Parkplatz zweigen wir dann rechts auf einen schmalen Pfad ab, der kurz darauf die Forststraße quert, von der wir vorher abgezweigt sind. Ab hier ist der Weg wieder breit, sodass man bequem nebeneinander gehen kann. Wir passieren eine Weggabelung – hier stößt der alte Wallfahrtsweg nach Arrach zu unserem Weg – und dann den **Schwabenhof** mit seiner kleinen Hofkapelle. Etwa 400 Meter danach erreichen wir die Autostraße Richtung **Ecker Sattel** und nur 100 Meter weiter bergauf auch wieder unser Auto auf dem großen Wanderparkplatz beim Gasthof Eck.

# 4 Rund um die Arbergipfel

## Am höchsten Berg des Bayerischen Walds

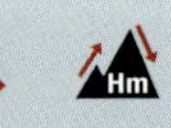
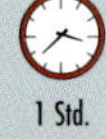

Leicht | 1,2 km | 100 Hm | 1 Std.

**Tourencharakter**
Aussichtsreiche Wanderung auf guten Wanderwegen über das weite Plateau des Großen Arbers, das wir durch die Arber-Bergbahn sehr bequem erreichen können

**Ausgangs-/Endpunkt**
Bergstation (1400 m) der Arber-Seilbahn

**GPS-Daten**
49.11320, 13.138402

**Anfahrt**
Auto: Von Deggendorf über die Rusel-Bergstrecke und über Bischofsmais, Regen und Bodenmais auf der St 2154 zur Talstation der Arber-Seilbahn bei Bayerisch Eisenstein
Bahn/Bus: Von Deggendorf mit der Waldbahn über Zwiesel (Umsteigen) nach Bodenmais und weiter mit dem Bus 6085 zur Talstation

**Karte**
Kompass 1:50 000, Nr. 198/2 Bayerischer Wald

**Einkehr**
Die Eisensteiner Hütte, das Arber-Schutzhaus und die Einkehr bei der Bergstation der Seilbahn liegen auf dem Gipfelplateau dicht nebeneinander.

**Information**
bayerisch-eisenstein.de, arber.de

**Die Wanderung am Arber müssen wir uns mit vielen anderen Gästen teilen. Entschädigt werden wir jedoch durch die großartige Rundsicht, bei der sich uns – gutes Wetter vorausgesetzt – weite Blicke bis in den Böhmerwald und nach Süden bis zu den Alpen eröffnen.**

Wir beginnen unsere kurze Wanderung an der **Bergstation** (1400 m) der Arber-Bahn und steigen zuerst einige Meter aufwärts, bis der eigentliche Rundweg beginnt. Vor uns liegt eine verhältnismäßig flache Hochebene von etwa 500 Metern Durchmesser, die nach allen Seiten ziemlich steil abfällt. Das ist der Stumpf eines einst gewaltigen Berggipfels, der über Millionen von Jahren hinweg durch die Erosion abgetragen wurde. Der eigentliche Arbergipfel (1456 m) ist nur ein flacher Felsen, den ein Gipfelkreuz markiert. In der Nähe des Gipfels steht auch die

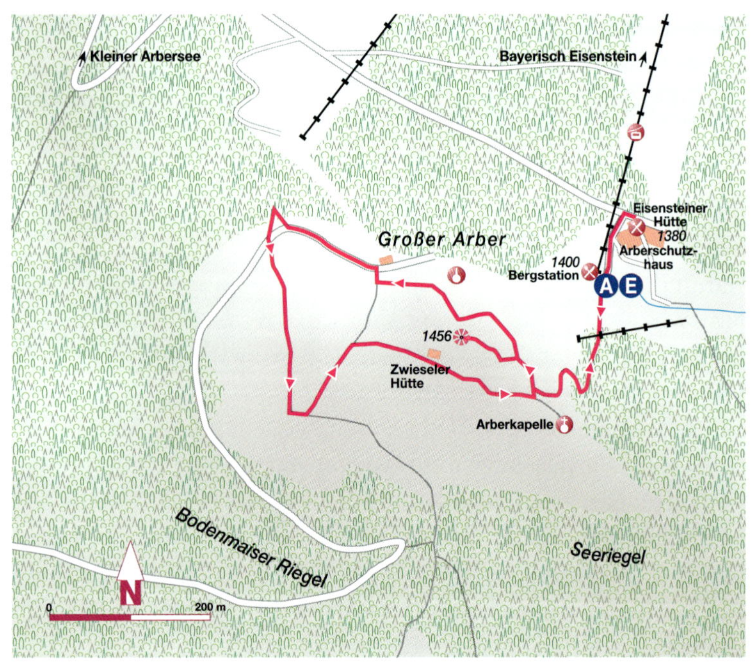

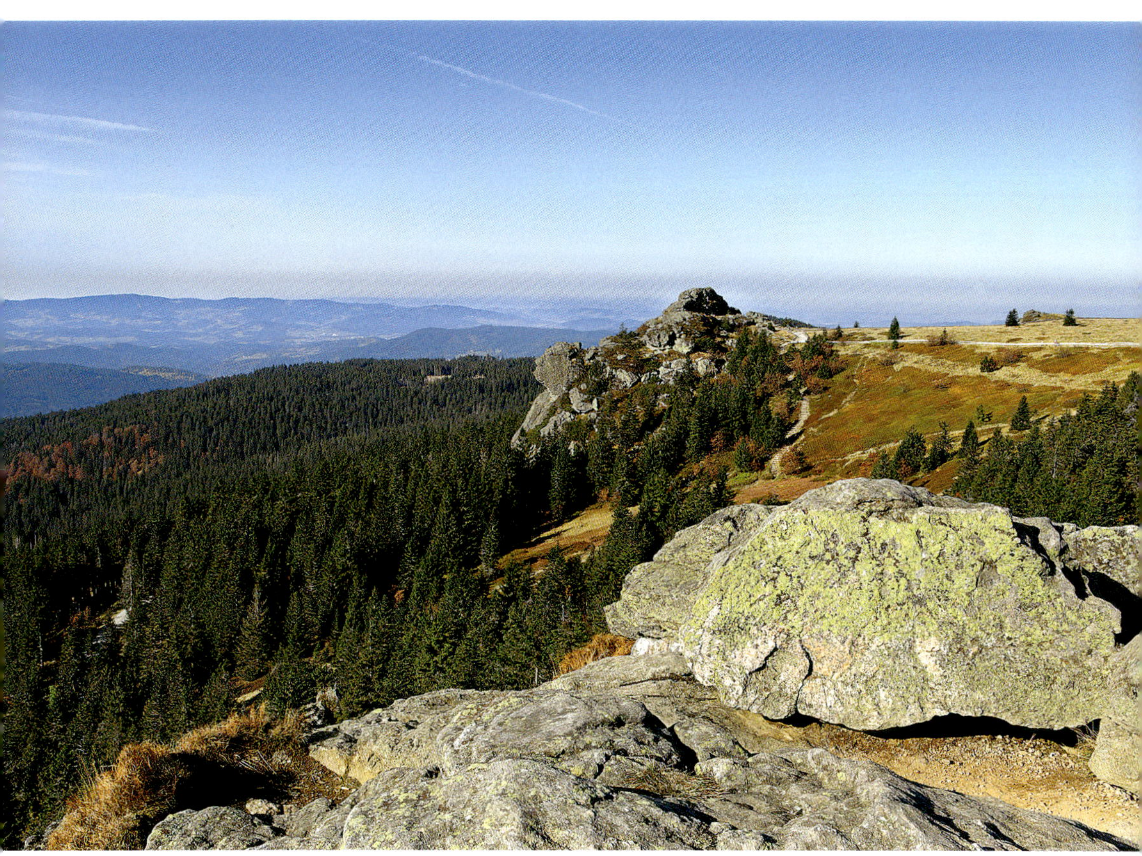

Das Gipfelplateau des Großen Arbers ist praktischerweise von einem Lift erschlossen.

**Arberkapelle**, deren Vorgängerin schon 1806 erbaut wurde. Nachdem die alte Kapelle durch die extremen Witterungsverhältnisse mehrere Male zusammengebrochen war, stiftete der Grundherr, Fürst Friedrich Wilhelm von Hohenzollern, 1957 den Neubau, an dem alljährlich am vorletzten Sonntag im August die Arberkirchweih stattfindet. Dieses traditionelle Bayerwald-Fest wird mit einem Gottesdienst am Vormittag und mit einer anschließenden großen Feier mit Musik und Tanz rund um das Arber-Schutzhaus begangen.

## Tipp

Der Arber ist ein super Aussichtsberg – nehmen Sie also ein gutes Fernglas mit, dann können Sie noch sehr viel mehr entdecken als mit dem bloßen Auge.

Wir wenden uns an der Weggabelung nach rechts und können im Vorbeigehen den **Arbergipfel** »mitnehmen«. Die beiden mächtigen Radartürme vor uns werden von der Deutschen Luftwaffe betrieben, die mit ihnen den Luftraum über dem Bayerischen Wald und über dem

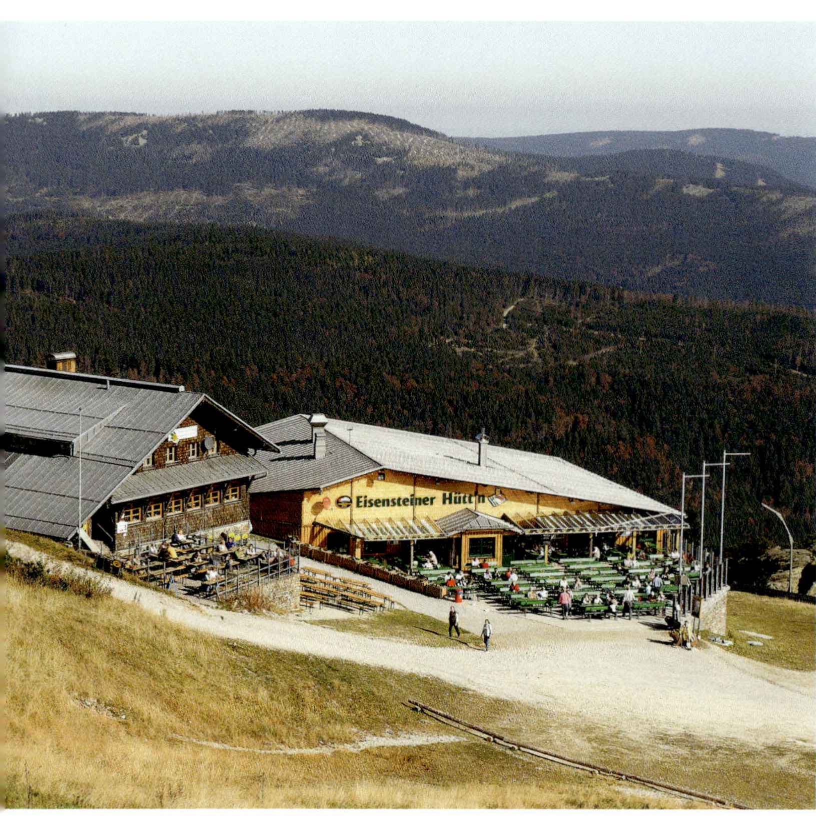


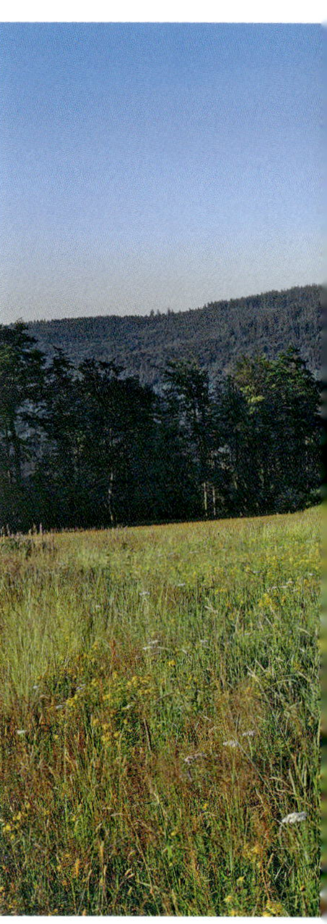

Die Eisensteiner Hütte mit ihrer großen Sonnenterrasse ist ein lohnenswertes Einkehrziel.

Böhmerwald überwacht, damit keine unangemeldeten Flugzeuge in den deutschen Luftraum eindringen. Wir halten jedoch nicht nach Flugzeugen Ausschau, sondern blicken auf den Lamer Winkel, der tief unter uns liegt. Dieses Tal, das sich vom Arber aus nach Westen zieht, hat der Weiße Regen im Lauf von Jahrtausenden ausgegraben.

Bald wendet sich der Weg nach Süden, und wir sind am Westrand des Arberplateaus angekommen. Tief unter uns liegt der Kleine Arbersee mit seinen schwimmenden Inseln (s. Tour 5). Von hier zieht sich der lang gestreckte Höhenrücken des Kaitersbergs nach Westen, der den Lamer Winkel vom Zeller Tal trennt. Mit einem guten Fernglas kann man ziemlich weit im Westen den Großen Riedelstein (s. Tour 3) erkennen, dessen Waldschmidt-Denkmal auf dem Gipfel wie ein Obelisk aus dem Wald herausragt. Wieder schwenkt der Weg nach links, und jetzt blicken wir nach Süden auf die Berge des Vorwalds und dahinter, aber nur bei Föhn deutlich sichtbar, auf die Chiemgauer Al-

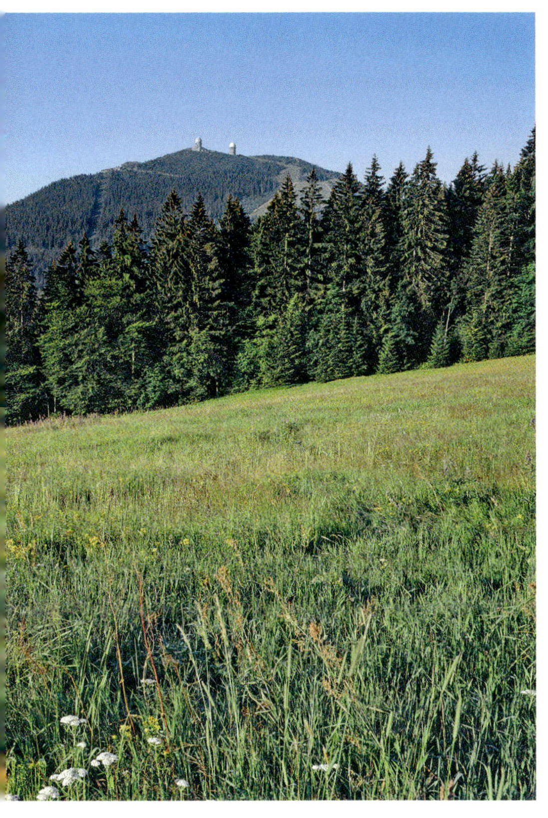

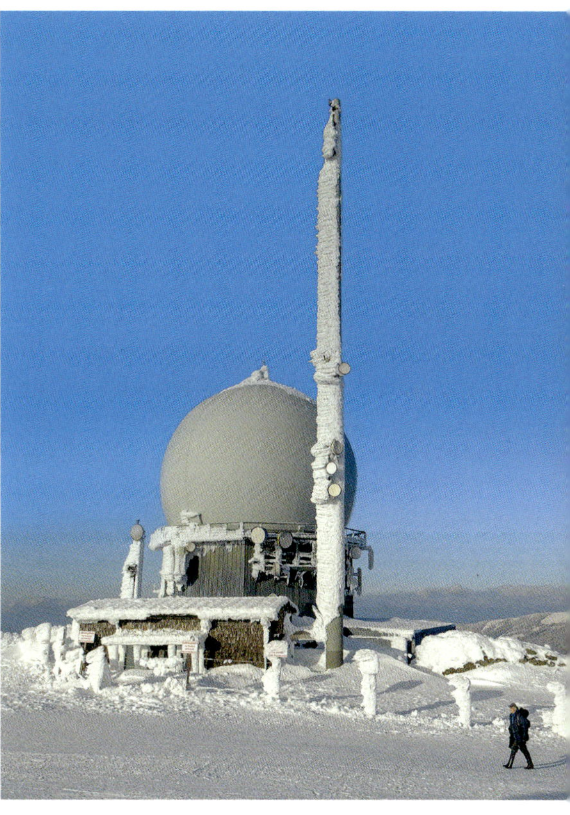

Auch im Winter sind Radom und Antenne am Arbergipfel ein schönes Wanderziel.

Links: Der Arber ist fast überall im Bayerischen Wald leicht anhand seiner Gipfelbebauung zu identifizieren.

pen mit der gezackten Kampenwand. Noch weiter links davon liegen die Berge des Salzkammerguts, die vom schneebedeckten Dachstein überragt werden.

Als Nächstes wandern wir zum **Bodenmaiser Riegel**, einem weiteren Minigipfel des Arbers. Bei genauem Hinschauen und mit etwas Fantasie erkennt man in diesem Felsen das Profil des Komponisten Richard Wagner – dieser war zwar nie auf dem Arber, aber mit der unverkennbaren Ähnlichkeit musste man den Felsen wohl nach ihm benennen. Von hier aus blicken wir jetzt nach Osten auf die riesigen Waldgebiete des Bayerischen Nationalparks und auf den tschechischen Sumava-Nationalpark, die zusammen das größte geschlossene Waldgebiet Europas bilden.

Jetzt sind wir schon am Ende des Rundgangs angelangt und können uns in einer der beiden Gaststätten bei einem Mittagessen oder einer Brotzeit erfrischen, ehe wir von der **Bergstation** gemütlich mit der Gondel ins Tal schweben.

# 5 Am Kleinen Arbersee

## Zu den schwimmenden Inseln

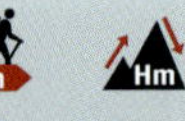

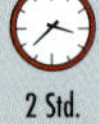

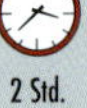

Leicht 7 km 200 Hm 2 Std.

**Tourencharakter**
Wunderschöne Wanderung auf Wanderwegen

**Ausgangs-/Endpunkt**
Wanderparkplatz Brennes (896 m) bei Bayer. Eisenstein

**GPS-Daten**
49.134044, 13.144306

**Anfahrt**
Auto: Von Deggendorf über die Rusel-Bergstrecke und über Bischofsmais, Regen nach Zwiesel, weiter Richtung Bayer. Eisenstein, dort auf der St 2154 bis zu den Wanderparkplätzen/Bushaltestelle am Hotel Brennes; oder über Bodenmais auf der St 2154 in Richtung Bayerisch Eisenstein und ebenfalls bis zum Brennes
Bahn/Bus: Von Deggendorf mit dem Zug nach Bayerisch Eisenstein und weiter mit dem Bus nach Brennes. Der Bus fährt in der Hauptsaison von ca. Mitte Mai bis Ende Oktober alle 2 Std.

**Karte**
Kompass 1:50 000, Nr. 198/2 Bayerischer Wald

**Einkehr**
Berggasthof Mooshütte (ofenfrischer Schweinsbraten mit Knödel und Kraut!); Seehäusl am Kleinen Arbersee

**Information**
bayerisch-eisenstein.de

**Am Kleinen Arbersee können wir das Naturphänomen der schwimmenden Inseln beobachten. Sie bilden sich aus einer Pflanzendecke, die sich meist bei Hochwasser vom Ufer losreißt und nur durch den Wurzelfilz von Moosen und Wasserpflanzen zusammengehalten wird. Nach einigen Jahren wachsen dann sogar kleine Fichten und Sträucher darauf, bis sich die Insel schließlich festsetzt.**

Wir starten an der **Bushaltestelle Brennes** bzw. am großen Wanderparkplatz und folgen an dem bunten Zaun, der aus lauter alten Skiern besteht, der Beschilderung Richtung Kleiner Arbersee. Durch den Wald kommen wir so zum Berggasthof **Mooshütte**, wo wir jedoch erst am Rückweg einkehren wollen. Zunächst

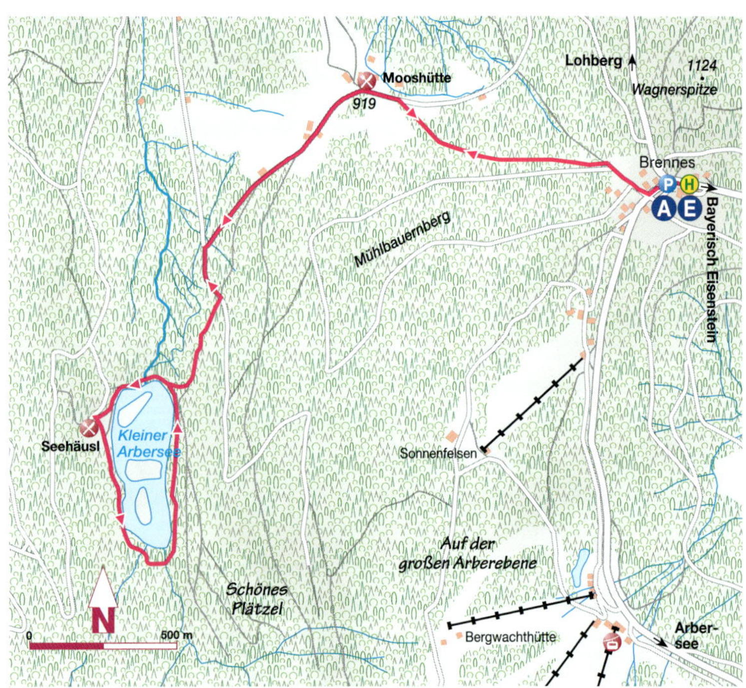

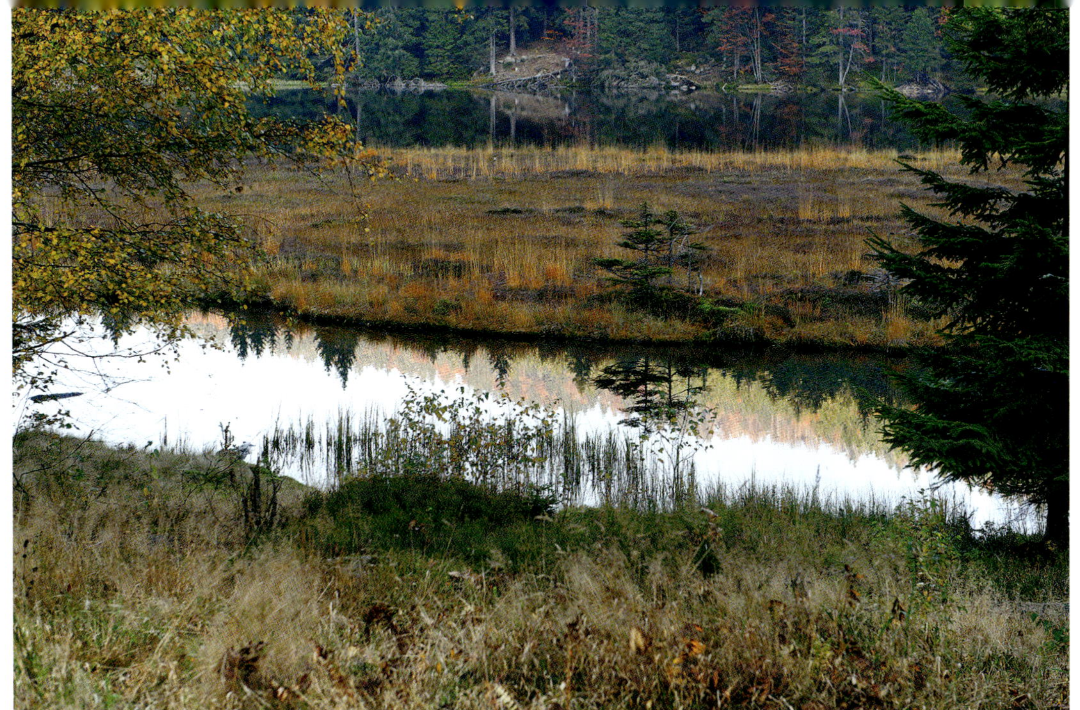

Kleiner Arbersee mit der schwimmenden Insel

wandern wir links auf dem breiten Weg mit herrlicher Aussicht auf den Lamer Winkel leicht bergab. Wieder durch den Wald erreichen wir schließlich den **Kleinen Arbersee** (918 m) mit seinen wunderschönen schwimmenden Inseln.

Am Seeufer angekommen, wenden wir uns nach rechts und umrunden den See gegen den Uhrzeigersinn. Nach wenigen Minuten erreichen wir so das Seehäusl, dessen Terrasse ebenfalls schwer zu einer Pause verlockt. Über dem See sehen wir den verbauten Gipfel des Großen Arbers (s. Tour 4). Immer wieder verführen lauschige Wiesenplätzchen zu einer Schaurast, und gerade am südlichen Uferende liegt der See mit seiner glatten Oberfläche besonders schön vor uns.

Der **Rückweg** über die Ostseite des Kleinen Arbersees verläuft angenehm schattig, und so stehen wir schnell wieder am Ende unseres Seerundwegs. Nun marschieren wir auf bekanntem Wege über die Mooshütte zurück zum Brennes.

## Lokalbahnmuseum Bayerisch Eisenstein

Planen Sie im Anschluss der Wanderung noch Zeit für einen Besuch im Lokalbahnmuseum im nahen Bayerisch Eisenstein ein – hier gibt's neben mehr als 20 historischen Fahrzeugen aus allen Epochen der bayerischen Lokalbahnen auch in einer ständig wachsenden Ausstellung Exponate aus der Lokalbahngeschichte zu bewundern (weitere Informationen unter localbahnverein.de).

# 6 Von Zwieselerwaldhaus auf den Falkenstein

## Zum Nachbarn des Großen Arbers

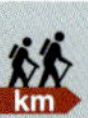
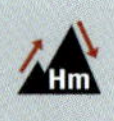
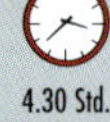
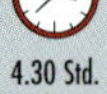

Schwer | 10,5 km | 600 Hm | 4.30 Std.

**Tourencharakter**
Spannende Bergtour durch einen Wald, der von Jahr zu Jahr mehr Urwaldcharakter annimmt. Überwiegend naturbelassene, z. T. sehr steile Wanderwege, die kräftiges Schuhwerk erfordern!

**Ausgangs-/Endpunkt**
Zwieselerwaldhaus (701 m)

**GPS-Daten**
49.09414, 13.24736

**Anfahrt**
Auto: Zwieselerwaldhaus erreicht man auf einer Stichstraße von der B 11 zwischen Zwiesel und Bayerisch Eisenstein (Parken am Parkplatz P1 am Dorfeingang).
Bahn/Bus: Von Mai bis Anfang Nov. fährt der Igelbus nach Zwieselerwaldhaus.

**Karte**
Kompass 1:50 000, Nr. 198/2 Bayerischer Wald

**Einkehr**
Falkenstein-Schutzhaus am Großen Falkenstein; mehrere Gasthäuser in Zwieselerwaldhaus

**Information**
lindberg.eu

**Der Falkenstein ist bei den Bergwanderern außerordentlich beliebt – deshalb gibt es viele Varianten, um seine beiden Gipfel zu besteigen. Wir haben dem Motto des Buches entsprechend die kürzeste ausgesucht, aber natürlich ist es auch nicht verboten, beim Abstieg einen anderen Weg zu wählen.**

Wir beginnen am **Parkplatz P 1** gegenüber dem Gasthof Falkenstein. Nach dem Gasthaus führt rechts eine kleine Straße zwischen den Häusern hindurch, die gleich darauf auf einen Wanderweg stößt, dem wir nach links folgen. Dieser Weg führt zunächst parallel zur Straße eben durch den Wald und biegt dann nach rechts ab. Jetzt ist er mit dem Symbol der Eibe und dem gelben s-förmigen Signum des »Goldsteigs« markiert. Nach gut 10 Minuten trennen sich die beiden Wege; wir biegen hier

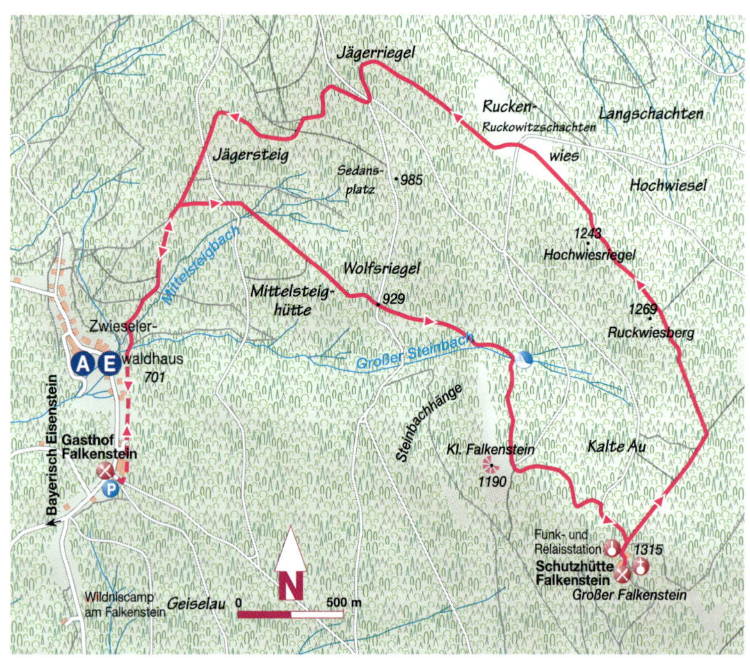

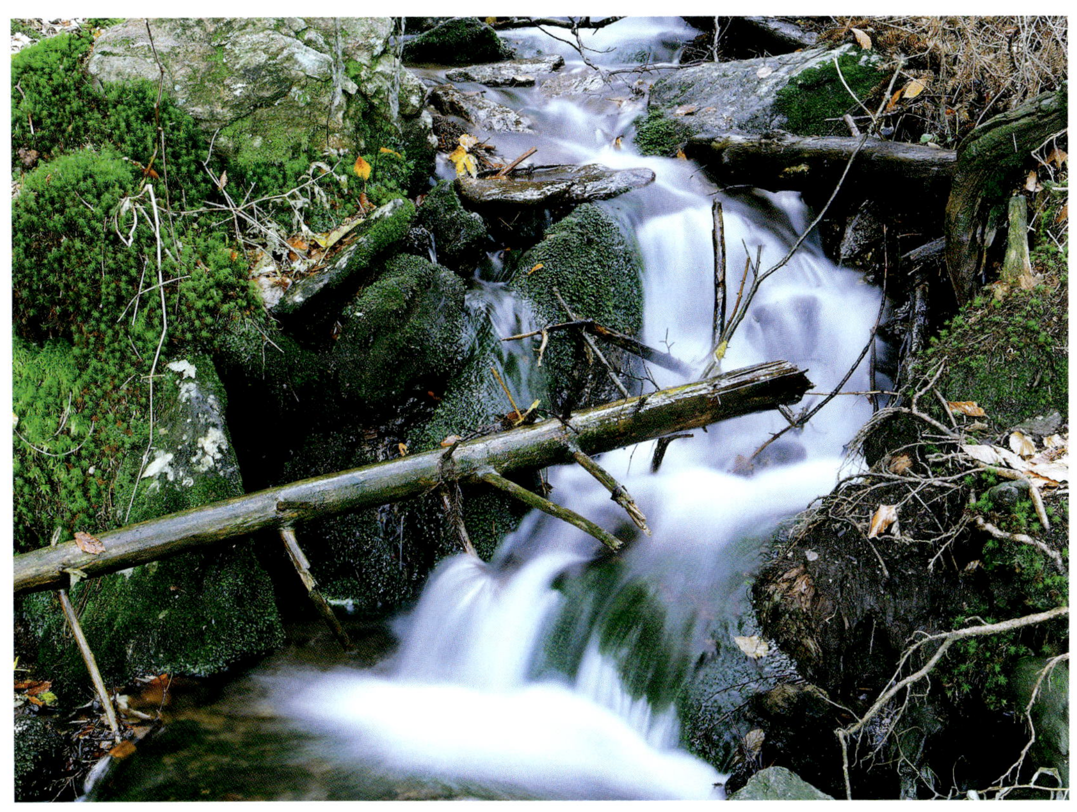

Die Steinbachfälle plätschern vom Falkenstein ins Tal.

rechts ab und folgen fortan der Markierung Eibenzweig. Wir wandern nun durch das **Urwaldgebiet Mittelsteighütte**, ein Baumbestand, der seit 1761 nicht mehr bewirtschaftet und schon 1914 unter Schutz gestellt wurde. Heute gehört er, wie das gesamte Falkensteingebiet, zum Nationalpark Bayerischer Wald. Wir sehen gewaltige Baumriesen, von denen schon viele zusammengebrochen am Boden liegen, um dort jungen Pflanzen und einer großen Zahl von Insekten als Nahrung zu dienen.

Der Weg wird langsam steiler, dann queren wir die Forststraße, über die das Schutzhaus am Falkenstein versorgt wird. Einige Minuten später passieren wir eine uralte **Eibe**, deren Alter auf etwa 1000 Jahre geschätzt wird. Jetzt wird es nochmals richtig steil, dann haben wir die **Steinbachfälle** erreicht und oberhalb der Wasserkaskaden das steilste Wegstück dann auch hinter uns. Der Weg wendet sich nach rechts, führt durch lockeren Wald, und fast unerwartet stehen wir an der Felsrippe des **Kleinen Falkensteins**. Hier öffnet sich der Blick nach Westen auf den be-

Rechte Seite: Vom Großen Falkenstein genießen wir die Aussicht zum Brotjacklriegel (s. Tour 15).

nachbarten Großen Arber und den Kaitersberg. Der Markierung folgend, brauchen wir noch längstens eine Viertelstunde, dann haben wir unser Ziel, den **Großen Falkenstein** (1315 m) mit seinem Schutzhaus erreicht. Der Gipfel selbst ist gar nicht so auffällig, deshalb hat man ihn mit einer Steinsäule und einem Kreuz markiert. Von hier aus blickt man herrlich weit nach Süden – bei gutem Wetter bis zu den Alpen.

Jetzt ist eine Brotzeit fällig, und die bekommen wir im **Schutzhaus** – wenn wir Glück haben. Vor allem an schönen Wochenenden reichen die Sitzplätze selten für alle Gäste. Deshalb gibt es vor dem Haus einen Kiosk, an dem man sich selbst die Brotzeit holen kann. Auf dem fast ebenen Platz vor der Hütte stehen neben einer kleinen Kapelle, die dem heiligen Franziskus geweiht ist, eine Reihe von Totenbrettern von Verstorbenen, die sich allesamt um den Falkenstein verdient gemacht haben. Besonders hervor sticht das Totenbrett für Paul Friedl, dem »Baumsteftenlenz«, der durch seine Bücher den Bayerischen Wald im ganzen deutschsprachigen Raum bekannt gemacht hat.

Für den **Rückweg** müssen wir uns nun entscheiden: Über den Eibenweg, den wir heraufgekommen sind, erreichen wir in knapp zwei Stunden wieder unseren Ausgangspunkt – auf dem flacheren »Goldsteig« brauchen wir eine halbe Stunde länger, können uns dafür aber noch den Ruckowitzschachten, das ist der größte Schachten des Bayerischen Walds, anschauen. Schachten sind ähnlich wie Almen in den Alpen bis heute beweidete oder ehemals genutzte Flächen zum Weiden der Tiere. Am interessantesten, aber deutlich länger (4 Std.) ist der Abstieg durch den Urwald am Höllbachgespreng, der Trittsicherheit und auch Schwindelfreiheit erfordert. Er ist mit einer Heidelbeere markiert.

## Zwieselerwaldhaus

Der Ort war einst die letzte Station des Böhmwegs, einem der Handelswege, die von der Donau her den Bayerischen Wald nach Böhmen hin durchquerten. In Ludwigsthal zweigte dieser Weg vom Tal des Großen Regens ab, um auf dem kürzesten Weg über Zwieselerwaldhaus Markt Eisenstein, das heutige Zelenzná Ruda, zu erreichen. Ursprünglich stand hier nur eine Schutzhütte, in der die Säumer bei einem Unwetter Unterschlupf fanden. Daraus entstand ein Gasthaus, das 1832 die Konzession zum Ausschank von Bier bekam. Damit ist es das älteste Gasthaus im Bayerischen Wald, denn es besteht noch heute und ist für seine bayerisch-böhmische Küche weithin bekannt.

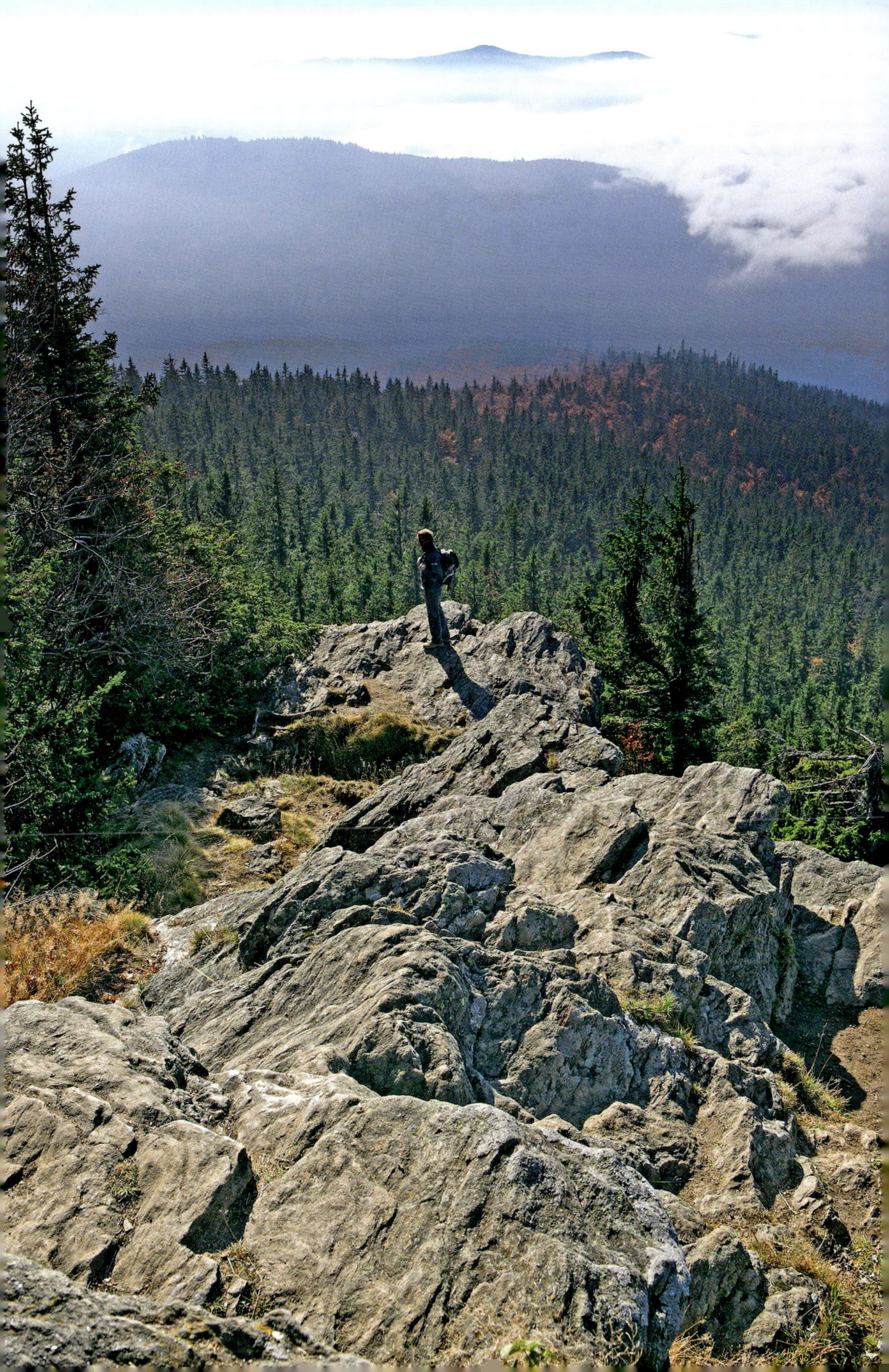

# 7 Über das Tierfreigelände

## Zum Nationalparkzentrum Falkenstein und nach Zwiesel

Leicht

8 km

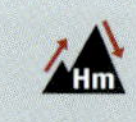
80 Hm

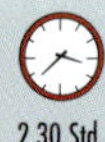

2.30 Std.

**Tourencharakter**
Einfache Wanderung, kaum Steigungen – perfekt für Familien mit Kindern. Die Fortsetzung der Wanderung bis nach Zwiesel verläuft auf dem Böhmweg über naturbelassene Wanderwege.

**GPS-Daten**
49.05964, 13.23789

**Ausgangspunkt**
Bahnhof Ludwigsthal (611 m)

**Endpunkt**
Bahnhof Zwiesel (585 m)

**Anfahrt**
**Auto:** Am besten fährt man mit dem Auto nach Zwiesel, parkt an einem der P&R-Parkplätze, nimmt dann die Waldbahn und fährt das kurze Stück bis zum Bahnhof Ludwigsthal. Der Bahnhof Ludwigsthal liegt an der B 11 zwischen Zwiesel und Bayerisch Eisenstein.
**Bahn/Bus:** Mit dem Zug ab Deggendorf über Regen und Zwiesel nach Ludwigsthal

**Karte**
Kompass 1:50 000, Nr. 198/2 Bayerischer Wald

**Einkehr**
Restaurant mit biologischer Küche und schöner Terrasse direkt im Haus zur Wildnis.

**Information**
nationalpark-bayerischer-wald.de

**Ein Tierpark der besonderen Art, ein herrlicher Wald, eine nachgebaute Höhle, ein modernes Museum und Informationszentrum, ein hoher Aussichtsturm und dann eine fast flache Streckenwanderung auf dem Böhmweg bis nach Zwiesel – alles in allem ist diese Tour ein »Muss« für Liebhaber des Bayerischen Walds.**

Wir starten am kleinen **Bahnhof Ludwigsthal**, der schon ganz im Zeichen des Bayerischen Walds steht: Im kleinen Wartehäuschen sind wunderschöne Glasscheiben mit Symbolen eingelassen. Direkt dahinter stehen wir schon im großen Freigelände des Nationalparkzentrums Falkenstein, dessen Besuch übrigens kostenlos ist. Wir folgen dem Rundweg nach links, der mit dem Symbol Wildtiere beschildert ist. Der Weg steigt an, und nach wenigen Minuten erreichen wir das große Gelände mit dem Luchsgehege. Von zwei Aussichtswarten kann man mit viel Glück diese Tiere beobachten.

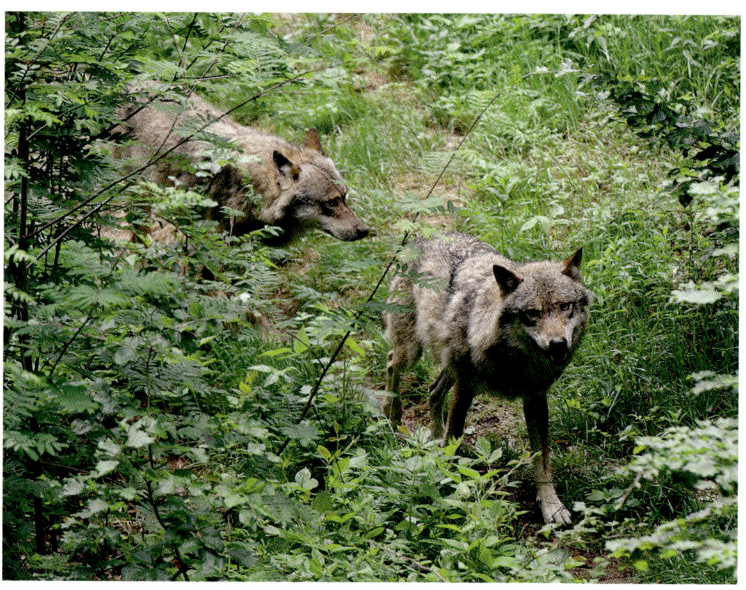

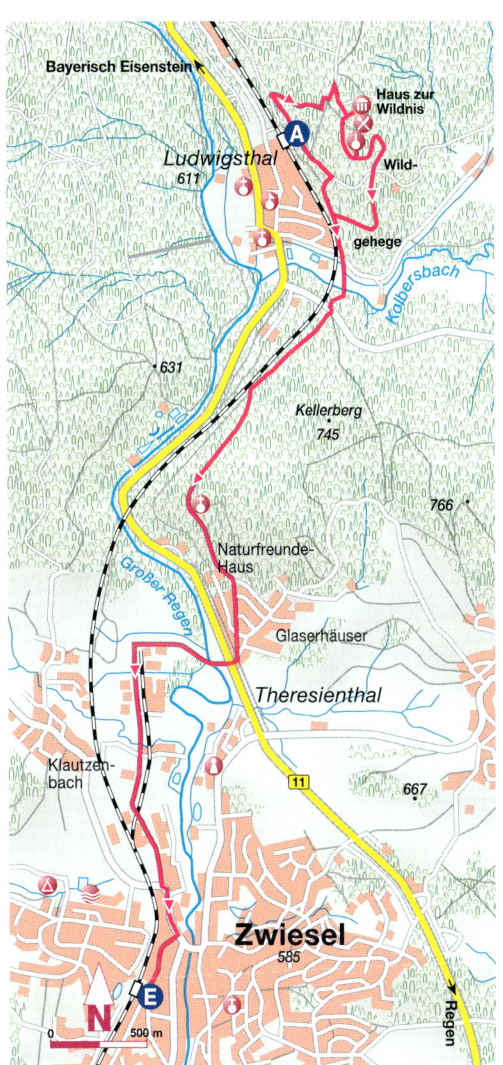


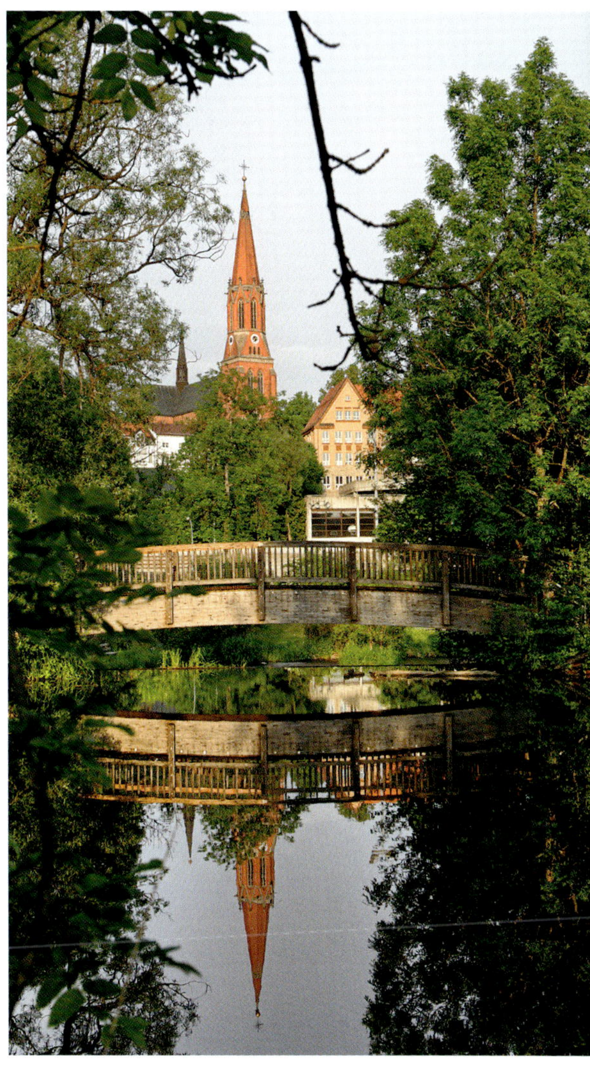

Ein Stück weiter bergauf besuchen wir als Nächstes das **Haus zur Wildnis**. Hier legen wir am besten eine längere Besichtigungspause ein, um das Informationszentrum gründlich zu erforschen, denn es gibt viel zu sehen. Das moderne Gebäude ist ebenfalls frei zugänglich und bietet viel Wissenswertes rund um Flora und Fauna des Bayerischen Walds. Neben der typischen Borkenkäfer-Problematik – die je nach Betrachtungswinkel auch äußerst positive Aspekte für den Wald mit sich bringt – gibt es auch wechselnde Ausstellungen und einen spannenden, begehbaren Buchenwaldboden zu ergründen. Eine Stunde kann und sollte man für diesen Besuch also mindestens einplanen. Das in-

Die Pfarrkirche St. Nikolaus in Zwiesel können wir zusammen mit der Altstadt am Ende der Wanderung besuchen.

Linke Seite: Die Wölfe im Tierfreigelände des Nationalparks bei Neuschönau sind eines der großen Highlights der Wanderung.

tegrierte Café verlangsamt überdies unser Fortkommen, zumal es auch die einzige Einkehrmöglichkeit auf dieser Streckenwanderung ist.

Nach der Besichtigung folgen wir nun weiter unserem Rundweg. Zunächst geht es ein Stück auf dem Hinweg zurück, dann laufen wir links über den überdachten hölzernen Brückensteg, der uns viele Aussichtsmöglichkeiten auf das Wolfsgelände bietet. An diesen Beobachtungsposten brauchen wir immer besonders viel Zeit, denn selten hat man die Gelegenheit, ein so wildes Rudel, das sich in seinem großen Gelände fast natürlich verhält, zu studieren. Gleich danach können wir noch die 90 (!) Stufen auf den hölzernen Aussichtsturm hinaufsteigen. Oben hat man einen schönen Ausblick auf den Großen Arber.

Weiter geht es leicht bergab; wir queren den Radweg und beobachten die Auerochsen mit ihren mächtigen Hörnern beim

## Die Glasstadt Zwiesel

Es müssen sehr mutige, aber auch erfahrene Männer gewesen sein, die sich vor ca. 1000 Jahren dort niederließen, wo sich Großer und Kleiner Regen treffen, um dann als Regen weiter zur Donau zu fließen. Mutig, weil sie sich in den Urwald wagten, in dem es vor Ungeheuern geradezu wimmeln sollte, und erfahren, weil sie über schmale Trampelpfade genau den richtigen Platz für ihr Vorhaben, Gold aus den beiden Flüssen zu waschen, gefunden hatten. So eine Form der Flüsse – wie ein Stiel mit zwei Ästen – hieß damals »Zwisl«, und damit war auch der Name für den Ort gefunden, der heute als Stadt ein bedeutendes Zentrum im Bayerischen Wald ist.
Zwei wichtige Einnahmequellen prägen das Leben in Zwiesel: zum einen die Glasindustrie, die aufgrund der vorhandenen natürlichen Ressourcen von Quarz als Glasrohstoff und Holz als Energieträger schon seit dem 15. Jh. in Zwiesel und in der weiten Umgebung Fuß gefasst hat, und zum anderen der Fremdenverkehr, der seit gut 100 Jahren den Ort weithin bekannt machte. Allerdings: Wer in Zwiesel mittelalterliche Häuser sucht, wird enttäuscht sein. Das liegt daran, dass im 19. Jh. nicht weniger als sechs große Brände alle älteren Häuser einschließlich der Kirche vernichteten. Dennoch ist in Zwiesel etwas aus dem Mittelalter erhalten geblieben, was in dieser Dimension wohl einmalig ist: Das sind die unterirdischen Gänge und Räume, die unter der gesamten Altstadt zu finden sind. Über ihren genauen Zweck kann nur spekuliert werden, interessant sind sie aber auf alle Fälle. Ein kleiner Teil davon kann im Rahmen einer Führung (vorherige Anmeldung bei der Tourist-Info!) besucht werden.

Grasen im Wald. Sie teilen sich das Gehege mit den Wildpferden. Die Przewalski-Pferde lassen sich am besten noch ein Stück tiefer vom Aussichtshügel, unter dem die nachgebaute französische Grotte Chauvet liegt, studieren. Danach besuchen wir diese **Grotte** mit ihren nachgebildeten 30 000 Jahre alten Wandmalereien. Hier wird im Vorraum ein Einführungsfilm gezeigt.

Wieder zurück im Tageslicht müssen wir nun entscheiden: Beenden wir den Rundweg und fahren mit der Waldbahn zu unserem jeweiligen Startplatz zurück oder wandern wir auf dem Böhmweg weiter bis in die Glasbläserstadt Zwiesel?

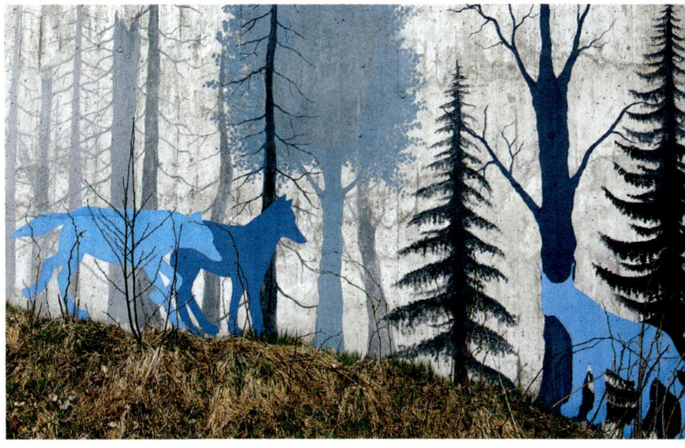

Ein Bild mit stilisierten Wölfen weist am Bahnhof von Ludwigsthal auf das Tierfreigelände des Nationalparks hin.

Sollten wir uns für die Wanderung nach Zwiesel entscheiden, wenden wir uns mit der Steinzeithöhle im Rücken nach links auf den schmalen Wiesenweg, der entlang der Waldbahn und unterhalb des Zauns verläuft. Dieser Böhmweg ist mit einem kleinen Rad markiert und überdies Richtung Zwiesel gekennzeichnet. Wir queren eine kleine Straße und wandern im Anschluss über federnden, leicht sumpfigen Boden, wo wir den Kolbersbach queren. Im Auf und Ab geht es zu einer großen Straße, die wir etwas nach links überqueren. Nun teilt sich der Weg, wir halten uns geradeaus und wandern durch den Wald, etwas oberhalb der Bahngleise. Vor einem Privatgrundstück müssen wir nach links ausweichen, und sachte steigt der Weg nun an. Dann erreichen wir die kleine **Glasbläserkapelle**, die den Scheitelpunkt unserer Wanderung markiert. Nun geht es nur noch bergab, und wir treffen im Ortsteil **Theresienthal** auf die ersten Häuser. Weiter bergab erreichen wir die große B 11, die wir geradeaus in die Fürhauptenstraße queren. Über den Fluss Regen folgen wir dem Rad- und Fußweg, der parallel zur Autostraße verläuft, durch das kleine Gewerbegebiet. Das Ortsschild von **Zwiesel** ist nun schon erreicht. Die Straße biegt nach links ab und wir folgen ihr, bis wir dann rechts in die Bahnhofstraße einbiegen. Nun sind es nur noch wenige Minuten, und wir haben unser Ziel, den Bahnhof von Zwiesel, erreicht.

# 8 Auf den Hennenkobel

## Bayerischer Wald par excellence

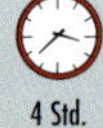

Schwer 14,5 km 450 Hm 4 Std.

**Tourencharakter**
Lange Wanderung mit kleinem Bergtour-Charakter, für die man etwas Kondition mitbringen muss (ausreichend Getränke mitnehmen!). Fast ausschließlich auf gut gepflegten, teils aber auch steinigen Wanderwegen durch den Wald. Sanfter Abstieg vom Gipfel

**Ausgangs-/Endpunkt**
Bahnhof Zwiesel (585 m)

**GPS-Daten**
49.020840, 13.226891

**Anfahrt**
Auto: Zwiesel liegt nord-östlich von Regen direkt an der B 11. Am besten parkt man an einem der P&R-Parkplätze des Bahnhofs.
Bahn/Bus: Mit dem Zug von Deggendorf nach Zwiesel

**Karte**
Kompass 1:50 000, Nr. 198/2 Bayerischer Wald

**Einkehr**
Unterwegs keine; der Gipfel ist herrlich für ein Picknick geeignet.

**Information**
zwiesel.de

**Eine kleine Bergtour führt von Zwiesel hinauf zum Hennenkobel. Dabei vereint die Wanderung das Beste vom Besten, was der Bayerische Wald zu bieten hat: eine Glasbläserstadt, einen Gipfel mit Granitblöcken und Felsen, herrliche Wälder mit weich bemoosten Böden und schönste Aussichten auf das Bodenmaiser Tal.**

Wir starten am **Bahnhof Zwiesel** und gehen rechts auf der Waldbahnstraße, bis wir nach 500 Metern rechts durch die Unterführung auf die andere Seite der Bahn wechseln können. Unmittelbar danach wenden wir uns links in den Finkenweg und müssen nun ein bisschen aufpassen: Genau vor der scharfen Rechtskurve, zwischen den Hausnummern 19 und 21, biegen wir links in den abwärts führenden Weg ein. Nach wenigen Schritten geht es rechts, nun ansteigend, hinauf, der Beschilderung »4« folgend.

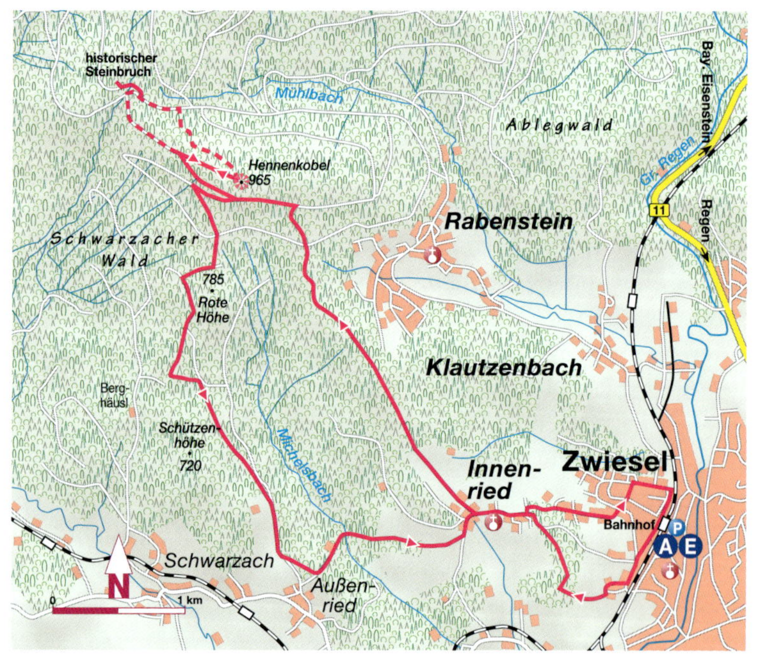

Schnurgerade queren wir eine Wiese zu einem kleinen Birkenwäldchen hin, wobei uns eine Rastbank zur Orientierung dient.

Auf dem nun wieder besser ersichtlichen schmalen Pfad geht es aufwärts, bis wir auf einen querenden Feldweg treffen. Nach rechts folgen wir weiter der Markierung Nr. 4 durch den Wald. Noch einmal stößt ein Wanderweg zu uns, wir aber bleiben in unserer Wanderrichtung und sehen bereits die ersten Häuser und das Kirchlein von **Innenried**. Der Wanderweg endet an einer Teerstraße, der wir nach links weiter bergauf folgen. Die Kurve können wir abkürzen, dann laufen wir auf der Ortsstraße am Wanderparkplatz und an der kleinen Kirche vorbei und folgen schließlich rechts, zwischen zwei Bauernhäusern hindurch, der Beschilderung Richtung Hennenkobel.

Nun können wir uns eigentlich nicht mehr verlaufen. Zunächst über Wiesen wandernd, sind wir gleich darauf im Wald. Die Abzweigung nach Rabenstein lassen wir unberücksichtigt und folgen stur der Beschilderung zum Hennenkobel. Nach einer Abzweigung nach links geht es dann merklich bergauf. Wir stoßen auf eine breite Forststraße, die wir geradeaus queren. Nach wenigen Minuten treffen wir erneut auf eine Forststraße; gerade-

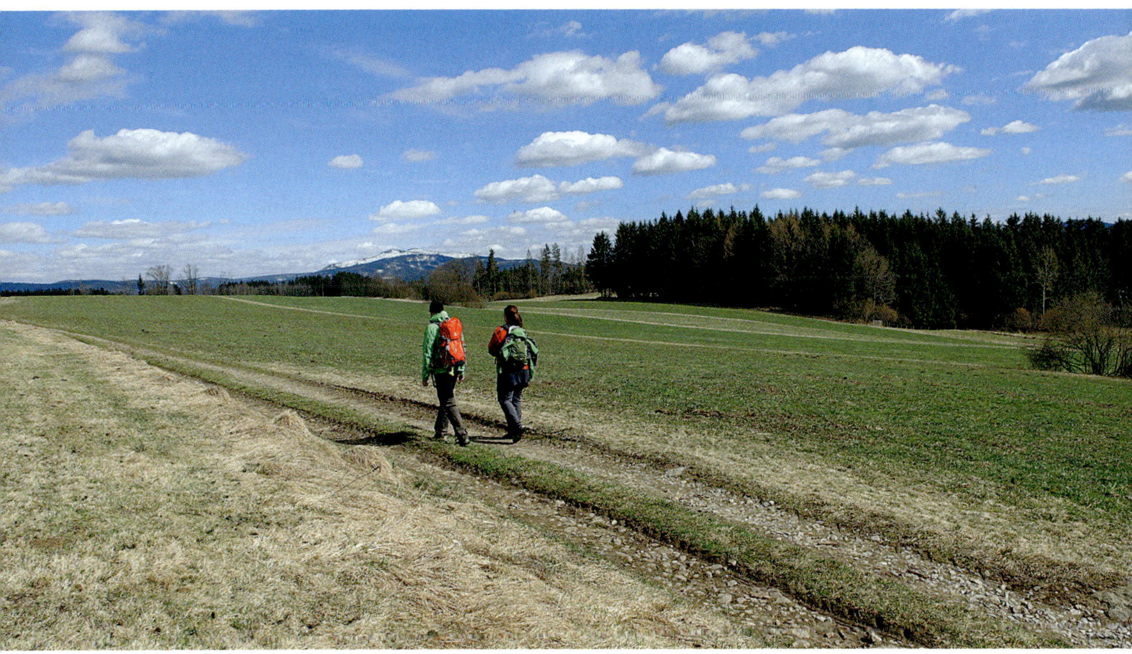

Wanderer beim Abstieg vom Hennenkobel nach Innenried

## Historischer Quarzsteinbruch

Wer am Gipfel vom Wandern noch nicht genug hat und zusätzlich eine Stunde Zeit einplanen möchte, kann die Tour mit einer kleinen Runde zum historischen Steinbruch erweitern. Dafür steigt man zunächst die wenigen Meter vom Gipfel in Richtung Aufstiegsweg ab, muss sich dann aber rechts halten, entlang der gläsernen Kreuzwegstationen. Der Kreuzweg endet an einer geteerten Forststraße, auf der wir nach links weitergehen. Der Weg teilt sich, wir bleiben rechts, und nun sind es nur noch wenige Meter bis zum historischen Quarzsteinbruch. Hinweistafeln informieren hier ausführlich über die Zeit des Abbaus und über die Mineralien. Und für eine beschauliche Rast stehen Picknickbänke zur Verfügung. Für den Rückweg wandern wir die wenigen Meter bis zur Abzweigung zurück und folgen nun rechts dem Schild Richtung Bodenmais. Der breite Weg führt abwärts, wir halten uns nach 150 Metern links, und fast eben führt der Weg nun wieder um den Hennenkobel herum. Die Abzweigung der Nr. 24 nach Brandten bleibt unberücksichtigt. Dann ist etwas Orientierungssinn gefragt, denn die kleinere Abzweigung nach rechts ist nicht beschildert, wenige Schritte auf ihr, dann findet man sich wieder auf dem bekannten Hinweg.

aus führt hier der steile, direkte und deshalb anstrengende Weg zum Hennenkobel. Wir wollen es heute aber bequemer haben und wandern deshalb für 450 Meter nach links und biegen dann rechts auf den Wanderweg, um die Felsen des Hennenkobels herum. Hierher werden wir nach dem Gipfelgang zurückkehren.

Einer der schönsten Wegabschnitte liegt nun vor uns. Auf der rechten Seite türmen sich die glatten Felsbrocken, wie von Riesenhänden zu einem Haufen geworfen, auf. Flechten und Moose schillern in allen Farben, das grelle Schwefelgelb wirkt wie frisch aus der Hölle importiert. Dazwischen ragen alte Buchen und knorrige Tannen in den Himmel. Wir umrunden nun den Gipfel des Hennenkobels auf seiner Südwestseite. Direkt an einem kleinen Bächlein, das munter den Weg quert, weist uns rechts ein Schild auf einen schmäleren Weg. Gleich halten wir uns nochmals rechts, dann dauert es nicht mehr lange, und wir steigen über ein paar wenige Treppenstufen hinauf zum großen Gipfelkreuz auf dem **Hennenkobel** (965 m). Rastbänke und sogar ein kleines Holzhäuschen stehen für eine lange Pause bereit. Nun können wir die herrliche Aussicht hinüber in Richtung Bodenmais genießen; eine Panoramakarte erklärt dabei die umliegenden Gipfel.

Für den **Rückweg** geht es wieder über den Felsenweg hinunter bis zur breiten Forststraße. Diesmal wandern wir für etwa 700 Meter auf dem breiten Weg nach rechts. Dann biegen wir scharf links in den schmäleren Pfad ein, der mit der Nr. 24 beschildert ist. Wir queren eine Forststraße und treffen weiter abwärts wieder auf eine breitere Forststraße – die uns etwas irritiert, denn sie war in den amtlichen Karten gar nicht eingezeichnet. Etwas nach rechts versetzt können wir diese Straße queren; dort beginnt wieder der Wanderweg Nr. 24, der in der Nähe zur Forststraße verläuft und diese gleich nochmals quert. Der Waldweg ist wunderschön und sehr romantisch. Die Luft riecht würzig, und der Boden federt jeden unserer Schritte sanft ab. Wie auf einer Schnitzeljagd folgen wir unserer »24« von Baum zu Baum und erreichen schließlich mitten im Wald eine kleine **Wanderwegkreuzung**. Hier wechseln wir nach links auf den Weg mit der Nr. 10. Weiter durch den Wald erreichen wir schließlich die ersten freien Wiesen und ein einsam stehendes Haus. Jetzt geht es ein Stück auf einer breiteren Forststraße weiter, bis direkt am nächsten Wäldchen der Wanderweg Nr. 10 wieder links beginnt. Er führt nördlich der Häuser an Außenried vorbei und trifft an einem Wegkreuz wieder auf eine Straße. Nun folgen wir links der Beschilderung nach Innenried, passieren zwei Häuser und wandern erneut durch ein kleines Waldstück. Dann haben wir es geschafft, und mit herrlicher Sicht auf den Bayerischen Wald und den Rachel geht es auf **Innenried** zu.

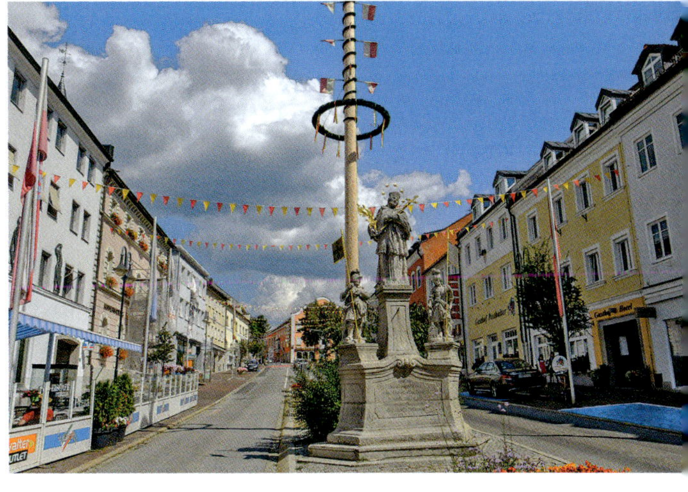

Die Marktstraße in Zwiesel

Nach dem Wanderparkplatz halten wir uns diesmal links und steigen durch ein Wäldchen zum Ahornweg hinab. Hier haben wir die ersten Häuser von **Zwiesel** erreicht. Durch den Ahornweg und die Fichtenstraße laufend, biegen wir dann rechts in den Waldesruhweg ab, an dessen Ende uns eine Fußgängerunterführung erwartet, die uns wieder auf die andere Seite der Bahngleise bringt. Nach rechts sind es nun nur noch wenige Schritte, dann haben wir unseren Startplatz, den Bahnhof von Zwiesel, wieder erreicht.

# 9 Am Großen Pfahl

## Zu Bayerns schönstem Geotop

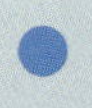
Leicht

4,5 km

170 Hm
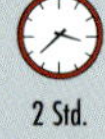
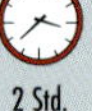
2 Std.

**Tourencharakter**
Einfache Tour auf naturbelassenen Wanderwegen und kleineren Pfaden; kaum nennenswerte Steigungen

**Ausgangs-/Endpunkt**
Parkplatz Großer Pfahl (459 m) an der B 85

**GPS-Daten**
49.080271, 12.865622

**Anfahrt**
Auto: Von der A 3, Ausfahrt Deggendorf, auf der B 11 nach Patersdorf, dort links auf die B 85 in Richtung Viechtach, an Viechtach vorbei, dann gleich auf der rechten Seite zum Parkplatz Großer Pfahl
Bahn/Bus: Viele Busse fahren bis Viechtach, Haltstelle Stadtplatz, von dort auf dem Pfahlsteig ein zusätzlicher Fußmarsch von gut 30 Min.

**Karte**
Kompass 1:50 000, Nr. 198/2 Bayerischer Wald

**Einkehr**
Unterwegs keine

**Information**
viechtach.de

**Eines der ganz großen Naturwunder und Geotope Bayerns ist der Große Pfahl, der sich quer durch den gesamten Bayerischen Wald zieht. Allerdings ragt der Pfahlrücken nur an wenigen Stellen wie bei Viechtach oder bei der Ruine Weißenstein über die Erdoberfläche hinaus und wird so für uns Wanderer sichtbar.**

Wir starten vom **Wanderparkplatz** an der B 85 und wenden uns in den Wald. Die Wanderwege rund um den Pfahl sind gut ausgeschildert. Wir folgen der Beschilderung Nr. 9 nach links auf den leicht ansteigenden Weg, verlassen nach wenigen Schritten den Wald und sehen schon die Südseite des **Großen Pfahls**. Der mächtige Felsriegel ist von Krüppelkiefern und kleinen Birken bestanden, die auf dem steinigen Untergrund sehr langsam wachsen. Dann haben wir auch schon das Ende des ersten Quarz-

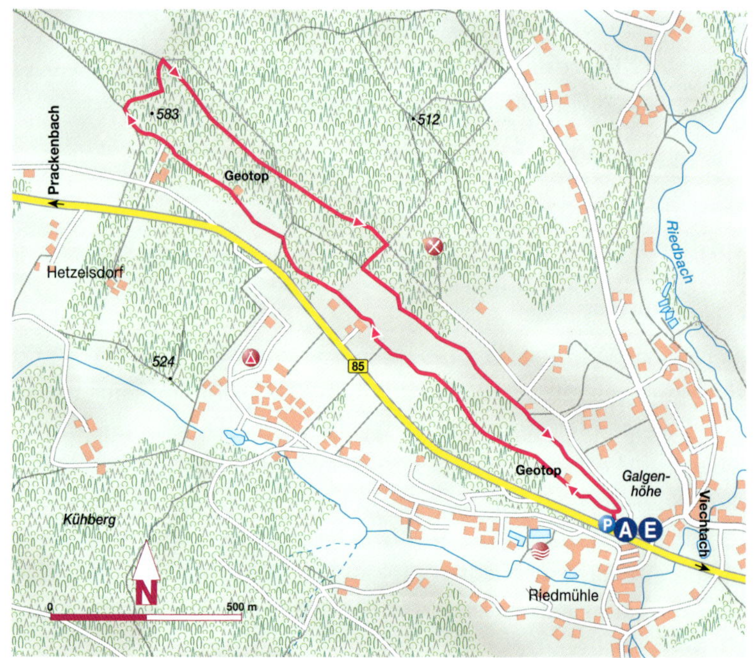

pfahlgesteins erreicht. Der Hauptweg biegt nach rechts weg und umrundet so dieses Teilstück des Pfahls. Wir halten uns jedoch links und folgen nun dem deutlich schmäleren Weg in den Wald. Die hohen Kiefern, Eichen und Birkenbäume lassen viel Licht auf den Waldboden, der dicht von Blaubeerbüschen bedeckt ist.

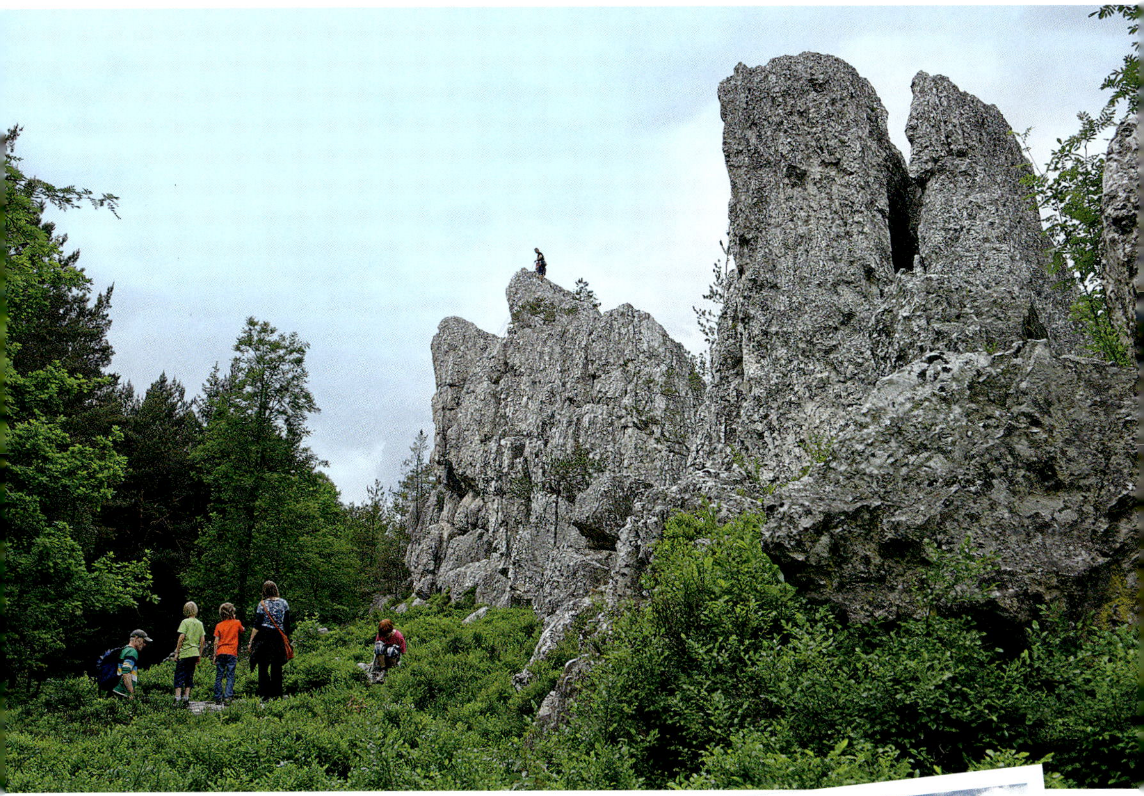

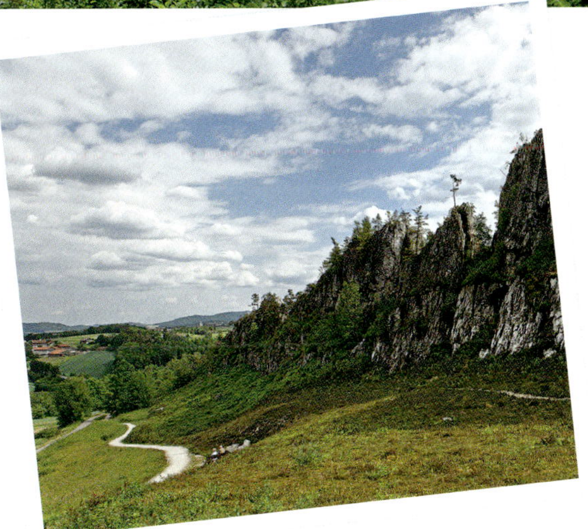

Der große Pfahl

Ganz oben: Wanderer am Großen Pfahl bei Viechtach

Wir nähern uns einer großen und lang gezogenen Abrisskante am Hang, die mit einem hölzernen Geländer gesichert ist. Sie schützt uns vor dem Absturz in die tiefe ehemalige Quarzabbaugrube. Auf der gegenüberliegenden Seite sehen wir einen weiteren Wanderweg verlaufen – dies wird unser Rückweg sein. Vorerst bleiben wir jedoch auf der südlichen Seite. Nicht lange, und vor uns erheben sich imponierende

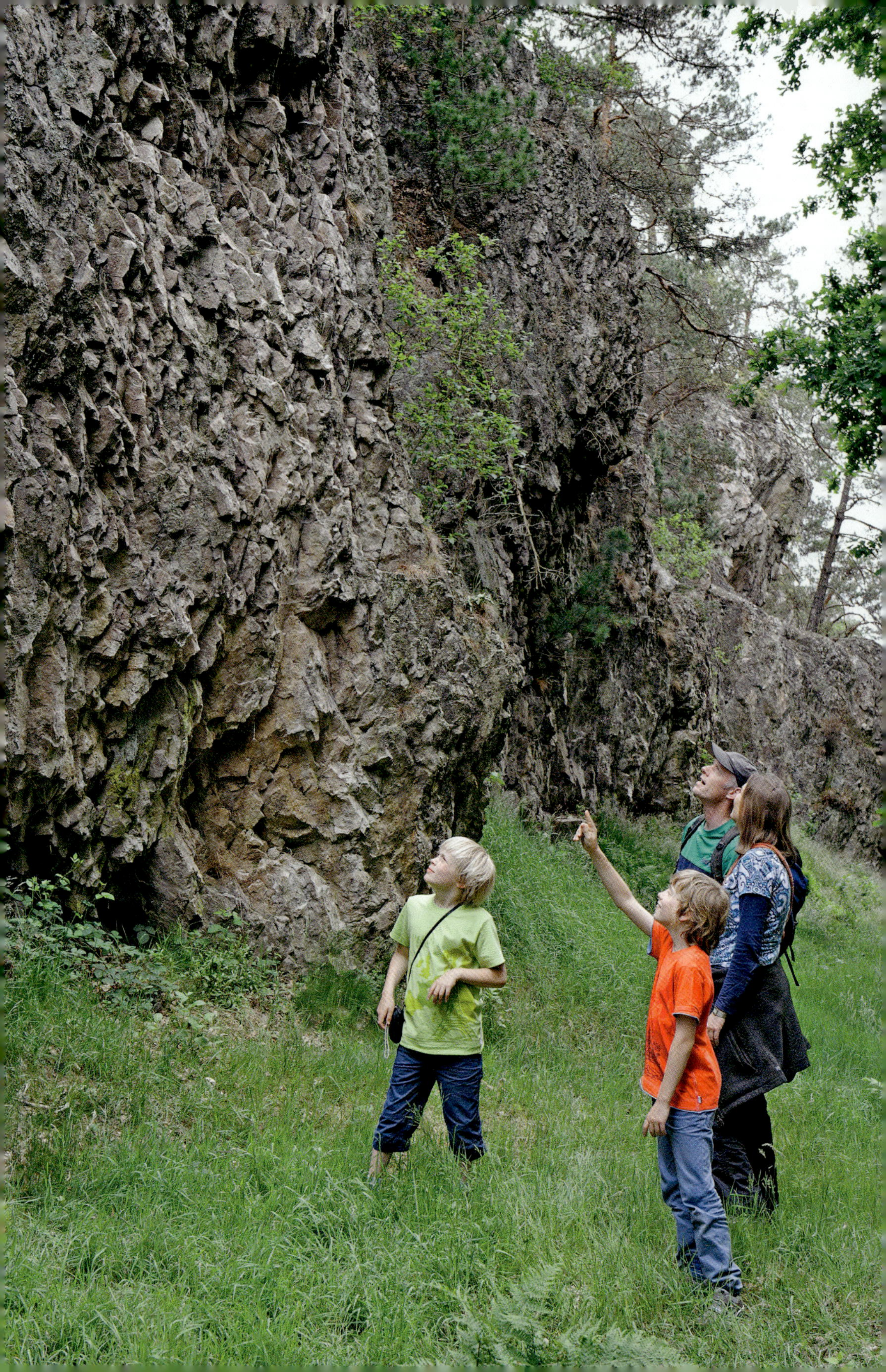

Felstürme gen Himmel: für uns die schönsten Felsformationen des Großen Pfahls. Je länger wir an den Felsen vorbei wandern, umso kleiner werden sie und versinken schließlich ganz im Boden. Wir erreichen den Rand einer Wiese, und wenige Meter später biegt unser Wanderweg, der immer noch mit der Nr. 9 beschildert ist, nach rechts in den Wald.

Wir folgen nun der Nr. 9 immer weiter, und bald weist sie uns wieder nach rechts – wir bewegen uns wieder zurück, diesmal in östlicher Richtung. Hier im Wald ist vom Großen Pfahl nichts mehr zu sehen, und wie bei einer Schnitzeljagd geht es mal rechts, mal links, aber im Großen und Ganzen in südöstlicher Richtung weiter. Wir queren eine kleine Lichtung, an deren Ende es die Möglichkeit für einen Abstecher zum Gasthaus »Oide Wirtsstuben« gibt. Wir halten uns rechts und stoßen so wieder auf den tiefen Taleinschnitt des **ehemaligen Quarzabbaugebiets**. Diesmal wandern wir auf der anderen Seite bis zu den Resten der ehemaligen Bremsstation, die für einen reibungslosen Abtransport des Quarzgesteins sorgte. Hier gibt es heute einen Mini-Steineklopfplatz, wo man selbst nach winzig kleinen Bergkristallen oder anderen Einlagerungen suchen darf – Steine klopfen und Mineralien suchen ist im lang gezogenen Abraumgraben ansonsten strengstens verboten! Um den Großen Pfahl vor weiterem Abbau und der damit drohenden völligen Zerstörung zu retten, wurde er bereits 1939 unter Naturschutz gestellt. Große Informationstafeln an der stillgelegten Lorenseilbahn der Verladestation erzählen von dieser Geschichte.

## Der Große Pfahl ...

... ist ein riesiges Quarzriff, dessen Name aus dem Lateinischen stammt – »pallidus« bedeutet so viel wie bleich oder fahl, und so sehen die Felsen des Pfahls zwischen dem dunkelgrauen Granit auch aus. Bei seiner Entstehung hat sich tief unter der Oberfläche bei der Auffaltung des Urgebirges eine lang gestreckte Kluft gebildet, in der sich unter hohem Druck und bei großer Hitze Wasser ansammelte. Dieses Wasser löste aus dem umgebenden Gestein Kieselsäure, und aus dieser Lösung hat sich dann im Lauf der Jahrmillionen Quarz abgeschieden, der dann später durch die Erosion aus dem ihn umgebenden Gestein herausgeschält wurde.

Wir wandern noch ein Stück nach rechts, bis wir in Sichtweite der Stadt **Viechtach** wieder an den ersten Pfahlabschnitt stoßen. Diesmal umrunden wir ihn an seiner anderen Seite und kommen so an seinem unteren Ende zurück zu unserem Ausgangspunkt.

Linke Seite: Die Wanderung eignet sich hervorragend für Familien mit Kindern, sie ist nicht sehr lang und natürlich ist das Felsenlabyrinth des Großen Pfahls spannend.

# 10 Zum Teufelstisch

## Himmlische Wallfahrt und höllische Felsbastionen

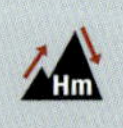
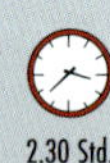
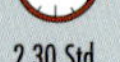

Leicht | 8 km | 300 Hm | 2.30 Std.

**Tourencharakter**
Rundweg mit vielen schönen Ausblicken. Der Aufstieg erfolgt überwiegend im Wald, meist auf breiten Wanderwegen.

**Ausgangs-/Endpunkt**
Kirche St. Jakobus in Bischofsmais (682 m)

**GPS-Daten**
48.917586, 13.081532

**Anfahrt**
Auto: Bischofsmais liegt etwas nördlich der Ruselbergstraße auf der Strecke von Deggendorf nach Regen. Achtung, nicht verwechseln mit Bodenmais!
Bahn/Bus: Mit der Bahn bis Deggendorf oder Regen, von dort mehrmals täglich Busse

**Karte**
Kompass 1:50 000, Nr. 198/2 Bayerischer Wald

**Einkehr**
Unterwegs keine; im Anschluss die bayerischen Wirtshäuser Alte Post und der Hirmonhof in Bischofsmais

**Information**
bischofsmais.de

**Eine Wallfahrtskirche, fantastische Felsformationen und eine hervorragende Aussicht erwarten uns auf dieser Wanderung. Im Anschluss können wir den Tag im schönen, neu angelegten Kurpark der Gemeinde Bischofsmais ausklingen lassen.**

Wir starten in der Ortsmitte von **Bischofsmais** bei der Pfarrkirche und gehen zur Hauptstraße. Hier wenden wir uns links und folgen ihr auf dem Gehweg. Nach knapp 400 Metern biegen wir an dem auffälligen Wegkreuz links in den Feldweg ein und folgen der Beschilderung zur **Wallfahrtskirche St. Hermann**. Die besondere Architektur und künstlerische Ausschmückung erkennt man erst beim Umrunden und Besichtigen der Wallfahrtskirche.

Für den Weiterweg gehen wir ein minimales Stück zurück bis zur Straßenkreuzung und biegen nun links auf die anfangs noch geteerte Straße ein. Sie bringt uns wieder zur größeren Autostraße, der wir links bis zum Weiler **Wastlsäge** folgen. Am großen Hotel Morada biegen wir rechts ab, laufen über den Parkplatz, halten uns dann aber rechts über den Farnbach. Nun folgen wir stets der Beschilderung »3« Richtung Teufelstisch. Zunächst führt der breite Waldweg fast eben durch den Wald. Dann weist uns ein Schild nach rechts auf den »schwierigen und steinigen« Weg zum Teufelstisch. Das klingt jedoch sehr viel dramatischer, als es wirklich ist. Rasch gewinnen wir an Höhe; einige stark bemooste Steinbrocken säumen den Weg. Dann erreichen wir einen ersten Aussichtspunkt – der flache Felsen bietet einen hervorragenden Ausblick, und es gibt sogar steinerne Sitzgelegenheiten. Am Hügelkamm geht es anschließend im leichten Auf und Ab an vielen weiteren Felsformationen vorbei. Schließlich erreichen wir den **Teufelstisch** (901 m), ein Felsungetüm, das gut vier Meter hoch ist.

Danach halten wir uns weiter entlang in Wanderrichtung auf dem Hügelkamm, immer noch über Stock und Stein, die von

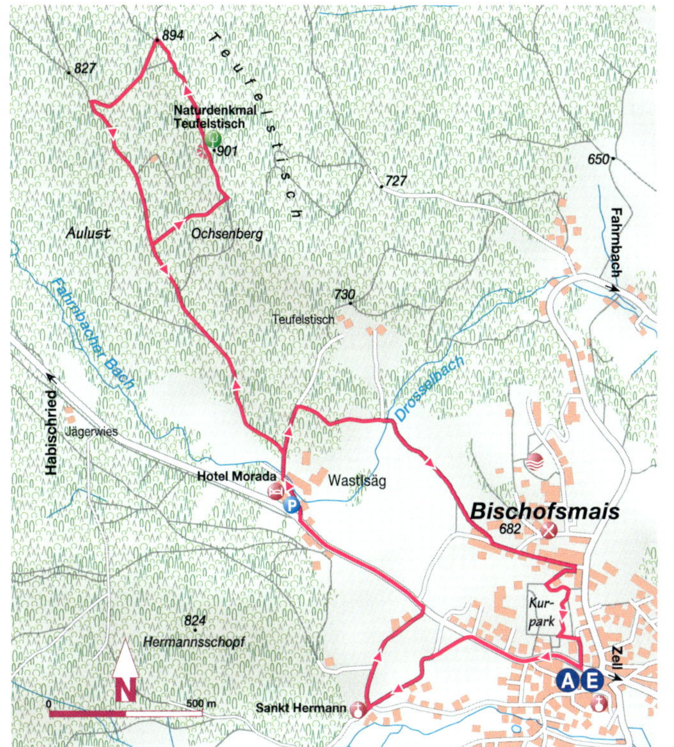


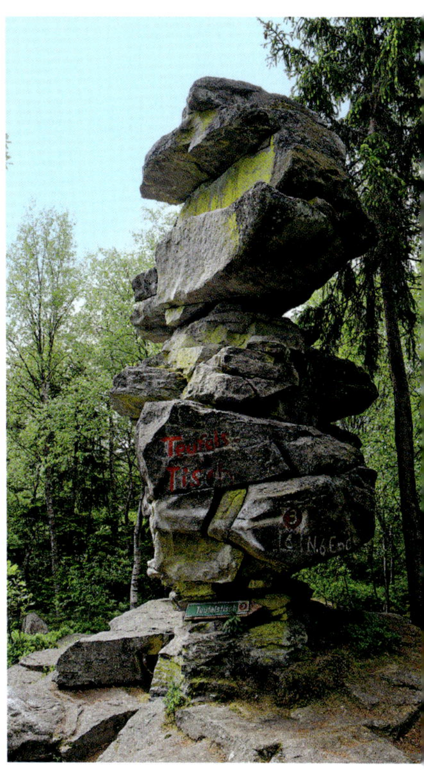

Der berühmte und sagenumwobene Teufelstisch bei Bischofsmais

kniehohen Blaubeerbüschen eingerahmt sind. An den letzten Felsen weist uns dann ein Schild nach links wieder zurück Richtung Bischofsmais. Flott geht es abwärts, und fast schon im Tal stoßen wir auf die breitere Forststraße. Wenn wir uns nun links halten, sind wir bald wieder an der Abzweigung, die wir bereits vom Hinweg kennen. Nun wandern wir zurück bis zum Hotel Morada, biegen dann jedoch nach links und folgen der Beschilderung nach Bischofsmais über den Wanderweg Nr. 3 in die Privatstraße. Nach 150 Metern weist uns das Schild nach rechts, und über Feldwege (an den Fischweihern rechts haltend) kommen wir wieder zurück nach **Bischofsmais**.

Zum krönenden Abschluss können wir durch den schön angelegten Kurpark schlendern, in dem vor allem Kräuter, Holunderbüsche und Obstbäume wachsen. Großzügig wurden einige Flächen frei gelassen und tolle Kinderspielplätze, Wasserbecken sowie auch ein Schlittenberg für den Winter angelegt. Zurück zu unserem Ausgangspunkt müssen wir immer nur in Richtung Kirchturmspitze laufen.

# 11 Auf Dreitannenriegel und Kreuzfelsen

## Zwei erste »Du«-Berge

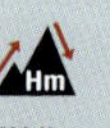
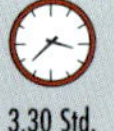

Mittel | 9,5 km | 500 Hm | 3.30 Std.

**Tourencharakter**
Kleine Bergtour über gut ausgeschilderte Wanderwege mit einem steileren Anstieg

**Ausgangs-/Endpunkt**
Wanderparkplatz in Rohrmünz (730 m)

**GPS-Daten**
48.88900, 13.00585

**Anfahrt**
**Auto:** In Deggendorf auf die Ruselstraße, gut 3,5 km nach Mietraching links auf die DEG 19 nach Greising und weiter bis Rohrmünz (nördlich von Deggendorf, zur Gemeinde Grafling gehörend), dort vor der Gastwirtschaft Daffner rechts in die kleine Straße; nach den letzten Häusern gibt's einige Wanderparkplätze.
**Bahn/Bus:** Grafling hat einen eigenen Bahnhof der Länderbahn, Rohrmünz ist von dort aber nur mit Schulbussen werktags erreichbar.

**Karte**
Kompass 1:50 000, Nr. 198/2 Bayerischer Wald

**Einkehr**
Unterwegs keine, aber an den Gipfeln gibt es ein überdachtes Brotzeithütterl

**Information**
grafling.de

**Der Dreitannenriegel ist einer der ersten knapp über die 1000-Meter-Marke aufragenden Berge nördlich von Deggendorf. Meist setzt genau ab dieser Höhengrenze das lockere »Du« ein, das sich Wanderer und Bergsteiger gegenseitig mit dem »Griaß di« zurufen, wenn sie sich begegnen. Aber gerade unter der Woche sind hier im Vorderen Bayerischen Wald nur wenige Menschen unterwegs.**

Wir starten am **Wanderparkplatz**, an dem sich mehrere Wege treffen. Mit den Häusern von Rohrmünz im Rücken wählen wir geradeaus den schmäleren Weg, der sogleich zwischen Baumreihen bergauf führt. Zu unserer linken Seite passieren wir noch ein einsames Haus, dann können wir auf einen Wanderweg ausweichen, der parallel zur breiten Forststraße entlang eines Bachs verläuft. Der Weg ist mit der Nr. 3 zum Dreitannenriegel ausgeschildert; kurz darauf weist uns das Schild nach rechts. Auch

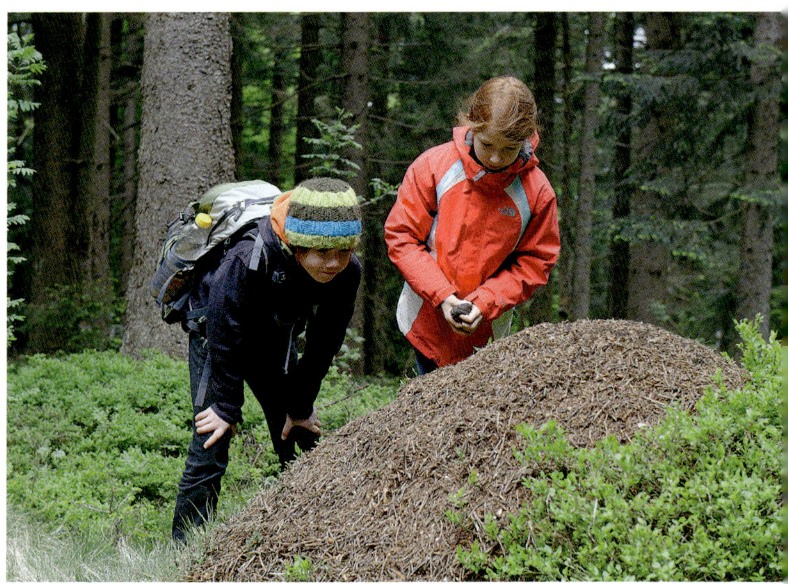

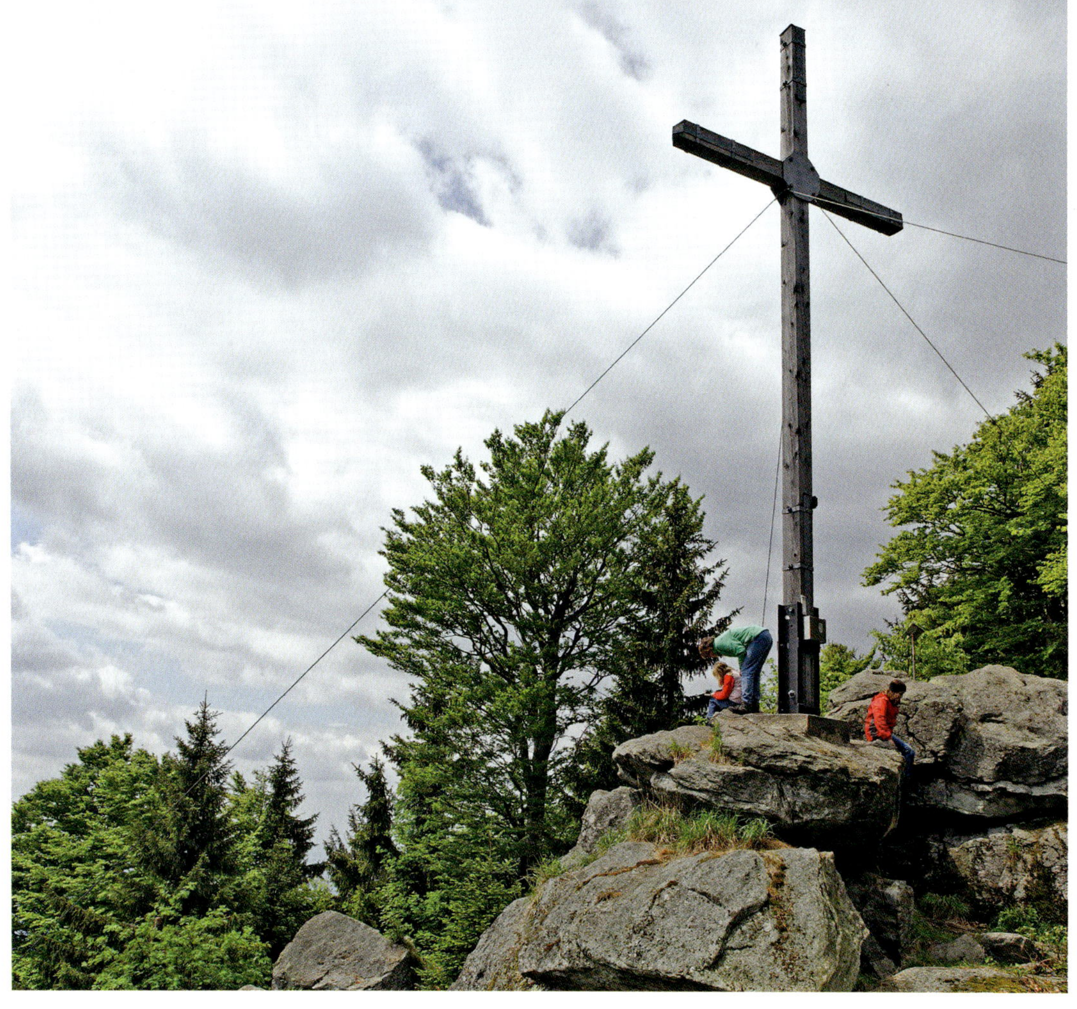

Gipfelkreuz am Dreitannenriegel

Linke Seite: Kinder bewundern einen großen Ameisenhaufen am Dreitannenriegel.

wenn es nur 1,5 Kilometer Weg bis zum Tannenriegel sind, so verlangen uns diese aufgrund der zu bewältigenden Höhenmeter doch einiges ab. Schnell kommen wir ins Schwitzen. Wir queren eine Forststraße und müssen bis zum Gipfel weiter bergauf schnaufen.

Der zunehmend felsige Pfad führt uns schließlich zum Fuß des Dreitannenriegels. Dieser besteht aus mehreren gewaltigen Felsblöcken, die sich aufeinander türmen. Gekrönt wird das Ganze von einem waschechten Gipfelkreuz – auf 1090 Metern Höhe unabdingbar. Mit wenigen Schritten und mit Hilfe der Hände klettern wir zum Gipfel des **Dreitannenriegels** empor und lassen uns dort oben von der Aussicht überraschen – auf einem der südlichsten Berge des Bayerischen Walds stehend, verdeckt uns nämlich kein Hügel die Sicht. Zu unseren Füßen liegt die Donauebene, und an klaren Tagen ist die gesamte Alpenkette von der

Zugspitze über den Watzmann bis hin zum Dachsteingebirge zum Greifen nah. Da bietet sich der Platz doch gut für eine Brotzeit an – und wenn es am exponierten Gipfel dafür zu windig sein sollte, kann man sich auf die wenige Meter tiefer gelegene Picknickbank setzen.

Nach der Pause folgen wir kurz der Beschilderung Richtung Riegelsattel, halten uns aber nach nur etwa 350 Metern links und folgen so nicht mehr dem Wanderweg Nr. 3 zum Breitenauriegel, sondern wählen den abwärts führenden Weg nach Loderhart. Jetzt geht es lockeren Schrittes stets bergab durch den Wald. Schließlich stoßen wir auf eine Forststraße. Wer Lust hat, kann hier nach rechts in knapp 200 Metern Entfernung den Hubertusbrunnen besuchen. Ansonsten wandern wir auf der Forststraße für ein paar Schritte nach links und biegen dann gleich nach rechts auf einen kleineren Waldweg ab, der wieder in ursprünglicher Wanderrichtung verläuft und nun mit der Nr. 1 beschil-

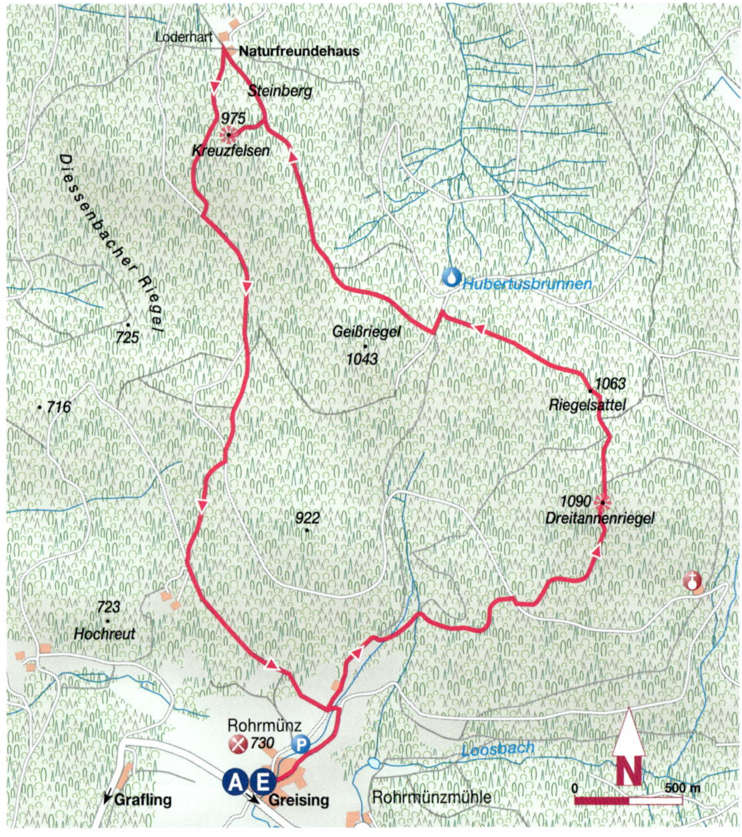

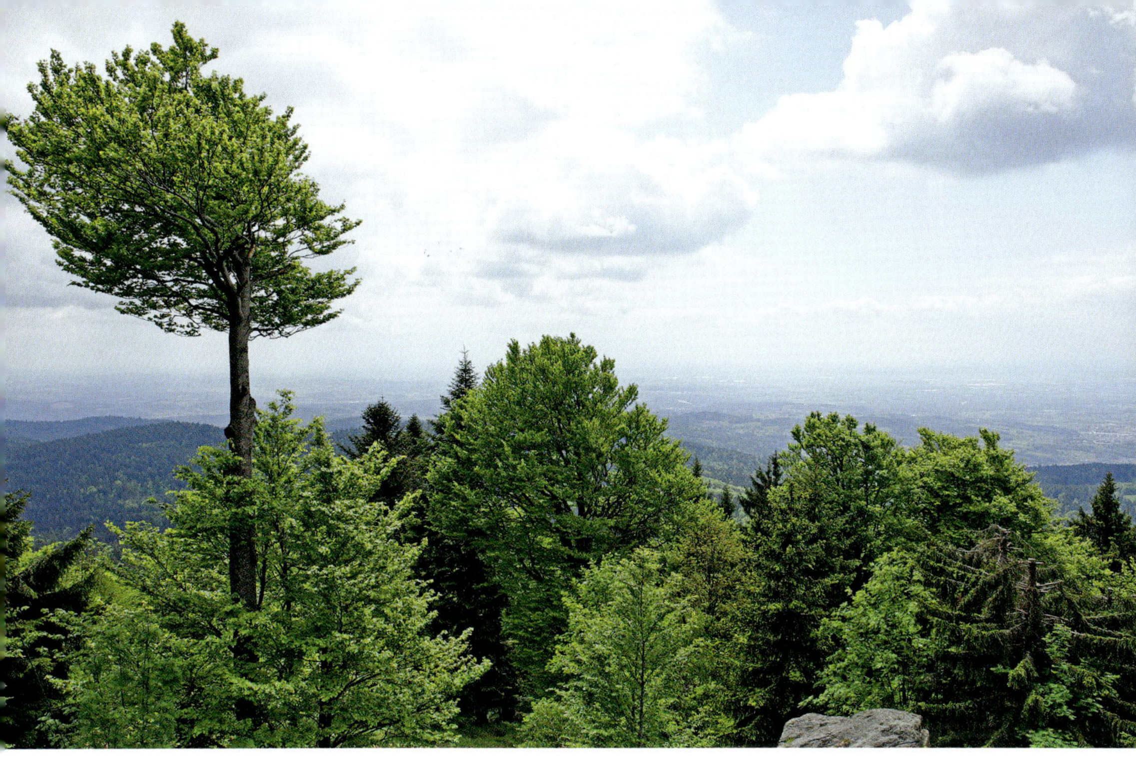

Aussicht auf die Donauebene vom Dreitannenriegel

dert ist. Der Weg steigt nur minimal wieder an, dann laufen wir wieder abwärts. Kurz vor Loderhart sollten wir dann links noch unbedingt den kurzen Abstecher auf den **Kreuzfelsen** (975 m) mitnehmen. Der Ausblick von dort ist ebenfalls wunderschön, und es gibt sogar eine Rastbank.

Zurück auf dem Wanderweg sind es dann nur noch wenige Minuten, dann haben wir das **Naturfreundehaus Loderhart** auf einer kleinen Lichtung erreicht. Wenn man Glück hat, gibt es eine Bewirtung – darauf kann man sich jedoch nicht verlassen, denn das Haus wird von einem Verein geführt und ist kein offizielles Gasthaus. Aber von Mai bis Oktober hat es vor allem an den Wochenenden geöffnet. Ab hier kann man sich eigentlich nicht mehr verlaufen. Vom Naturfreundehaus wendet sich der Weg nach Süden. Wir bleiben nun der Beschilderung Nr. 1 treu, die uns bald ein Stück auf eine Forststraße führt, um kurz darauf wieder auf einen spannenderen Wanderweg in Richtung Grafling abzubiegen. So können wir eine Biegung der Forststraße abkürzen. Das gleiche Spiel veranstalten wir erneut, diesmal biegen wir aber nach rechts weg von der Forststraße. Dann treffen wir ein letztes Mal auf den breiten Fahrweg und folgen diesem nun nach links aus dem Wald heraus und zurück zu unserem **Wanderparkplatz** in Rohrmünz.

# 12 Am Ruselabsatz

## Auf dem GEHsundheitsweg zum Königstein

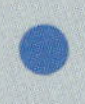
Leicht

4 km
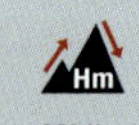
150 Hm
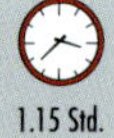
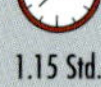
1.15 Std.

**Tourencharakter**
Sehr leichte Wanderung, die direkt am Ruselabsatz ohne nennenswerte Höhenverluste startet. Bestens geeignet für einen Anfahrts- oder Abfahrtstag!

**Ausgangs-/Endpunkt**
Parkplatz am Ruselabsatz (856 m)

**GPS-Daten**
48.87604, 13.06599

**Anfahrt**
Auto: Von Deggendorf führt die St 2135, die Ruselbergstraße, in Richtung Regen. Oben auf der Passhöhe, am sogenannten Ruselabsatz, gibt es viele Wanderparkplätze.
Bahn/Bus: Von Deggendorf gibt es Busverbindungen.

**Karte**
Kompass 1:50 000, Nr. 198/2 Bayerischer Wald

**Einkehr**
Unterwegs keine

**Information**
gehsundheitsweg.de

**Diese überaus kurzweilige Wanderung verläuft auf dem GEHsundheitsweg, den viele auch als Königsteinweg kennen – dabei heißt der 916 Meter hohe »Hausberg« eigentlich Hausstein. Royale Besuche bayerischer Könige haben ihm und seinen Aussichtspunkten aber schon früh zu einer gewissen Berühmtheit verholfen.**

Wir starten am bereits 856 Meter hoch gelegenen **Ruselabsatz**, sodass wir heute in den Genuss kommen, kaum Höhenmeter bewältigen zu müssen. Mit Blick in Richtung Osten, d. h. mit Deggendorf in unserem Rücken, wenden wir uns gleich nach rechts und wandern vom Parkplatz weg in den lichten Wald. Der Weg ist mit dem Themenschild des GEHsundheitswegs und mit der Nr. 4 bestens beschildert. An der Wegekreuzung halten wir uns rechts auf dem breiten Forstweg und wandern nun zielstrebig nach Süden. Dann lotst uns erneut ein Schild nach links, und wir erreichen mit einem Abstecher – diesmal nach rechts – den Aussichtspunkt **Geßingerstein** (874 m). Selbst gegen Abend sind die großen dunklen Granitfelsen noch immer aufgeheizt von der Sonne. Und auch wenn der Weg sehr beliebt ist, findet sich immer ein Plätzchen zum Hinsetzen und Krafttanken. An klaren Tagen kann man von hier bis in die Alpen schauen. Unserer Ansicht nach ist dies übrigens der bessere Rastplatz dieser Tour, denn am Königstein ist die Aussicht nicht mehr so gut – wer also eine Brotzeit mitgebracht hat, darf sich hier schon darüber freuen.

Zurück geht es wieder auf den Hauptweg, und wir wandern nun in östlicher Richtung bis zum **Königstein** (850 m), den wir mit einem kleinen Abstecher nach links erreichen. An der markanten Felsformation erinnert ein kleines Denkmal an den Besuch des reiselustigen bayerischen Königs Maximilian II. mit seiner Frau Marie im Jahr 1849. Beide sollen angesichts des Ausblicks über die Donauebene so begeistert gewesen sein, dass man ihnen zu

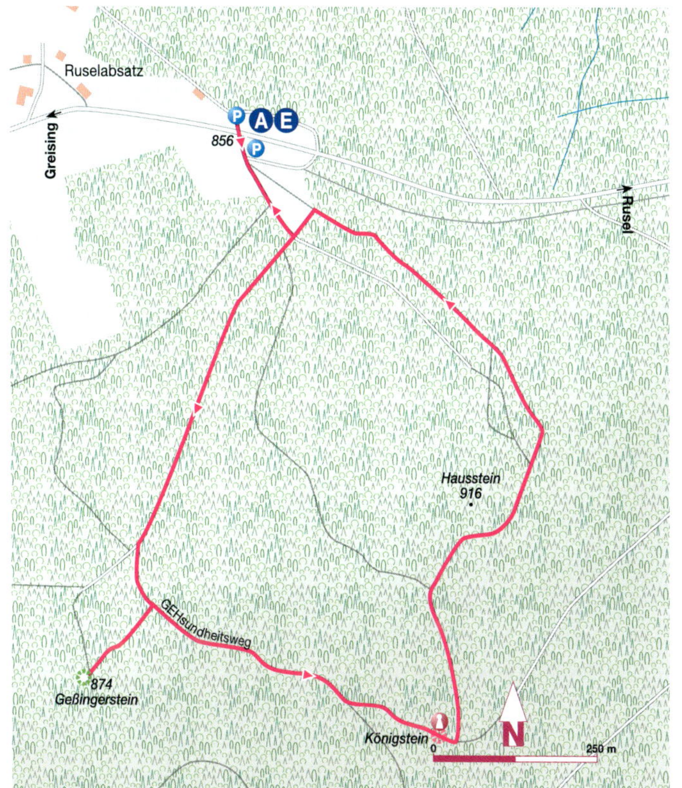


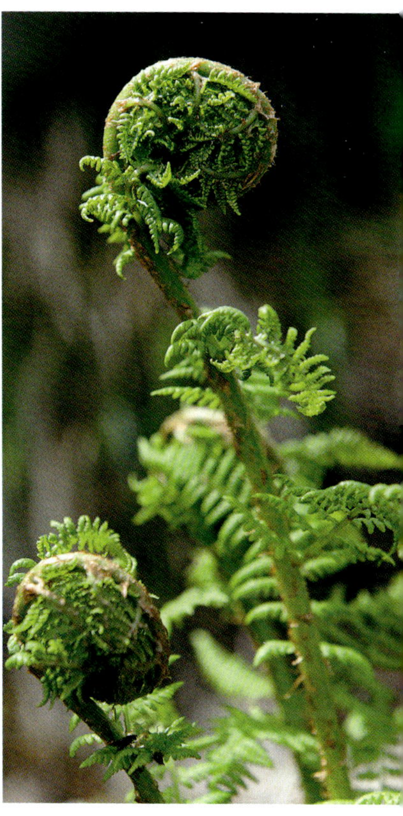

Am Wegesrand beginnt sich im Frühjahr langsam der junge Farn aufzurollen.

Ehren (und weil das königliche Bayern so paradiesisch schön ist) ein Denkmal errichtete. Gut 50 Jahre später stand dann auch Kronprinz Ludwig, der spätere und letzte König Ludwig III. von Bayern, hier und überblickte sein Reich. So viel mondäner königlicher Besuch zog damals schon die Massen an, und so wurde die Rusel mit ihren Aussichtspunkten schon früh zu einem Tourismus-Magnet.

Nun geht es wieder in nördlicher Richtung weiter. Wir passieren den **Summfelsen** und entdecken einen kleinen Marienbildstock, der an die Reste des einst geplanten Klosters am Hauenstein erinnert. An einigen Felsformationen vorbei wandernd, kommen wir zur Bergstation des Skilifts. Vorbei an einer Quelle mit Armkneippbecken geht es nun wieder in Richtung Ruselbergstraße, auf die wir aber erst unweit des Startplatzes treffen. Wer hier noch nicht genug hat, kann seine Wanderung gut und gerne noch etwas ausdehnen – Möglichkeiten gibt es, wie wir anhand der Wandertafeln sehen können, unendlich viele!

# 13 Rund um Schaufling

## Ruhige Wege im Lallinger Winkel

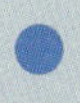
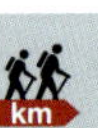

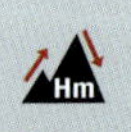

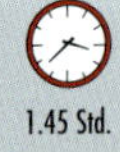
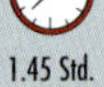

Leicht | 6 km | 200 Hm | 1.45 Std.

**Tourencharakter**
Leicht hügeliger Rundweg mit vielen schönen Ausblicken; fast durchgehend mit Nr. 18 beschildert

**Ausgangs-/Endpunkt**
Kirche Vierzehn Nothelfer in Schaufling (443 m)

**GPS-Daten**
48.843617, 13.067103

**Anfahrt**
**Auto:** Schaufling liegt östlich von Deggendorf am westlichen Rand des Lallinger Winkels. Die Kirche befindet sich in der Ortsmitte, dort gibt's auch einige Parkplätze.
**Bahn/Bus:** Von Deggendorf gibt es Busverbindungen.

**Karte**
Kompass 1:50 000, Nr. 198/2 Bayerischer Wald

**Einkehr**
Unterwegs nur mit einem Abstecher zur sehr netten Dorfschänke in Nadling; Gasthof List in Schaufling

**Information**
schaufling.de

**Über Felder, durch Wälder und über kleine Anhöhen geht es heute in eine der beschaulichsten Ecken des Lallinger Winkels. Immer wieder dürfen wir dabei weite Ausblicke auf den Hausstein und die Donauebene genießen.**

Wir starten an der in der Ortsmitte liegenden **Pfarrkirche von Schaufling** und biegen an der mächtigen Linde in die leicht abwärts führende Alte Straße ein. Wir queren einen Bach und kreuzen gleich darauf die größere Autostraße, die nach Schaufling führt, geradeaus in die Edbergstraße. Wir folgen nun der Beschilderung der Nr. 18 in Richtung Nadling, vorbei am großen Edhof. Der Weg steigt deutlich an – zum Glück erreichen wir bald den Wald, und es wird angenehm schattig. Trotzdem öffnen sich immer wieder weite »Aussichtsfenster« an einigen Feldern und lassen uns über Schaufling weit in den Lallinger Winkel hinein blicken. Schließlich treffen wir auf eine geteerte Autostraße;

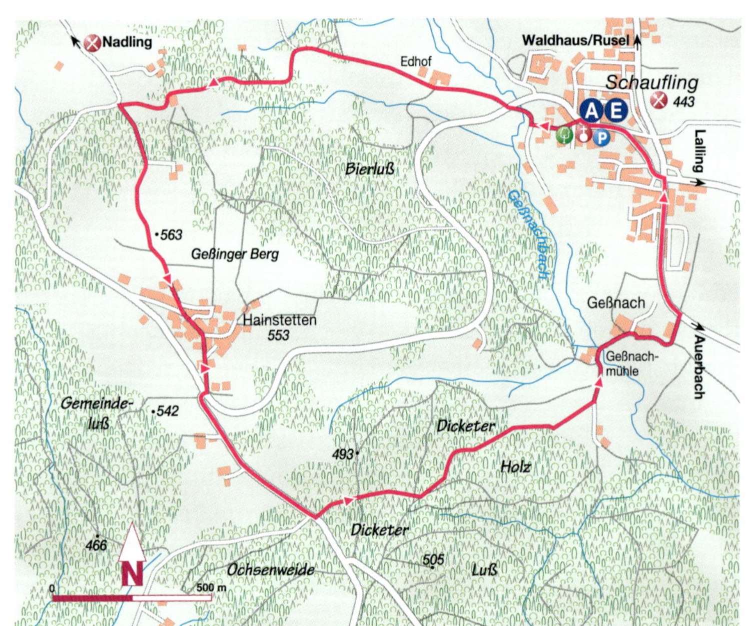

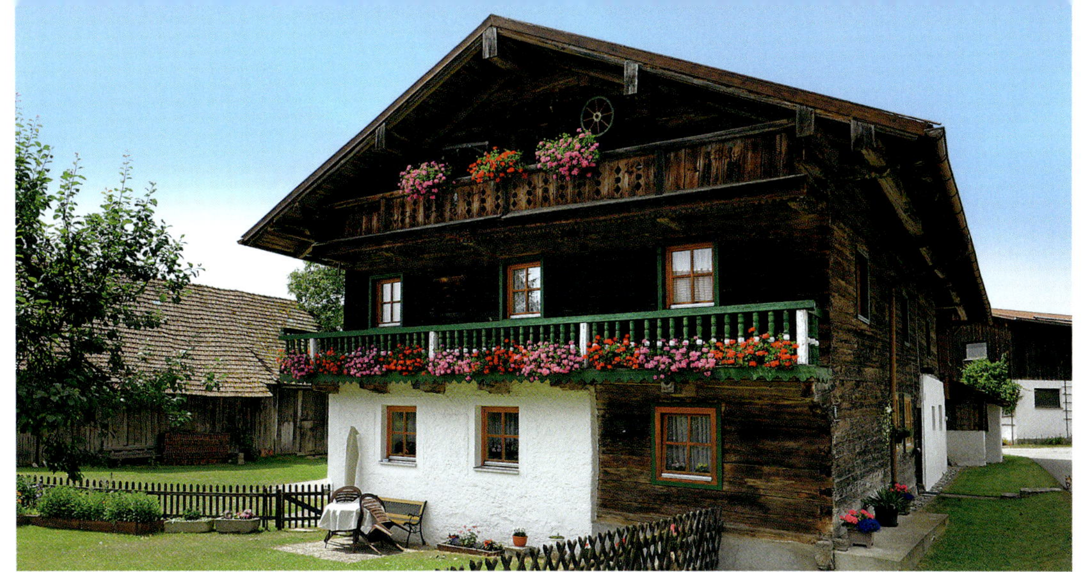

Der wunderschöne alte und blumen-geschmückte Bauernhof steht in Hainstetten bei Schaufling.

nach rechts können wir einen Abstecher zur äußerst netten Dorfschänke Nadling unternehmen (diese hat aber nur freitags und sonntags ab 16 Uhr geöffnet). Ansonsten queren wir die Straße und wandern links auf dem Wanderweg weiter, der Beschilderung »18/Geßnach/Schaufling« folgend. Fast eben laufen wir nun durch den schönen Mischwald. Im Sommer duften die Kiefern würzig nach Harz, und der Boden ist dick mit Kiefernzapfen bedeckt. Kurz darauf verlassen wir den Wald, und schon geht es abwärts, nun mit bester Fernsicht über Hainstetten und auf die Donauebene.

Wir durchwandern **Hainstetten** und queren dann kurz hinter dem auffällig roten, modernen Haus die große Autostraße. Für 500 Meter müssen wir nun der etwas kleineren geteerten Straße leicht abwärts folgen. Dann biegen wir links auf den Wanderweg Nr. 18 ein und gelangen in den Wald. An einer unbezeichneten Stelle teilt sich der Weg – hier halten wir uns links. Herrlich federt der Waldboden unter unseren Füßen, den wir erst kurz vor dem Weiler Geßnachmühle wieder verlassen. Mit schönster Sicht in Richtung Brotjacklriegel (s. Tour 15) geht es nun am Wiesenrand bergab, bis wir den Bach in **Geßnachmühle** queren. Im Frühjahr blühen hier überall Streuobstbäume, für die der Lallinger Winkel so berühmt ist. Dann steigt der Weg noch einmal durch die Häuser an, und wir treffen auf eine größere Autostraße, der wir nun auf dem Fuß- und Radweg nach links folgen. Jetzt ist es nicht mehr weit, dann erreichen wir an einer Neubausiedlung den Ortsrand von Schaufling. Die Hauptstraße nach links bringt uns wieder zurück zur Ortsmitte und zur Pfarrkirche.

# 14 Blütenreiches Lalling

## Feng-Shui mit Steinbruchsteig

Leicht

7,5 km

200 Hm

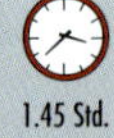
1.45 Std.

**Tourencharakter**
Leichte, abwechslungsreiche Wanderung im steten Auf und Ab über naturbelassene Forst-, Feld- und Wanderwege; gut ausgeschildert; mit Besichtigungs- und Bademöglichkeiten

**Ausgangs-/Endpunkt**
Wanderparkplatz am Feng-Shui-Park in Lalling (446 m)

**GPS-Daten**
48.84144, 13.13922

**Anfahrt**
**Auto:** A 3 Richtung Passau bis Ausfahrt Hengersberg und weiter auf der B 522 Richtung Grafenau bis Ausfahrt Lalling; der Feng-Shui-Park ist ausgeschildert. Dort gibt es einen großen gebührenpflichtigen Wanderparkplatz.
**Bahn/Bus:** Mit dem Zug bis Deggendorf, dann weiter mit dem Bus nach Lalling

**Karte**
Kompass 1:50 000, Nr. 198/3 Bayerischer Wald

**Einkehr**
Unterwegs keine

**Information**
lalling.de, lallingerwinkel.de

**Im Frühjahr ist es im Lallinger Winkel, der für seine vielen Streuobstwiesen bekannt ist, besonders schön. Überall blühen die Obstbäume, im Feng-Shui-Park erwacht das Leben wieder, und wir dürfen uns in dieser so vom Klima begünstigten Ecke des Bayerischen Walds über die milde Luft freuen.**

Wir beginnen die Wanderung an dem großflächig angelegten **Feng-Shui-Park**, der etwas südlich des Lallinger Ortskerns liegt. Die Besichtigung des 2006 angelegten Parks heben wir uns für später auf – jetzt wollen wir erst einmal zu unserem ersten Etappenziel nach Euschertsfurth. Unser Wanderweg ist heute durchgehend mit der Nr. 3 ausgeschildert. So wenden wir uns

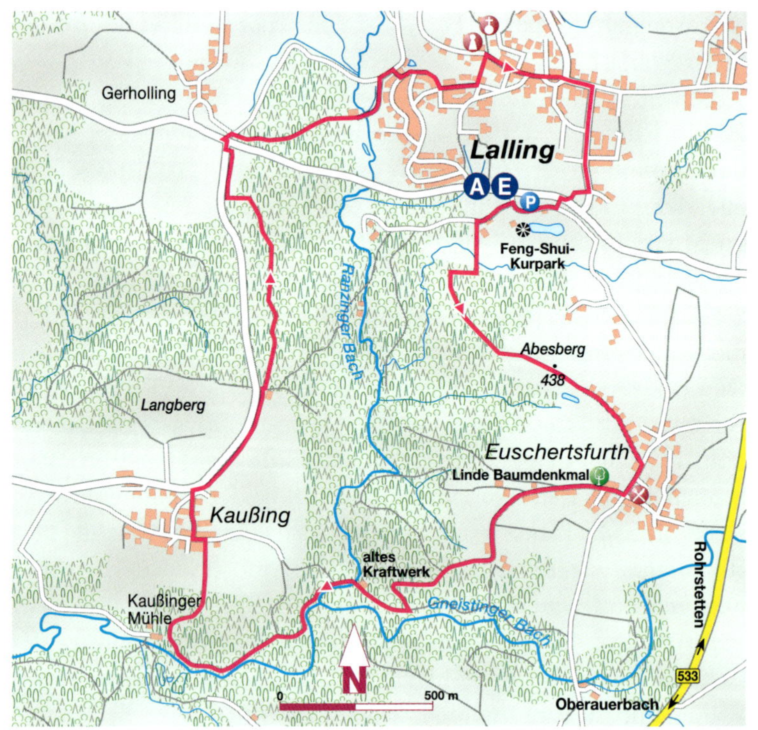

mit Blick auf den Feng-Shui-Park nach rechts und passieren die Tennisplätze. Dahinter biegt unser Wanderweg nach links, und wir folgen der Nr. 3 durch den Wald. Es dauert nicht lange, dann wandern wir über Felder nach **Euschertsfurth**, wo wir an der großen Straße rechts bis zum Gasthaus Zur Linde gehen, einem der ältesten Wirtshäuser der Gegend. Noch älter ist jedoch die mächtige, ca. 600–800 Jahre alte Linde, die gegenüber vom Gasthaus steht. Hier führt auch unser Wanderweg weiter, der nun identisch mit dem Guntersteig ist. Am Waldrand endet die geteerte Straße, und über zwei Kurven kommen wir zum früheren E-Werk an den Ranzinger Bach, der uns zum ehemaligen Steinbruch an der **Kaußinger Mühle** führt. Von 1958 bis 1978 wurde hier Granit abgebaut. Am Steinbruch und seinen Weihern gehen wir nach rechts und erreichen den Weiler Kaußing, den wir in Wanderrichtung mit einem Links-rechts-Schwenk durchqueren. Dann treffen wir auf eine Autostraße, der wir nach rechts folgen – zum Glück auf einem daneben verlaufenden Wanderweg. Dieser wendet sich nach einem einsam stehenden Haus etwas nach rechts, verläuft dann aber wieder parallel, doch mit größerem Abstand zur Straße durch den Wald.

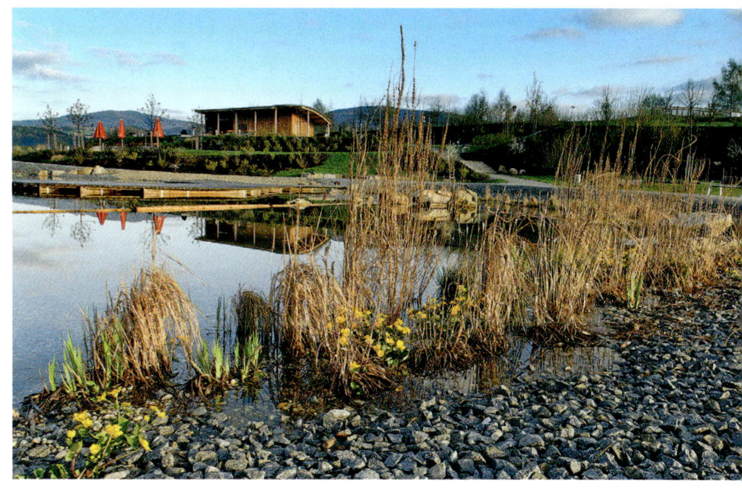

Der spannend und kunstvoll angelegte Feng-Shui-Kurpark von Lalling

Über eine Wiese gehend, treffen wir erneut auf die Straße, die hier gleich eine andere Autostraße kreuzt. Wir queren beide und wenden uns dann nach rechts. Durch ein letztes Waldstück erreichen wir nun den Ortsrand von Lalling an einem Neubaugebiet. Wir gehen bis zur Jägerhölzlstraße und folgen dieser nach links. Dann biegen wir links ab auf einen Pfad, der zur barocken Kirche St. Stephanus führt, die wir besichtigen können. Auf der Hauptstraße geht es nun weiter, vorbei am Rathaus, bis uns Schilder nach rechts den Weg zum **Feng-Shui-Park** weisen. Schnell sind wir so wieder zurück an unserem Ausgangspunkt – und nun ist bestimmt noch Zeit, die Energieplätze des schönen Parks aufzusuchen und zu genießen.

# 15 Auf den Brotjacklriegel

## Der Berg der Sprachschwierigkeiten

Mittel

7,5 km

400 Hm

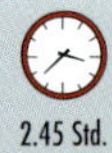
2.45 Std.

**Tourencharakter**
Rundweg, meist auf breiten Forstwegen und Wiesenpfaden; viele schöne Ausblicke. Ist man mit Kindern unterwegs, lässt sich die Wanderung auch verkürzen, siehe Kasten.

**Ausgangs-/Endpunkt**
Wanderparkplatz »Beim Feuerwehrhaus« in Langfurth (796 m)

**GPS-Daten**
48.82168, 13.19879

**Anfahrt**
**Auto:** Von Hengersberg auf der B 533 an Lalling vorbei bis Freundorf, dort rechts Richtung Schöfweg und rechts haltend auf der St 2134 nach Langfurth. Den Ort durchqueren bis zum Hotel Langfurther Hof, Parkplatz gegenüber.
**Bahn/Bus:** Von Deggendorf gibt es (besonders an Schultagen) mehrmals täglich Busverbindungen.

**Karte**
Kompass 1:50 000, Nr. 198/3 Bayerischer Wald

**Einkehr**
Turmstüberl beim Aussichtsturm am Gipfel; in Langfurth Gasthof Ranzinger (regionale Küche und Aussichtsterrasse)

**Information**
schoefweg.de, region-sonnenwald.de

**Den Brotjacklriegel kann man immer sehr leicht aus allen Richtungen anhand seiner großen Rundfunkstation und seines Sendemasts erkennen. Der immerhin 1011 Meter hohe Riegel könnte sich auch locker »Berg« nennen, und eine Besteigung lohnt sich auf alle Fälle.**

Wir starten am **Wanderparkplatz** gegenüber dem Hotel Langfurther Hof, queren die Straße und gehen zur Rückseite des Hotels. Hier beginnt am rechten Wiesenrand der Skipiste ein ansteigender Wanderweg, der mit dem goldenen »S« des »Goldsteigs« gekennzeichnet ist. Hinter der Bergstation des Lifts führt unser Weg zunächst in den Wald. Dann passieren wir ein einzeln stehendes Haus und gelangen wieder auf freie Wiesen. Von hier ist die Aussicht über die Donauebene gewaltig. Leicht aufwärts führt der Weg nach einem weiteren einsam liegenden Haus wie-

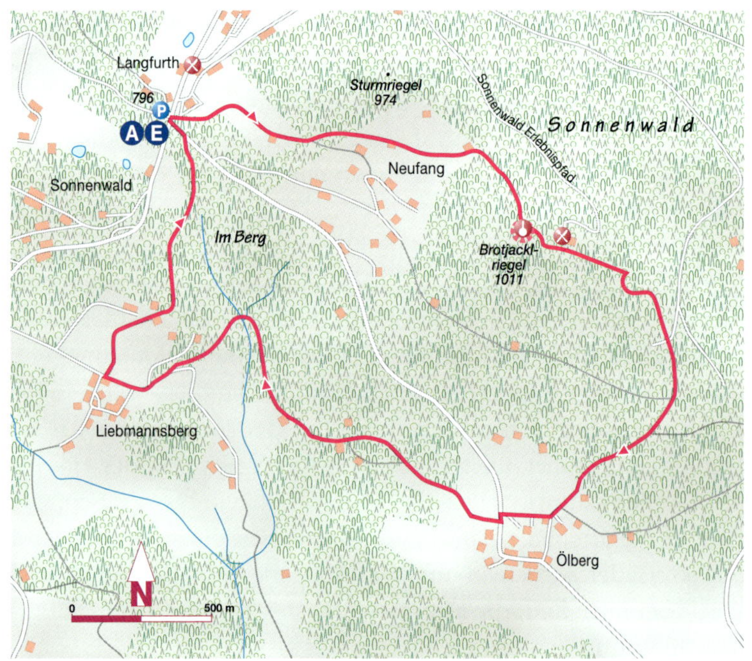

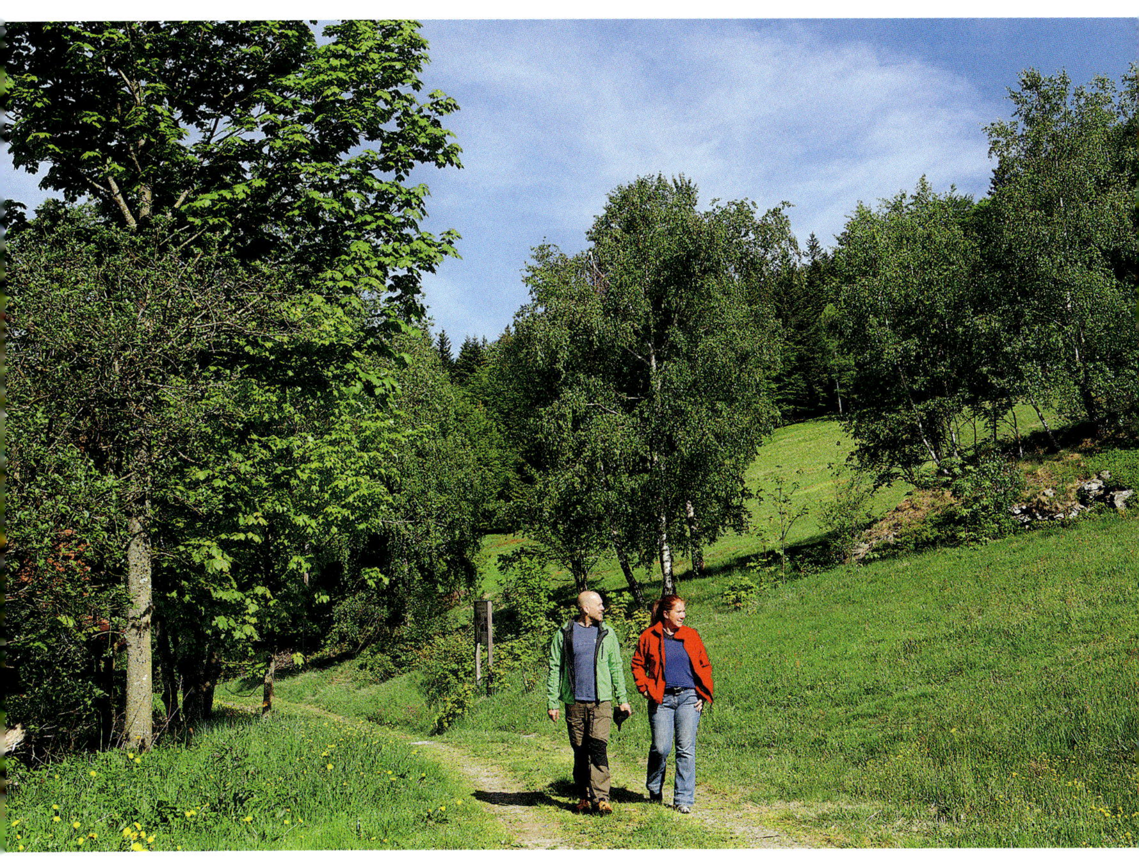

Wanderer auf dem Weg zum Brotjacklriegel bei Langfurth

der in den Wald, und nach einem letzten Anstieg stehen wir auf dem 1011 Meter hohen **Brotjacklriegel**. Es lohnt sich, gegen eine kleine Gebühr auf den hölzernen Aussichtsturm zu steigen – das steigert das Gipfelerlebnis um weitere 27 Meter. Bei klaren Lichtverhältnissen reicht die Sicht von hier oben bis zu den Alpen.

Nach einer Pause machen wir uns wieder an den Abstieg und wandern auf den Sendemasten des bayerischen Rundfunks zu, um an seiner rechten Seite weiter auf dem Wanderweg Nr. 3 entlangzugehen. Der Weg ist nun nicht mehr ganz so gut ausgeschildert, aber wir finden eine ebenfalls für uns gültige Beschilderung, die uns nach

## Sonnenwald-Erlebnispfad

Wer mit Kindern unterwegs ist, der sollte vom Gipfel des Brotjacklriegels direkt über den Sonnenwald-Erlebnispfad absteigen. Etwas nördlich unseres Aufstiegwegs führt dieser hinunter ins Tal zum Parkplatz Sturmriegel. Dabei passieren wir zehn spannende und kurzweilige Stationen, an denen man spielerisch die Natur erfahren kann – der nette Kobold Jackl begleitet uns dabei.

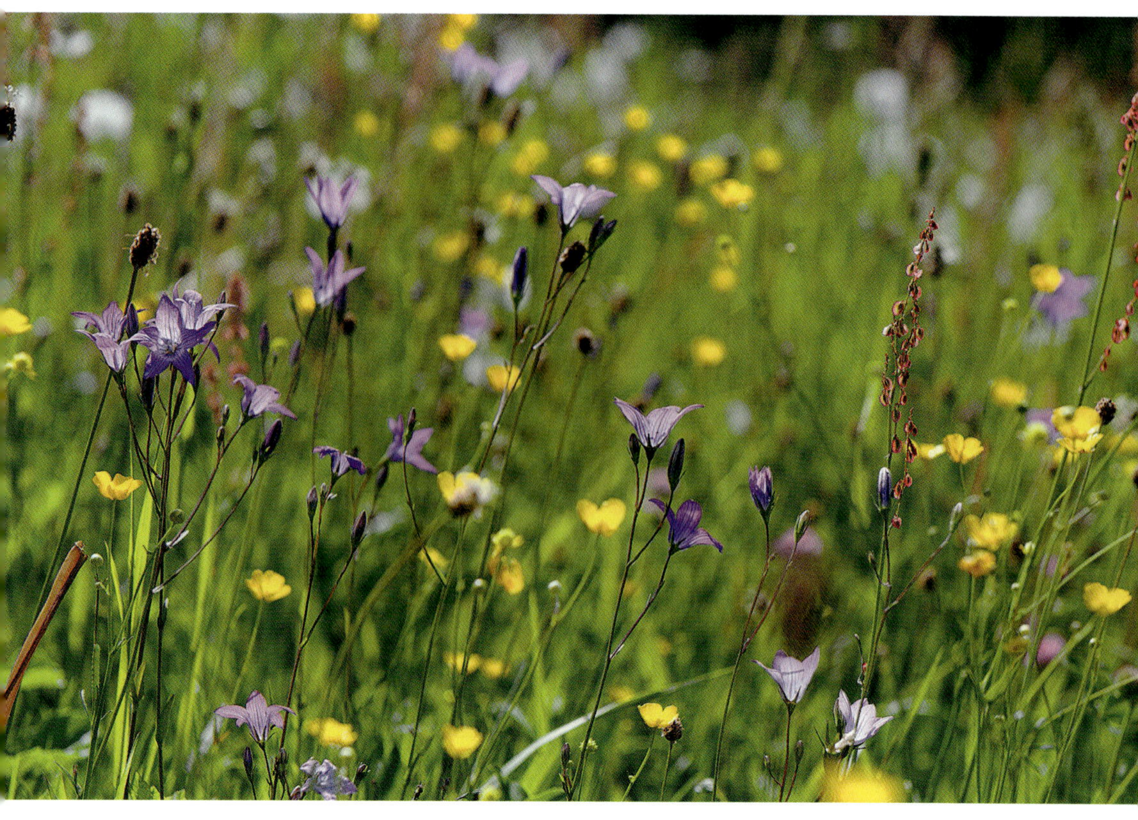

Auf dem Weg nach Liebmannsberg stoßen wir im Sommer auf die herrlichen Blumenwiesen unter dem Brotjacklriegel.

Ölberg weist. Der Waldweg führt abwärts, dann treten wir wieder in die Sonne und wandern auf die kleine Häuseransammlung von **Ölberg** zu. Wir biegen am Hotel Wimmer rechts in die Straße ein und folgen ihr für knapp 200 Meter, bis sie in der nächsten Autostraße endet, die wir nun ein Stück nach links versetzt queren. Jetzt ist der Weg wieder bestens ausgeschildert, und wir folgen dem Brotjacklriegel-Rundweg-Symbol, dem schwarzen Turm im roten Kreis.

## Missverständnis mit Folgen

Den Erzählungen nach hat der Brotjacklriegel seinen heutigen Namen den Verständigungsschwierigkeiten zwischen einem Einheimischen und einem Kartografen zu verdanken. Letzterer, des niederbayerischen Dialekts nicht mächtig, fragte bei der Erfassung der Gegend wohl einen »Waldler«, wie denn der Berg hieße. Dieser entgegnete in seinem ureigenen Dialekt: »Des is da Broade Jaga-Riegel« – also eigentlich: der Breite Jäger-Riegel. So führte das interkulturelle Sprachproblem zweier Deutscher schließlich zum Namen Brotjacklriegel.

Immer noch leicht abwärts wandern wir nun auf einer kleinen Straße weiter, die zu einigen Häusern leitet; dann

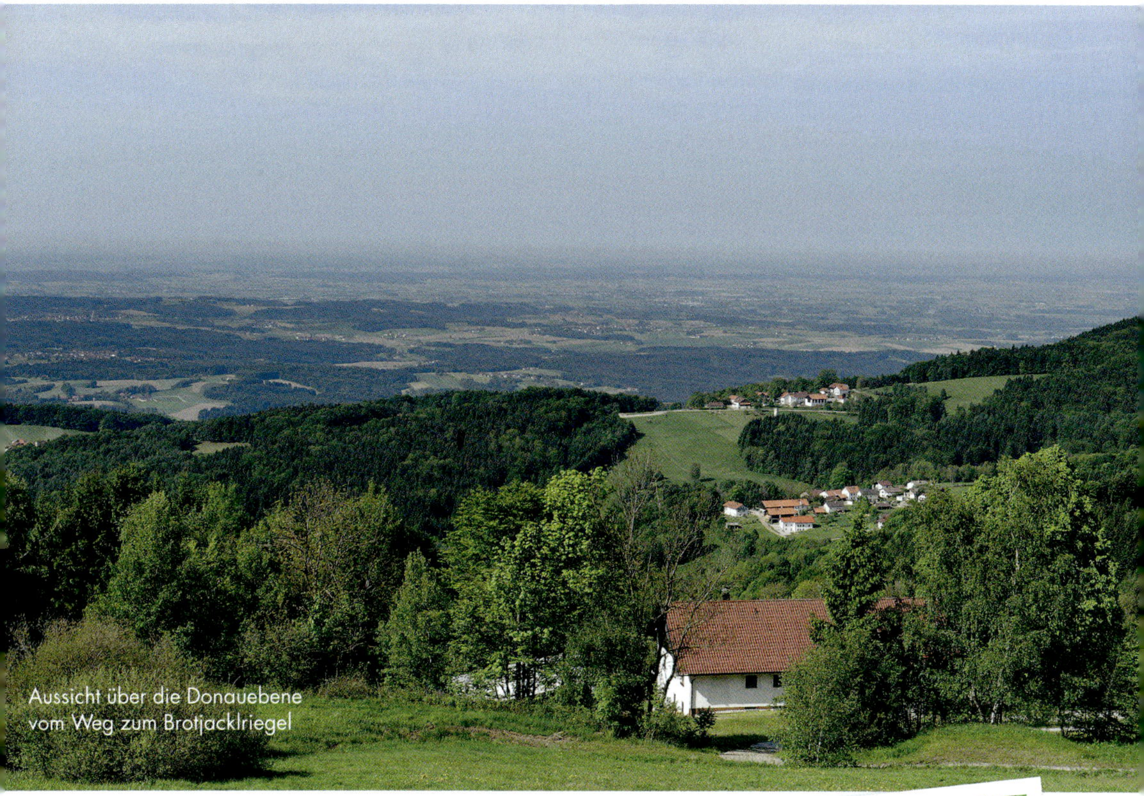

Aussicht über die Donauebene vom Weg zum Brotjacklriegel

geht die Straße in einen herrlichen Wanderweg über, der uns durch gesunden Mischwald führt. So erreichen wir eine kleine Straße und die Häuser von **Liebmannsberg**. Gegenüber eines Hauses weist uns das Rundwanderweg-Schild nach rechts auf den ansteigenden Weg. Wir treffen wieder auf ein paar wenige Häuser, die wir weiter bergauf in Wanderrichtung auf einem Forstweg passieren. Wenn wir in die Nähe der großen Autostraße gelangen, die zu unserer rechten Seite verläuft, haben wir den Anstieg geschafft. Wir halten uns links, queren eine kleinere Autostraße und haben dann nach wenigen Schritten unseren Ausgangspunkt, den **Wanderparkplatz**, wieder erreicht.

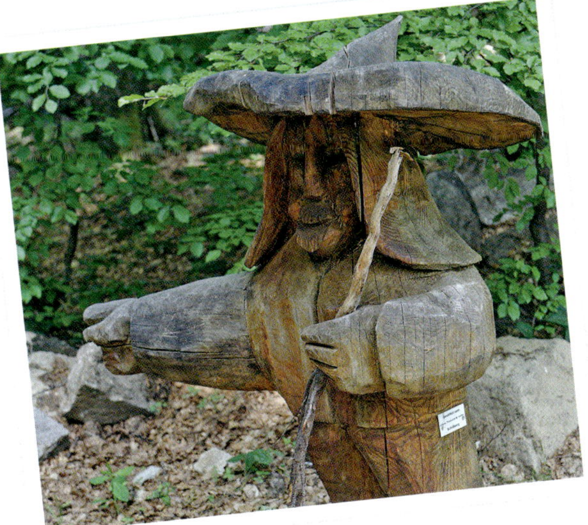

Der kleine Holzzwerg weist uns den Weg.

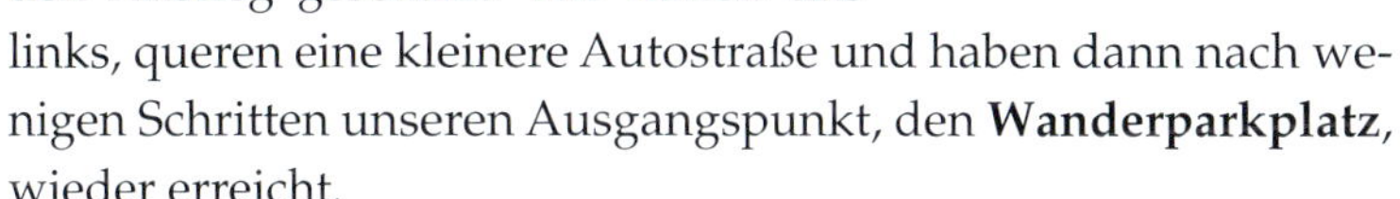

# 16 Mystischer Wackelstein

## Bayerisches Pendant zu den australischen »Olgas«

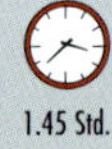
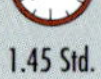

Leicht | 3,8 km | 180 Hm | 1.45 Std.

**Tourencharakter**
Die kurze Tour verläuft schattig mit einem kurzen steilen Aufstieg. Der Abstieg über den dick mit Buchenblättern bedeckten Waldboden kann bei feuchtem Wetter rutschig sein!

**Ausgangs-/Endpunkt**
Wanderparkplatz Entschenreuth (530 m)

**GPS-Daten**
48.756490, 13.403003

**Anfahrt**
Auto: Von der A 3 Regensburg–Passau bis zur Ausfahrt Garham und über Eging weiter Richtung Thurmansbang. Dort links auf die St 2128, an deren Ende rechts nach Entschenreuth und gleich am Ortsanfang scharf links in die Straße Zum Wackelstein; an deren Ende gibt's einige Parkmöglichkeiten.
Bahn/Bus: Es besteht kein Anschluss an das öffentliche Verkehrsnetz.

**Karte**
Kompass 1:50 000, Nr. 198/2 Bayerischer Wald

**Einkehr**
Unterwegs keine; Gasthaus Klessinger im 2 km entfernten Hundsruck (äußerst empfehlenswert)

**Information**
saldenburg.de

**Auf vielen Kalenderbildern kann man die australischen »Olgas« bewundern, rote, meterhohe Steine, die als große Kugeln locker auf einem Felsen liegen. Die Wackelsteine im Bayerischen Wald sind nicht minder schön, nur weniger bekannt und dafür noch dick mit grünen Moosen bewachsen. Die riesigen Felsen haben nur eine geringe Auflagefläche, weshalb man sie mit relativ geringem Kraftaufwand zum Wackeln bringen kann.**

Wir gehen vom **Parkplatz in Entschenreuth** auf dem kleinen Feldweg weiter in Richtung Norden – für die Wanderung zum Wackelstein folgen wir dabei stets der Beschilderung der Nr. 84. Nach insgesamt gut 300 Metern biegen wir links auf einen kleineren Feldweg ab, und in etwas Abstand sehen wir schon einige Wanderwegschilder. An dieser Stelle verzweigen sich die Wanderwege – wir werden hier nach rechts zum Wackelstein aufsteigen und beim Abstieg auf der anderen Seite herunterkommen.

Jetzt kann man sich eigentlich nicht mehr verlaufen – außer Sie machen es wie wir und übersehen wenige Meter nach dieser Rechtsabzweigung den Einstieg in die Tour. Also: Augen auf! Bevor der breitere Weg um die nächste Rechtskurve führt, geht es geradeaus auf den kleineren ansteigenden Bergweg. Es ist eben wie bei einer Schnitzeljagd: Solange man sich stets an die Schilder mit der »84« hält, kann nichts schiefgehen. Der Weg selbst ist nämlich gerade im Frühjahr auf dem dick mit Buchenblättern bedeckten Waldboden nicht leicht zu erkennen.

Es dauert nicht lange, und wir haben den spannenden Anstieg geschafft und treffen auf die ersten **Wackelsteine** im Wald. Informationstafeln erklären ihre Entstehung, und man kann versuchen, den größten Stein in Bewegung zu setzen – als Fotomotiv eignet er sich allemal. (Wir haben es übrigens leider auch mit vereinten Kräften nicht geschafft.)

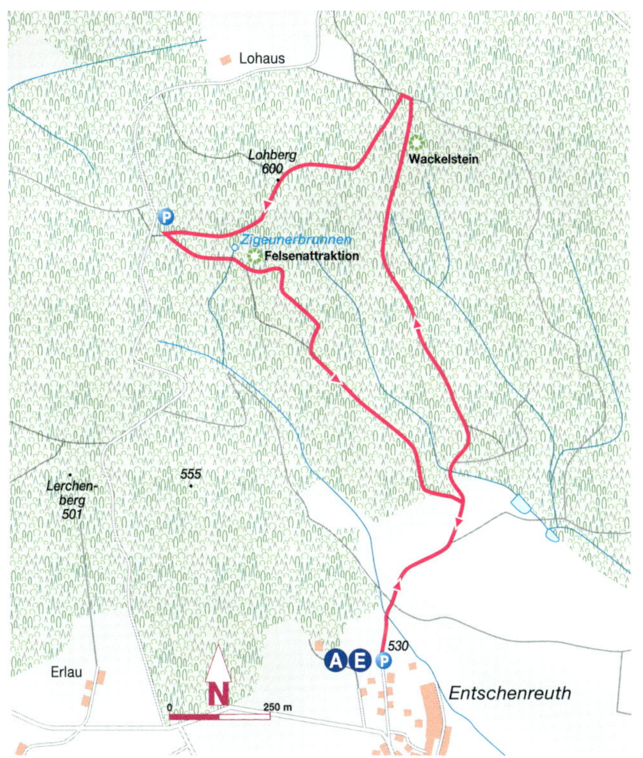


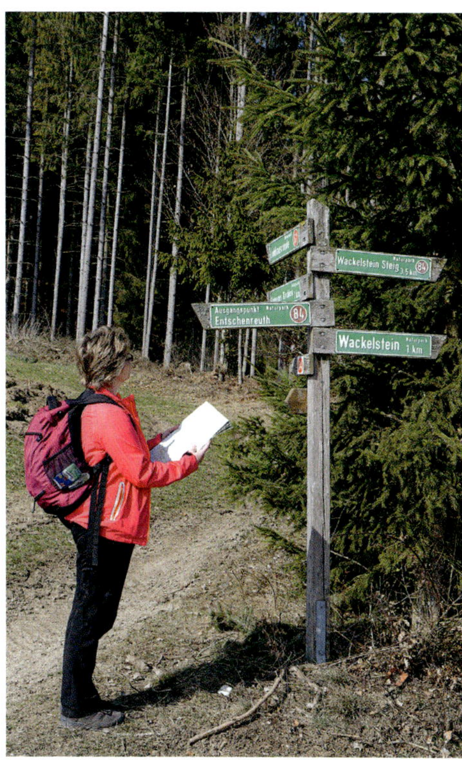


Es gibt mehrere Wege, die hinauf zum Großen Wackelstein führen.

Nach einer Pause mit einigen Wackelversuchen machen wir uns an den Abstieg. Immer noch folgen wir der Nr. 84; diese führt uns, den großen Wackelstein und die Infotafeln im Rücken, nach links in den Wald. Anfangs noch ziemlich eben, verlieren wir dann rasch wieder an Höhe, und unsere Wegfindung gleicht nun erneut einer Schnitzeljagd. Wir stoßen auf einen weiteren Wanderparkplatz, wo der Weg scharf nach links abbiegt und wir nun in östliche Richtung weiterwandern, vorbei am sacht plätschernden Zigeunerbrunnen bis zum **Steinernen Kirchlein**. Dies ist eine größere Ansammlung von übereinanderliegenden Felsblöcken, in deren Mitte ein eisernes Kreuz das »Kircheninnere« markiert. Der Eingang, ein schmaler Durchschlupf zwischen den Felsen, ist nicht einfach zu finden – was auf jeden Fall aber sehr spannend ist, vor allem wenn man mit Kindern unterwegs ist.

Nach dem Verlassen des Kirchleins geht es weiter mit der Nr. 84 schnell abwärts durch den Wald. Direkt am Waldrand stoßen wir dann wieder auf unseren Hinweg, dem wir die letzten Meter bis zum **Parkplatz in Entschenreuth** folgen.

# 17 Entlang der Ilz

## Wildes schwarzes Wasser

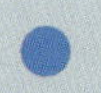

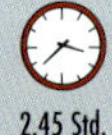

Leicht | 10,5 km | 350 Hm | 2.45 Std.

**Tourencharakter**
Ein Rundweg, an dessen Beginn und Ende wir entlang der Ilz unterwegs sind. Dazwischen liegt ein saftiger Anstieg, der jedoch mit einer herrlichen Aussicht belohnt wird.

**Ausgangs-/Endpunkt**
Wanderparkplatz Schneidermühle (307 m)

**GPS-Daten**
48.55660, 13.40304

**Anfahrt**
Auto: A 3 bis Aicha v. Wald. Über Neukirchen, auf die B 85, an Tittling vorbei in Richtung Trautmannsdorf. Zuvor rechts über Hörmannsdorf und Loizersdorf, dort links in Richtung Perlesreut. Bevor wir die Ilz überqueren, gibt es einen größeren Wanderparkplatz.
Bahn/Bus: Am Wochenende schwierige Anreise – es gibt Busse ab Passau nach Perlesreut oder mit der Waldbahn nach Grafenau und dann weiter mit Bussen, aber nur Mo–Fr.

**Karte**
Kompass 1:50 000, Nr. 198/3 Bayerischer Wald

**Einkehr**
Unterwegs keine; am Ende der Tour kleiner Abstecher zum Gasthaus Hammerschmiede

**Information**
perlesreut.de

**Die »Schwarze Perle des Bayerischen Walds« wird die Ilz auch genannt, und das liegt wohl an ihrem bräunlich-schwarzen Wasser, das uns auf dieser Wanderung fröhlich plätschernd begleitet. Dabei durchstreifen wir das Naturschutzgebiet der Dießensteiner Leite, wo sich der Fluss von seiner wilden Seite zeigt.**

Damit wir nicht nur auf der einen Flussseite hin und auf der anderen zurück wandern, geht es dazwischen auf die Hochufer bei Perlesreut, von denen man eine herrliche Aussicht über das Ilztal genießt.

Vom **Wanderparkplatz Schneidermühle** aus überqueren wir auf der Brücke die Ilz und wenden uns dann gleich nach rechts auf den Uferweg. Wir folgen der Ilz flussabwärts, das Wasser zu

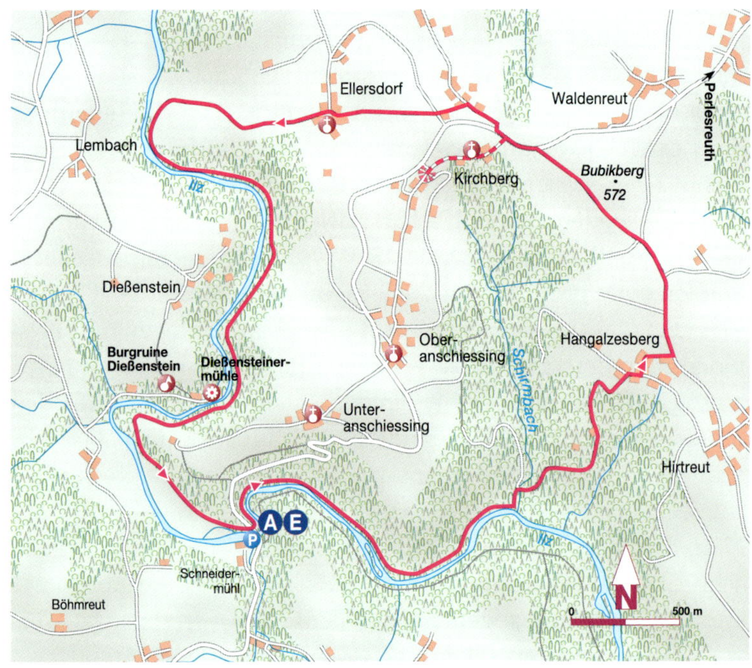

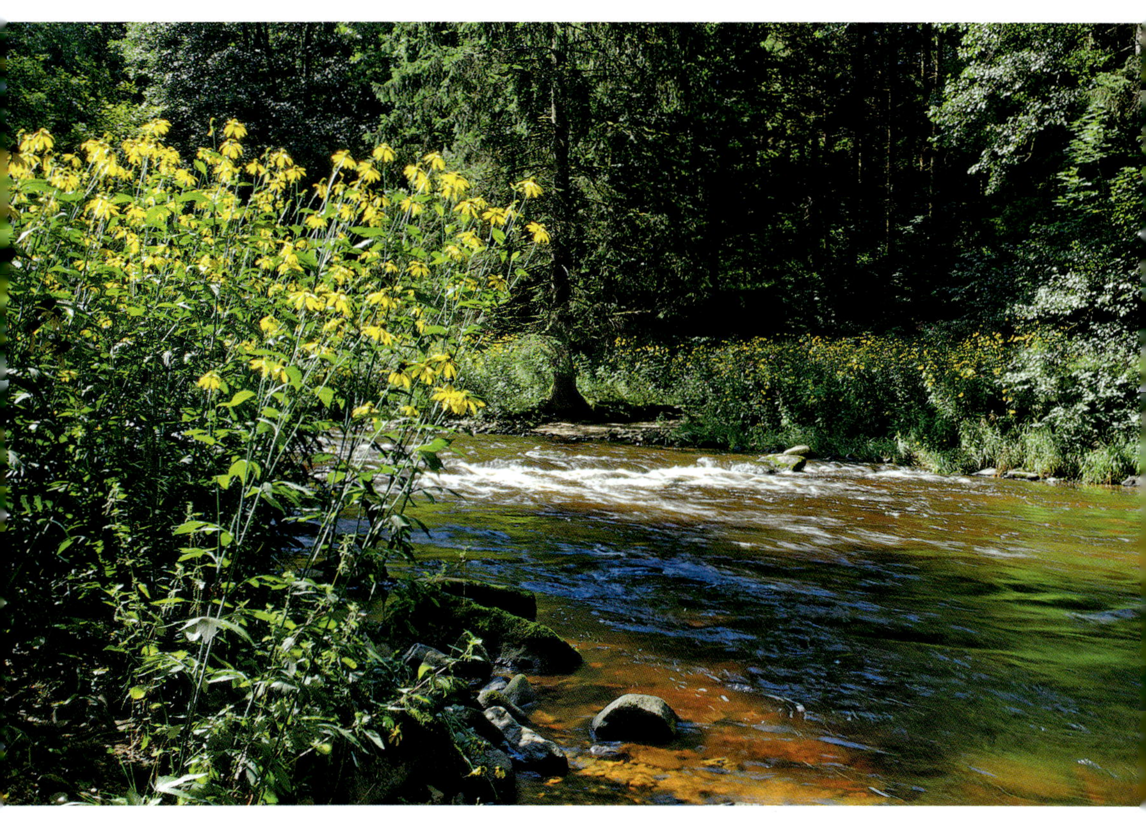

Die Ilz bei Dießenstein zieht heute viele Mehrtagesstrecken-Wanderer an ihre Ufer.

unserer Rechten. Der Weg ist in Richtung Schrottenbaummühle ausgeschildert und mit dem Symbol des »Goldsteigs« und des »Pandurensteigs« versehen. Diesem geschwungenen goldenen »S« begegnen wir auf mehreren Wanderungen in diesem Buch. Auch der Pandurensteig von Waldmünchen nach Passau mit einer Gesamtlänge von 173 Kilometern verläuft z. T. entlang der Ilz. Und nicht umsonst wählen diese großen Weitwanderrouten den kleinen Fluss als Streckenabschnitt: Hier wandert man ohne große Mühe fast eben einher, und kaum sind wir einige Minuten im Ilztal unterwegs, hat uns diese facettenreiche Flusslandschaft auch schon in ihren Bann gezogen. Vermooste Steine säumen das Ufer, das an vielen Stellen dicht mit Bäumen bewachsen ist. Einige kleine Flussinseln haben sich gebildet, auf denen sich Bäume gegen das rauschende Wasser stemmen. An etwas freieren Uferstellen sind einige der Steine mit dichtem

## Tipp

Nehmen Sie genug zum Essen und zum Trinken mit – unterwegs gibt es keine Einkehrmöglichkeit, aber viele nette Rastplätze für ein lauschiges Picknick.

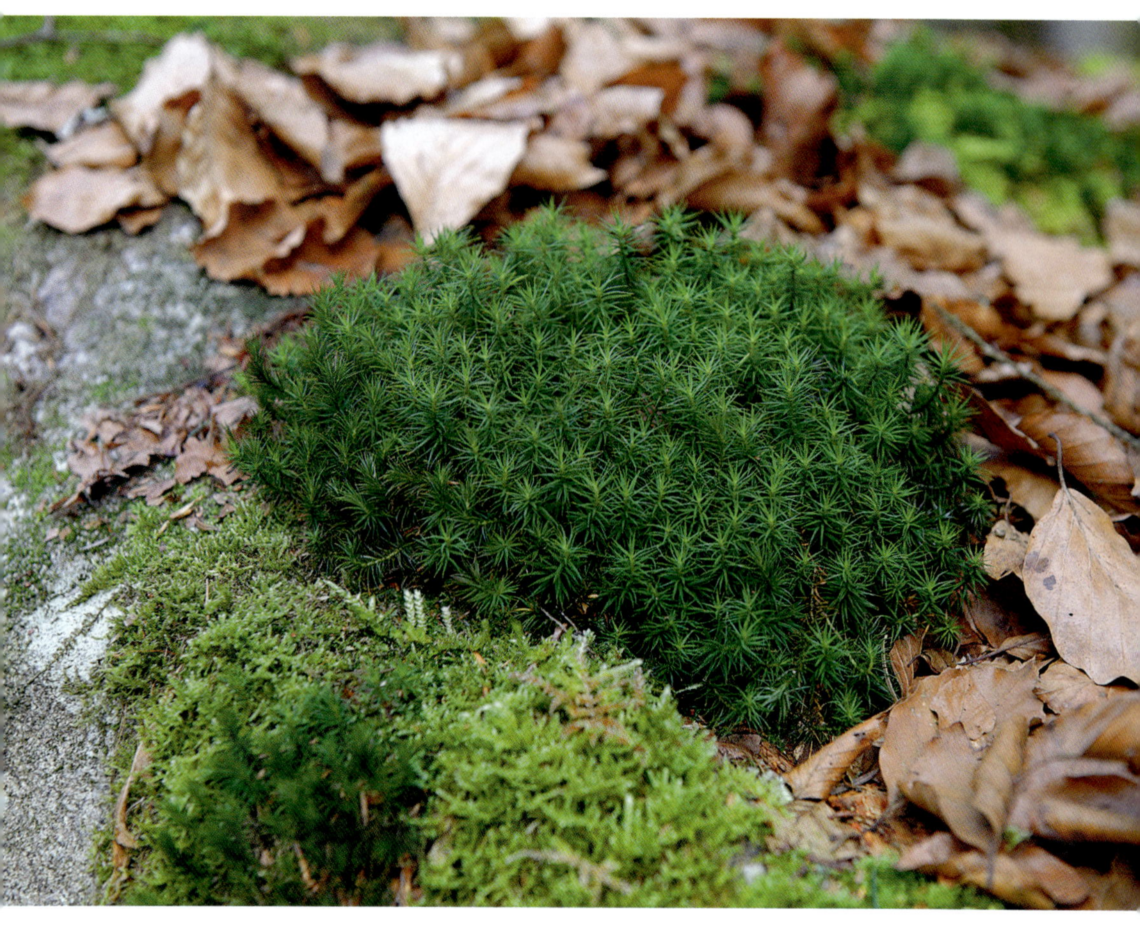

Oft sind es die Kleinigkeiten am Wegrand, wie der Moosbüschel auf einem Felsen im Bett der Wilden Ilz, die das Auge des Wanderers erfreuen.

Gras bewachsen, und so ragen jede Menge perückenähnliche »Köpfe« aus dem seichten Wasser. Auf einem so abwechslungsreichen Weg kommen wir schnell voran, und ehe wir uns versehen, führt der Wanderweg nach links etwas weg vom Fluss. Dort queren wir nach rechts den kleinen Schirmbach, dann halten wir uns links und folgen der Beschilderung Richtung Hangalzesberg.

## Ilztalblick

In Kirchberg lohnt sich ein kleiner Abstecher zum Aussichtspunkt Ilztalblick. Hier sieht man schön, wie tief sich die Ilz im Lauf von Jahrmillionen zwischen die geschwungenen grünen Hügel des Bayerischen Walds gegraben hat – die sich unendlich weit reichend bis zum Horizont aneinander zu reihen scheinen.

Wir müssen nicht traurig sein, denn später werden wir wieder an die Ilz zurückkehren. Nun aber geht es erst einmal steil das Ilzhochufer hinauf. Zum Glück

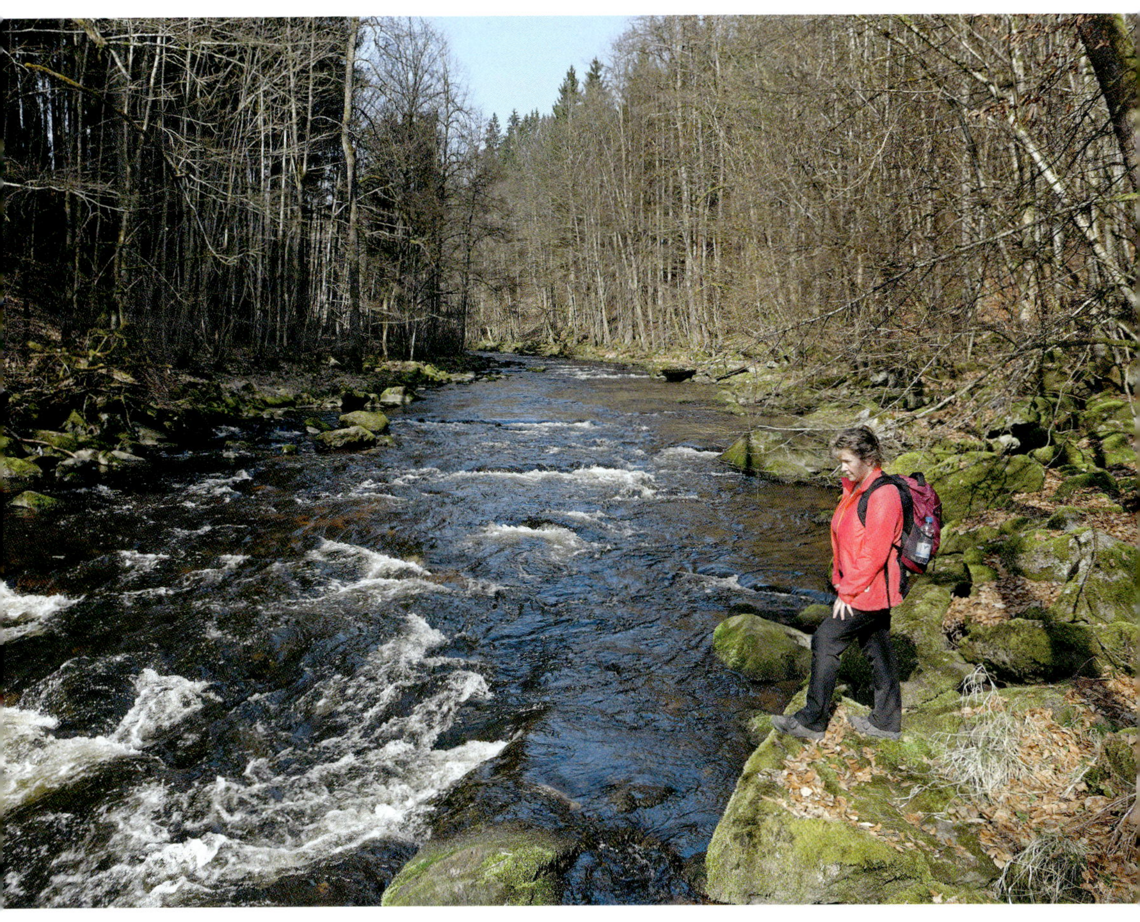

Wanderer genießt die ungezähmte Wilde Ilz bei Dießenstein.

ist der Forstweg vor allem zu Beginn angenehm schattig, denn dieses Wegstück ist recht anstrengend. Nach einem einsam stehenden Häuschen geht der Fahrweg in ein geteertes Sträßchen über, das uns weiter bergauf bis nach **Hangalzesberg** führt. Den Ort durchqueren wir stets aufwärts laufend, vorbei an seiner kleinen Kapelle, bis wir am Ortsende auf eine querende Fahrstraße stoßen. Dieser folgen wir für knapp 600 Meter nach links, dann weist uns die Beschilderung des Ilztalwanderwegs (Nr. 2) links auf eine noch kleinere Straße. Wir wandern nun auf der Panoramastraße des Bubikbergs, wie der Aussichtshügel rechts von uns genannt wird. Nach Süden hin fällt das Ilztal steil ab, und dahinter erhebt sich ein schier endlos erscheinendes Meer von Hügeln. Wir wandern nun auf den kleinen Weiler Kirchberg zu, stoßen jedoch davor auf die größere Straße, die von dort nach Perlesreut führt. Ein auf der gegenüberliegenden Straßenseite verlaufender Fuß- und Radweg bringt uns verkehrsfrei nach links bis zur Abzweigung mit der Beschilderung »Kirchleiten«.

In den Wäldern wachsen jede Menge Pilze im Herbst.

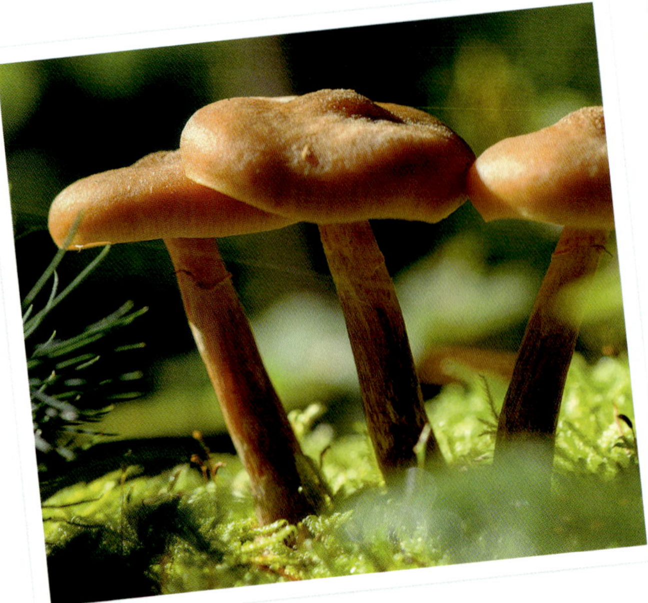

Nun haben wir den höchsten Punkt der Wanderung erreicht, und ab jetzt geht es wieder abwärts in Richtung Ilztal. Bei den ersten Häusern biegen wir gleich links ein, passieren einen großen Landmaschinenbetrieb und wandern auf der kleinen Straße nach **Ellersdorf** hinab. Vorbei an der kleinen Kapelle geht es sonnig zwischen Wiesen die letzten Höhenmeter abwärts; an der Weggabelung halten wir uns links, dann haben wir wieder das Ufer der Ilz erreicht. Jetzt sind wir im **Dießensteiner**

## Die Ilz

In Passau schickt die Ilz ihr braun gefärbtes Wasser in die Donau und ist somit als dritter der großen Passauer Flüsse (neben Inn und Donau) weltbekannt geworden. Ein wenig übertrieben hat man sie die »Schwarze Perle des Bayerischen Walds« genannt, wobei das Wort »Perle« gar nicht so unpassend ist, denn früher gab es in der Ilz Muscheln, in denen die begehrten Süßwasserperlen wuchsen. Ihre braune Wasserfärbung kommt nicht etwa vom Schmutz, sondern aus den Mooren in ihrem Oberlauf, die sie das ganze Jahr über mit Wasser versorgen. Die Ilz entspringt im Nationalpark Bayerischer Wald, ziemlich dicht an der böhmischen Grenze, und setzt sich aus ihren drei Quellflüssen Kleine und Große Ohe sowie Mitternacher Ohe zusammen, die sich ab der Ettelmühle bei Eberhardsreut miteinander zur Ilz vereinen. Hier beginnt auch der mehrtägige Ilztalwanderweg, der bis nach Passau führt. Auf weiten Strecken präsentiert sich die Ilz als ein sehr ursprünglicher Fluss, der noch nicht durch künstliche Dämme in ein schmales Bett gezwängt wird. Natur- und Umweltschützer sowie die heimische Bevölkerung konnten Pläne für den Stauwerksbau bei Dießenstein erfolgreich verhindern und so dafür sorgen, dass sich die Ilz weiterhin frei und wild bewegen darf. Am Flussufer entlang verlaufen heute einige mehr oder weniger breite Wanderwege, die durch eine großteils unter Naturschutz gestellte Landschaft führen – so kann man hier wieder seltene Pflanzen und Tiere entdecken.

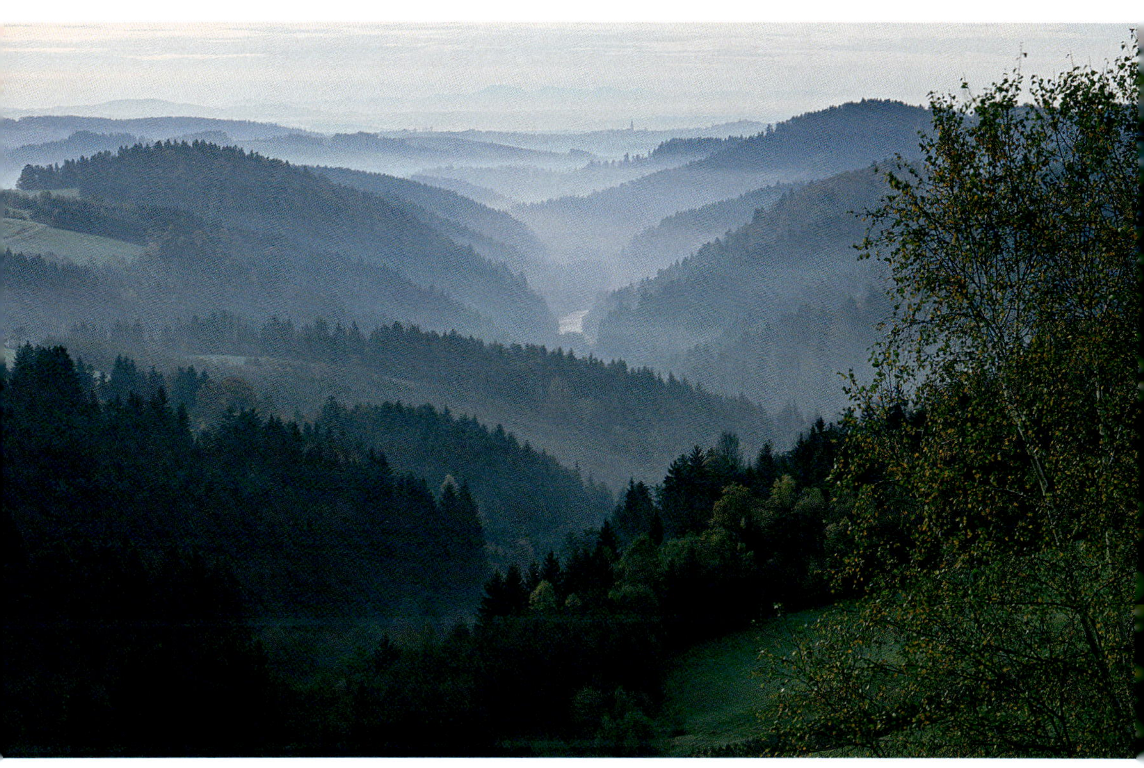

**Naturschutzgebiet** der Oberen Ilz unterwegs. Hier präsentiert sich der Fluss gleich in einem anderen Licht. Wilder und rauschender geht es alsbald zwischen hoch aufgetürmten Felsbrocken dahin. Entlang dieses wilden Ilz-Abschnitts wurden komfortable Liegen für müde Wanderer aufgestellt, aber auch einige Tafeln mit Sinnsprüchen sowie Rastbänke.

Der Nebel steigt schon wieder über dem Ilztal auf, während wir die schöne Aussicht von Kirchberg auf das Tote Gebirge und die Niederen Tauern genießen.

Im leichten Auf und Ab erreichen wir dann die Brücke am **Dießensteiner Wehr** mit der gleichnamigen Mühle. Hier sollen sogar seltene Fischotter leben. Wer möchte, kann auf der anderen Seite des Flusses mit einem Abstecher die Burgruine Dießenstein besuchen. Ansonsten bleiben wir unserer Wanderseite treu und gehen in Flussnähe weiter. Nun ist es nicht mehr weit bis zurück zu unserem Ausgangspunkt – wir wandern nur noch um eine weitere Ilzschleife, die wir sogar ein wenig abkürzen können, da der Weg nicht mehr unmittelbar am Ufer verläuft. Dann führt der Weg an einer Wiese entlang, und schon bald haben wir wieder die **Schneidermühle** mit der großen Brücke, über die wir zu Beginn der Wanderung gelaufen sind, erreicht.

# 18 Durch die Buchberger Leite

## Wildromantische Schlucht mit Hängebrücke

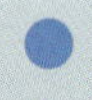
Leicht

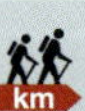
8 km

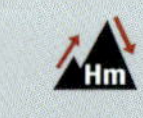
200 Hm

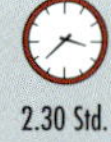
2.30 Std.

**Tourencharakter**
Eine fast flache Streckenwanderung auf Flusswegen. Für den Rückweg: Taxi oder den Bus (s. Info) einplanen.

**GPS-Daten**
48.80810, 13.54071

**Ausgangspunkt**
Freyung (655 m), Wanderparkplatz Buchberger Leite

**Endpunkt**
Ringelai (425 m)

**Anfahrt**
Auto: Von der B 12 aus westlicher Richtung kommend im Ortsteil Ort Richtung Freyung und auf der St 2132 Richtung Zentrum. Gleich am Ortsanfang links in die Zuppinger Straße, am Freibad vorbei und links haltend zum Wanderparkplatz Buchberger Leite.
Bahn/Bus: Die Ilztalbahn nach Freyung verkehrt nur in den Sommermonaten am Wochenende. Sonst ist der Ort über den regionalen Busverband Ost (RBO) zu erreichen.

**Karte**
Kompass 1:50 000, Nr. 198/3 Bayerischer Wald

**Einkehr**
In Ringelai gibt es das sehr nette Landhotel Koller, in dem man sehr gut essen kann.

**Information**
freyung.de

**Die Buchberger Leite lässt sich auf der Strecke von Freyung nach Ringelai immer in Flussnähe durchwandern. Die wildromantische Schlucht mit bemoosten Steinen, herrlichen Wäldern und den vielen Wasserstufen ist eines der schönsten Geotope Bayerns. Hier verläuft seit Neuestem auch ein Teilstück des Europäischen Pilgerwegs VIA NOVA.**

Wir starten am **Wanderparkplatz Buchberger Leite** und überqueren auf der Brücke den Saußbach an sein rechtes Ufer. Dann folgen wir links der Beschilderung »Buchberger Leite« auf den Wanderweg. Nach dem Klärwerk geht der Weg in eine unbefestigte Straße über, und wir unterqueren die hoch über uns verlaufende B 12. Am Brückenpfeiler ist ein kleines Aussichtsplateau errichtet worden – die Wahrscheinlichkeit, hier Biber oder Fisch-

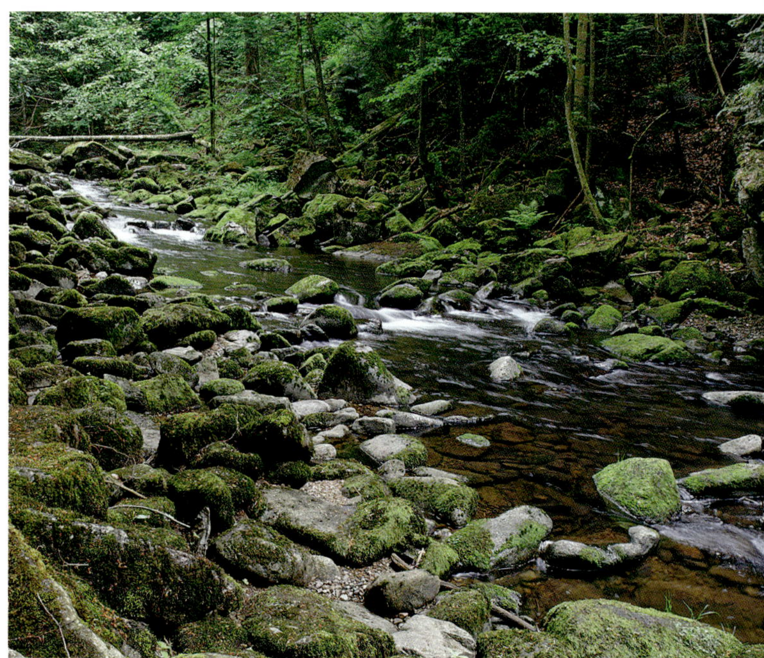

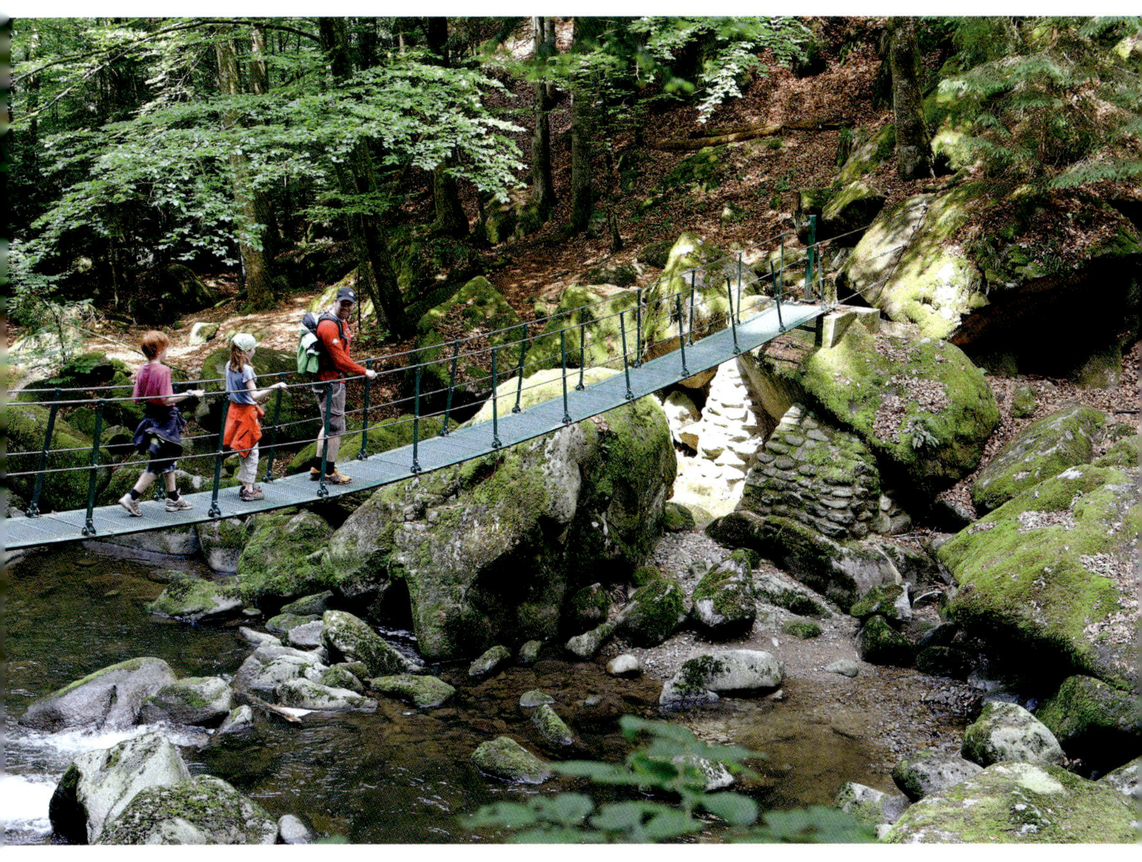

otter zu sehen, ist aber leider äußerst gering. Am kleinen Stausee vorbei passieren wir die Staumauer mit ihrer Fischtreppe, und schon geht es auf einem schmalen Pfad am Saußbach entlang. Bis Ringelai folgen wir stets der Beschilderung der Nr. 3 bzw. der Nr. 1.

Spannend führt am Ende der Wanderung die Hängebrücke über die Wolfsteiner Ohe.

Linke Seite: Das Geotop Wolfsteiner Ohe an der Buchberger Leite zwischen Freyung und Ringelai

Entlang unseres Wegs sind viele Informationstafeln zum Thema »Mensch und Natur in der Buchberger Leite« aufgestellt. Sie erklären die geologischen Besonderheiten, informieren über die technische Wasserkraftnutzung oder geben Auskunft über die Arbeit der Trifter. Wie wichtig diese Art der Holzbeförderung war, erkennt man an der über weite Strecken hin aufwendig mit Flusssteinen bebauten Uferböschung. So ließ sich das Holz leichter hinunter zur Ilz transportieren. Heute sind die Steine nicht mehr überall fest verankert – die Natur erobert das Flussbett zurück. Je weiter wir gehen, umso wilder mutet das Tal an. Nach einem kleinen Kraftwerk stößt ein Kanal auf unseren Weg; wir übersteigen ihn auf einem kleinen Steg und wandern entlang seiner dicht mit Moos bewachsenen Kanalmauer. Wir bleiben immer auf der bisherigen Uferseite und queren schließlich auf einer Holzbrücke den von rechts kommenden Reschwasserbach. Er vereint sich wenige Meter weiter unten mit unserem Fluss zur Wolfsteiner Ohe. Ein Stück weiter gibt's am Ufer ein paar Rastplätze; dann versperrt uns eine Felsmauer den Weg, und nur ein Stollen lässt einen Durchgang offen. Durch diesen dunklen Gang müssen wir hindurch. Auf der anderen Seite liegen die ehemalige **Buchbergmühle** und das große Carbidwerk, das sich heute auf die Herstellung künstlicher Kristalle spezialisiert hat.

Rechte Seite: Hier endet der Steig durch die Buchberger Leite, aber der Wanderer kann zuvor durch einen Tunnel ausweichen.

In Freyung ist der Startplatz für diese herrliche Wanderung.

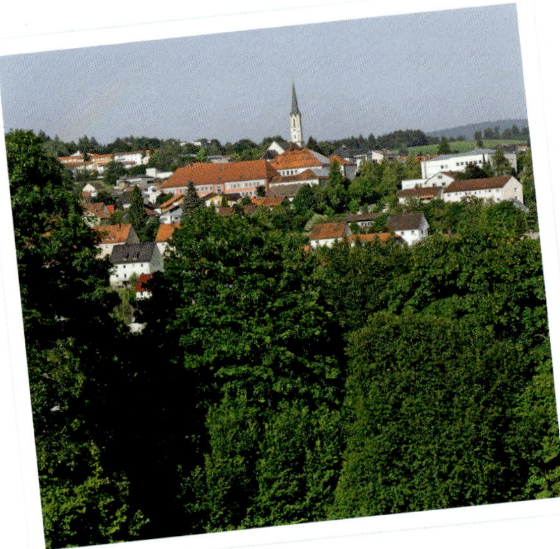

Für den Weiterweg gehen wir durch den Torbogen des Werks und biegen gleich nach rechts ein, um diesmal auf der linken Uferseite weiterzuwandern. Das Bachbett wird noch enger, und das Wasser rauscht und blubbert. Mit Hilfe einer wackeligen Hängebrücke wechseln wir noch einmal die Uferseite. Der Flusslauf verbreitert sich, und das Wasser strömt nun viel gemächlicher dahin. Wir passieren eine wild sprudelnde Quelle, deren eiskaltes Wasser

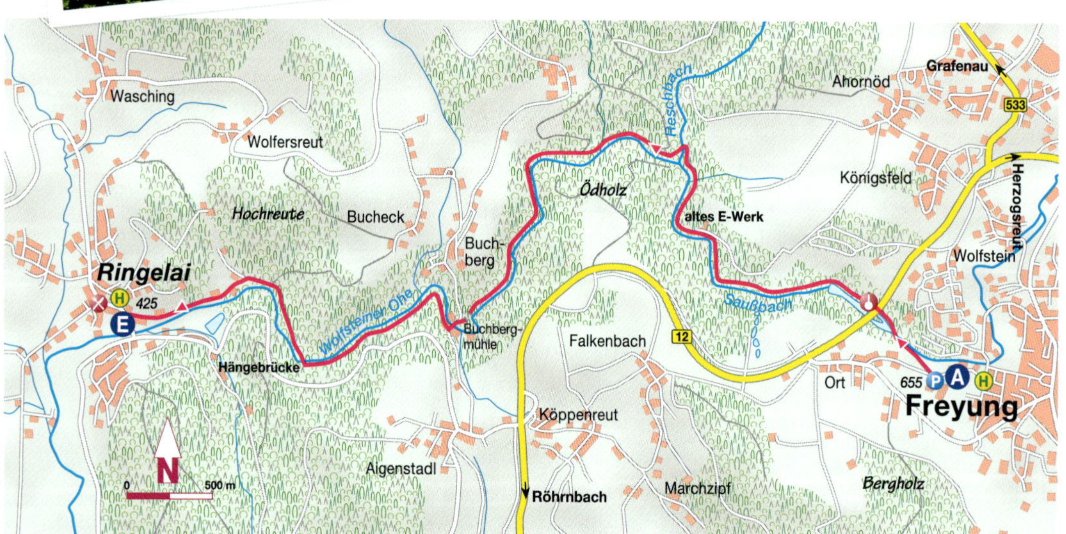

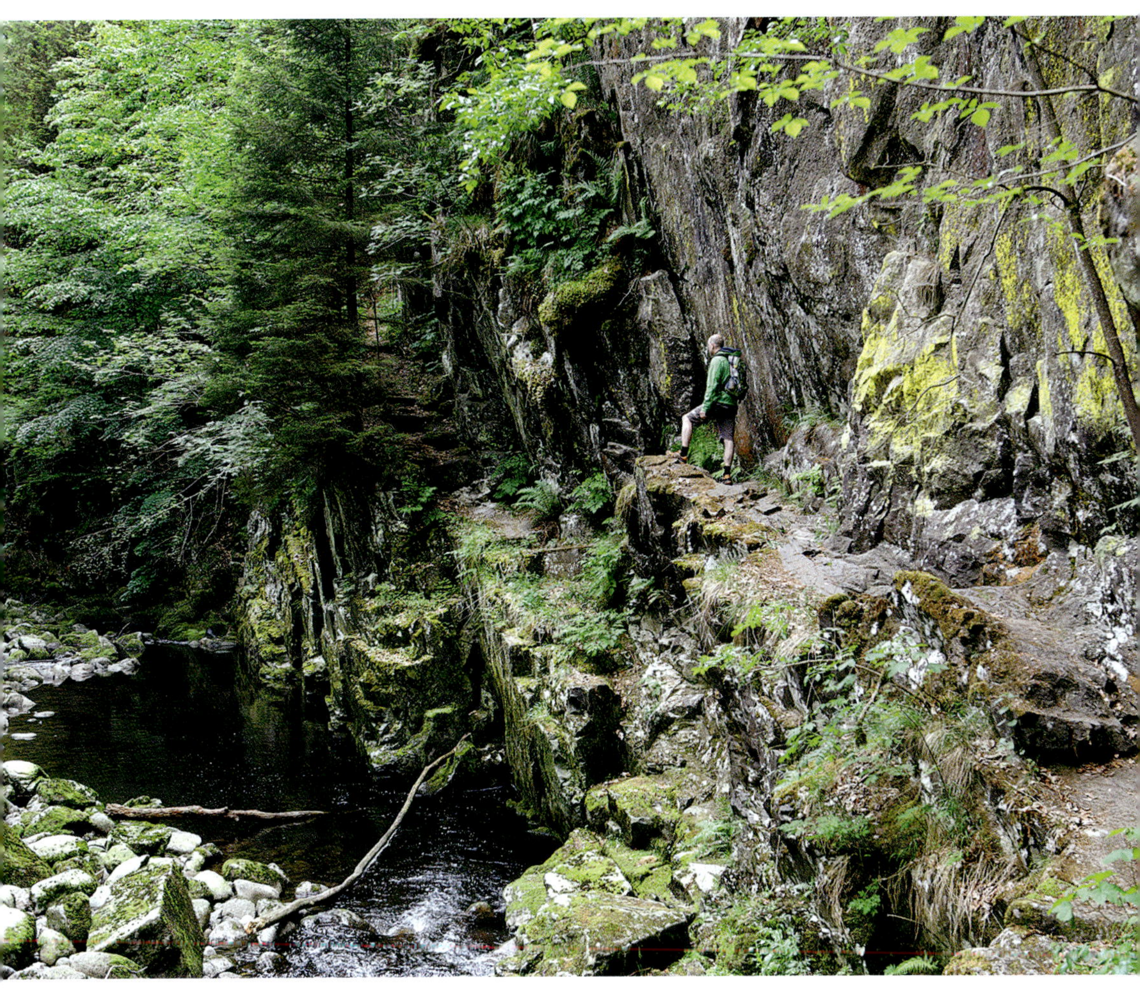

einem Whirlpool gleich aus dem Boden dringt. Dann treffen wir am Leitenweg, dem wir weiter folgen, auf die ersten Häuser von Ringelai. Am Sägewerk wird das Wasser unseres Wildbachs noch einmal aufgestaut, dann sind wir schon an der großen Brücke in Ringelai, wo wir Abschied nehmen von unserem nun so geruhsam dahinplätschernden Fluss. Links geht es zur Bushaltestelle, rechts in die Ortsmitte bzw. zum Landhotel Koller, dessen Biergarten wir wärmstens empfehlen können.

## Rückfahrt-Tipps

Ein Taxi für die Rückfahrt kann man unter Tel. 08555/84 75 oder 08551/59 80 bestellen; es kostet ca. 20 €. An Schultagen fährt die Buslinie 6182 über Ringelai nach Freyung (Infos unter rbo.de/ostbayernbus), am Wochenende gibt es gegen Voranmeldung auch Ruftaxis.

# 19 Das Felswandergebiet

## Moosbewachsene Baumriesen und mächtige Felstürme

 Leicht
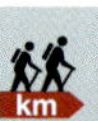 4 km
 300 Hm
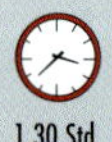
 1.30 Std.

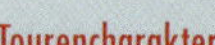

**Tourencharakter**
Eine kurze, spannende, schattige Tour durch felsiges Gebiet mit einem etwas knackigeren Anstieg

**Ausgangs-/Endpunkt**
Wanderparkplatz Felswandergebiet (817 m) im Nationalpark

**GPS-Daten**
48.87929, 13.52846

**Anfahrt**
Auto: Auf der Nationalparkstraße von Neuschönau aus nach Osten in Richtung Mauth; gegenüber dem Jugendwaldheim Wessely befindet sich der große Wanderparkplatz.
Bahn/Bus: Von Mai bis Anfang Nov. mit den Igelbussen erreichbar

**Karte**
Kompass 1:50 000, Nr. 198/3 Bayerischer Wald

**Einkehr**
Unterwegs keine; die nächsten Einkehrmöglichkeiten gibt's in Neuschönau oder im NP-Zentrum am Hans-Eisenmann-Haus.

**Information**
Nationalparkzentrum Lusen, Tel. 08558/96 15-0, nationalpark-bayerischer-wald.de

**Gleich einem dunklen Urwald, mit wie von Götterhand verstreuten, moos- und flechtenverzierten mächtigen Felsblöcken und durchwandert von Steinböcken – diese kurze Wanderung durch den Nationalpark gehört zum Feinsten, was der Bayerische Wald zu bieten hat.**

Ausgangspunkt ist der **Wanderparkplatz Felswandergebiet** gegenüber des Jugendheims. Wir steigen die wenigen Treppenstufen in Richtung Norden hinauf und wenden uns dann gleich nach links. Aufgrund des großen Borkenkäferbefalls und den dadurch entstandenen Windbrüchen ist der Weg so, wie er noch in vielen Karten eingezeichnet ist, nicht mehr zu begehen.

Am einfachsten halten wir immer nach dem Zeichen für den Rundweg, dem stilisierten Haselhuhn, Ausschau. Zunächst fast

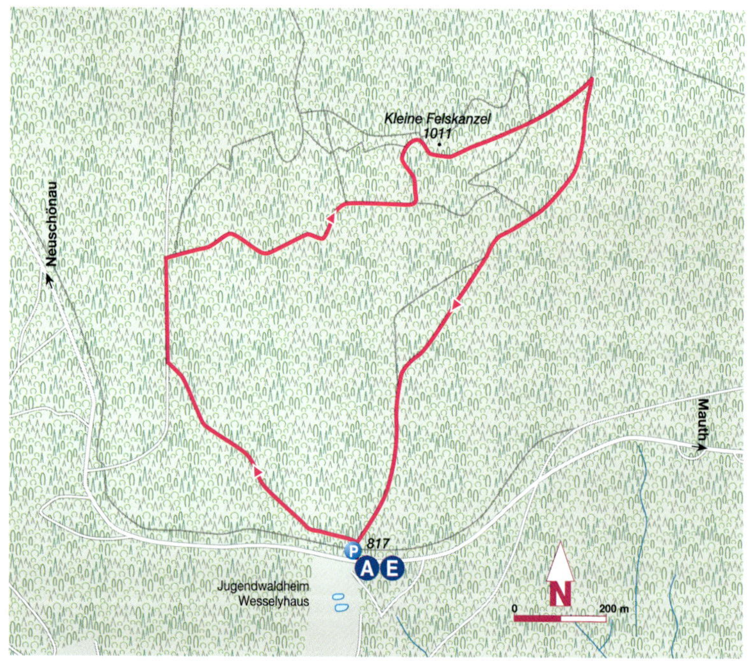

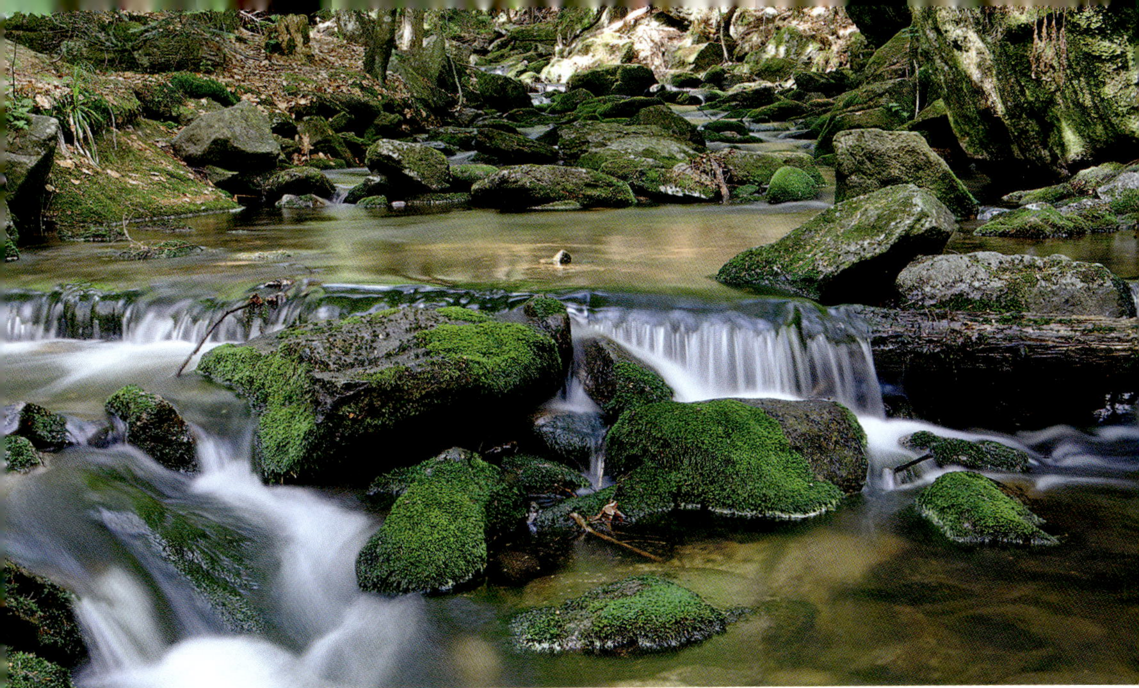

Immer wieder plätschert Wasser über die bemoosten Steine am Sagwasser im Felswandergebiet des Nationalparks bei Neuschönau.

eben, wandern wir durch den lichten Wald, bis wir auf eine breitere Forststraße stoßen, der wir nach rechts folgen. Bald lotst uns das Schild mit dem Haselhuhn erneut nach rechts auf den nun beginnenden Felsenpfad.

Sogleich beginnt der knackige Aufstieg – Steinstufen erleichtern den Auf- und später auch den Abstieg. In diesem Gebiet wird der Wald sich selbst überlassen. Kreuz und quer türmen sich daher die durch den Borkenkäfer vernichteten Bäume. Obendrein liegen mächtige Felsblöcke so verstreut, dass sie sich an manchen Stellen zu wahren Felstürmen aufstapeln. Je näher wir den bemoosten Felsbastionen kommen, umso dunkler wird es im Wald. Der Stein schluckt das Licht. Im Zickzack steigen wir aufwärts und haben dann an der **Kleinen Felskanzel** (1011 m) den höchsten Punkt der Wanderung erreicht. Durch eine Lücke im Wald schauen wir hier weit nach Osten auf die Hügelketten des Böhmerwalds rund um Mauth.

Nun wandern wir ein Stück fast eben auf dem Hügelkamm weiter; die Abzweigung nach links zum Parkplatz Sagwasser lassen wir dabei unberücksichtigt. An der nächsten Weggabelung biegen wir rechts ab und folgen nun der Markierung Haselhuhn/Vogelbeere bergab. Durch lichten Wald (der hier schon fast wieder zu aufgeräumt aussieht) geht es schnell zurück zum **Wanderparkplatz Felswandergebiet**.

# 20 Rund um Neuschönau

## Hans-Eisenmann-Haus, Baumwipfelpfad oder Tierfreigelände?

Leicht

6,5 km

150 Hm

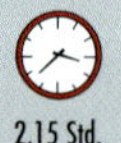
2.15 Std.

**Tourencharakter**
Ein Rundweg mit vielen schönen Ausblicken ohne nennenswerte Steigungen. Die Gehzeit/Länge/Höhenmeter beziehen sich nur auf den Rundweg zum Nationalparkzentrum – für das Tierfreigelände oder den Waldwipfelpfad benötigt jeder sehr individuell seine Zeit.

**Ausgangs-/Endpunkt**
Kirche St. Anna in Neuschönau (752 m)

**GPS-Daten**
48.88442, 13.47752

**Anfahrt**
Auto: Neuschönau liegt direkt am südlichen Rand des Nationalparks Bayerischer Wald, südöstlich von St. Oswald/Riedlhütte. Die Wanderparkplätze sind ausgeschildert.
Bahn/Bus: Mit dem Zug bis Grafenau, dann weiter mit Bussen. Von Mai bis Anfang Nov. fährt der Igelbus direkt zum Nationalparkzentrum (man kann mit der Tour auch dort beginnen).

**Karte**
Kompass 1:50 000, Nr. 198/3 Bayerischer Wald

**Einkehr**
Café im Hans-Eisenmann-Haus

**Information**
neuschoenau.de, nationalpark-bayerischer-wald.de

**Die Wanderung, die durchgehend mit dem Taubensymbol markiert ist, lässt sich hervorragend mit einem Besuch des Waldwipfelpfads und des Nationalparkzentrums im Hans-Eisenmann-Haus sowie mit einem Rundgang durchs Tierfreigelände verbinden.**

Wir starten in **Neuschönau** am Platz zwischen Kirche und Gemeindeverwaltung und laufen in Richtung Süden die Kaiserstraße querend in die Badstraße. Kurz vor dem freien Feld bie-

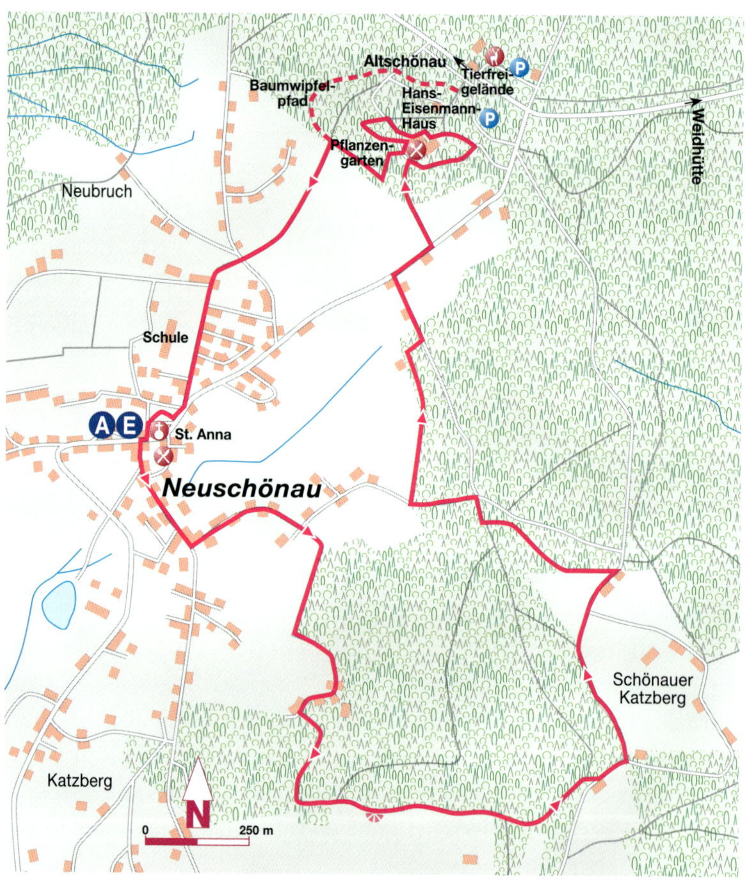

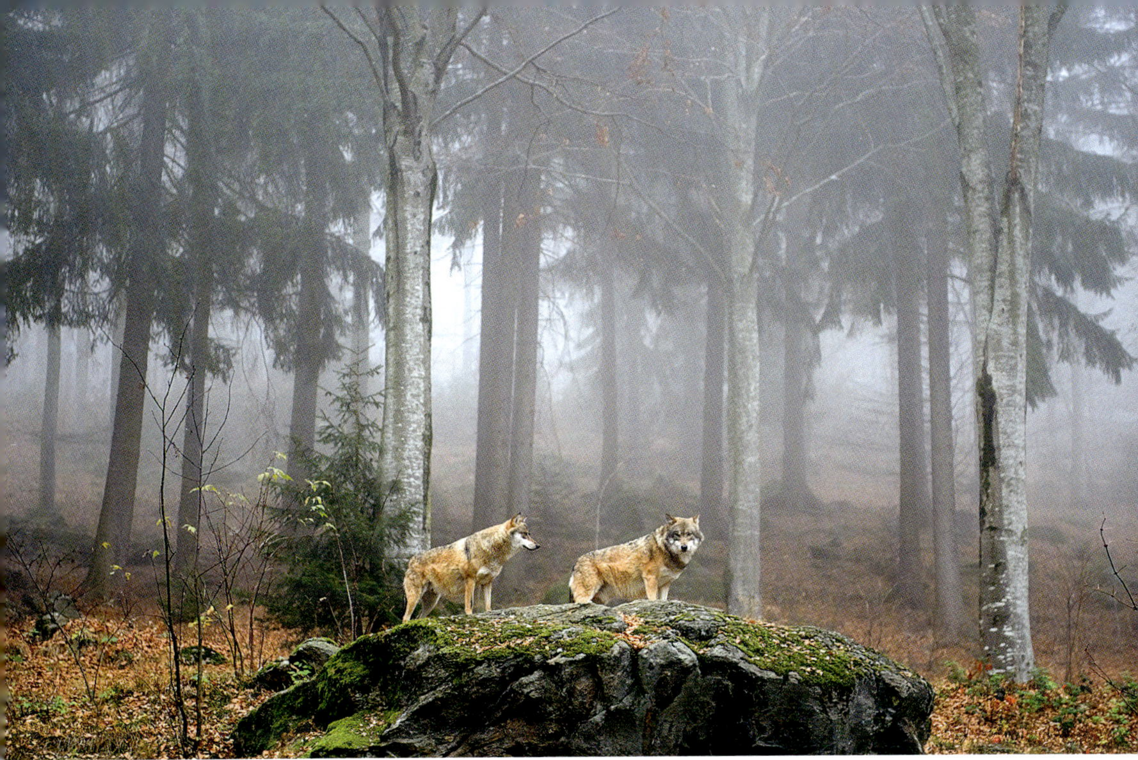

Ganz früh am Morgen oder am späten Nachmittag streifen die Wölfe durch das Tierfreigelände bei Neuschönau, das übrigens kostenlos zugängig ist.

gen wir links in die Straße Kiesweg ein und halten uns dann rechts in den Fichtenweg. Leicht bergauf erreichen wir noch einmal ein paar Häuser, wo wir die vielen Greif- und Raubvögel, die links und rechts neben der Straße in kleinen Hütten und Volieren sitzen, bewundern können. Hier lebt ein bekannter Greifvogelzüchter, der neben seinen zahlreichen Falken auch Eulen, Uhus und sogar einen Adler besitzt. Das Gelände ist aber privat, und so können wir die Tiere nur von der Straße aus betrachten.

Die Teerstraße endet, und nach dem letzten Haus biegen wir links in den leicht ansteigenden Waldweg ein. Wir folgen nun der Beschilderung mit der stilisierten Taube, die uns kurz vor der großen Holzwand der Falkenzucht nach rechts schickt. Wir durchlaufen ein Wäldchen und wenden uns am Waldrand

## Tierfreigelände

Das große Tierfreigelände am Hans-Eisenmann-Haus gehört für alle Besucher des Bayerischen Walds eher zum Kür- als zum Pflichtprogramm. Mindestens 2–3 Std. Zeit (länger geht locker!) sollte man sich für den 7 km langen Rundweg, vorbei an 45 heimischen Tierarten, nehmen, der sich aber auch abkürzen lässt. Wer mit Kindern unterwegs ist, startet am besten nach rechts – so erlebt man die Tier-Highlights wie Luchs, Wisent, Wolf und Elch gleich zu Beginn. Je nach Kondition schafft man es dann aber auch noch bis zu den Braunbären, der Wildkatze, den Hirschen und ins große Wildschweingehege. Das Tierfreigelände ist frei zugänglich, also kostenlos! Am besten Ferngläser mitnehmen, denn die Gehege sind groß.

## Hans Eisenmann und der Nationalpark

Der Nationalpark Bayerischer Wald ist schon lange zu einer Einrichtung geworden, die allgemein Anerkennung gefunden hat. Das ist jedoch nicht immer so gewesen. War die Stimmung der Bevölkerung nach seiner Gründung 1970 zunächst einmal abwartend, so schlug sie in offene Ablehnung um, als man sich 1983 nach einem schweren Gewittersturm entschloss, die Windwurfflächen nicht aufzuarbeiten. Diese Ablehnung wurde noch verstärkt, als sich kurz darauf der Borkenkäfer so stark vermehrte, dass in großen Bereichen der Bergwald total vernichtet wurde. Als damals die Bilder von den kahl gefressenen, abgestorbenen Wäldern rund um die Welt gingen, war großes Stehvermögen der Verantwortlichen gefordert, um das Motto des Nationalparks »Die Natur Natur sein lassen« weiter durchzuhalten. Das bewies vor allem der damalige bayerische Staatsminister für Landwirtschaft und Forsten, Hans Eisenmann. Er stellte sich, unabhängig vom Druck der Bevölkerung, eindeutig hinter die Idee des Nationalparks, obwohl er genau wusste, dass ihm die Natur erst Jahrzehnte später (er verstarb 1987) Recht geben würde. Fast 40 Jahre sind seit der großen Katastrophe vergangen, und wenn wir heute durch den Nationalpark wandern, können wir überall neues Leben zwischen den abgestorbenen Baumleichen sehen – ganz ohne menschliches Zutun gewachsen. Das gibt uns die Sicherheit, dass die Generation nach uns wieder einen lebendig grünen Nationalpark erleben kann, der einem Urwald viel mehr ähnelt, als es mit Fichtenmonokulturen je möglich gewesen wäre.

nach links, nun mit herrlicher Aussicht über die Felder nach Hohenau. An einem einsam gelegenen schönen, alten Haus stoßen wir wieder auf eine geteerte Straße, der wir für 100 Meter nach links folgen, um dann gleich wieder links in den Feldweg einzubiegen. Rechts von uns liegen die Häuser von **Blumenthal**. Erneut stoßen wir auf eine geteerte Straße, und ihr folgen wir für ca. 120 Meter bis zum Waldrand. Nun geht es nach links, zunächst entlang der Wiese, dann biegt der Weg rechts in den Wald ab.

Jetzt ist es ein bisschen wie bei einer Schnitzeljagd – im Wald zweigen viele Wege und Pfade ab; der Weg mit der Markierung »Taube« ist jedoch einfach zu verfolgen. Wieder am Waldrand entlang, genießen wir dann herrliche Panoramablicke über Neuschönau und stoßen auf die Landstraße, die Richtung Nationalpark führt. Auf dem Fußweg folgen wir ihr für ca. 100 Meter nach rechts, dann queren wir sie geradeaus in den ansteigenden Wiesenweg. Das große hölzerne »Ei« des Baumwipfelpfads im

Blick, erreichen wir zunächst den großen Pflanzen- und Gesteinsgarten unterhalb des Hans-Eisenmann-Hauses. Nun sind wir schon am Ziel unserer heutigen Tour angekommen.

Je nach Lust und Interesse ist nun für jeden Geschmack etwas dabei: Zum einen können wir uns den Pflanzengarten mit der heimischen Botanik genauer ansehen, zum anderen wartet das große **Tierfreigelände**, eines der ganz großen Highlights des Bayerischen Walds, auf einen ausgiebigen Rundgang (mindestens 2 Std. dafür einplanen!). Sehr informativ und mit jeder Menge interaktiver Tafeln ist das Informationszentrum des Nationalparks Bayerischer Wald, das Nationalparkzentrum Lusen, bestückt. Es findet sich im **Hans-Eisenmann-Haus** (wo wir das angeschlossene Café ebenfalls

Im Pflanzen- und Gesteinsgarten am Hans-Eisenmann-Haus wachsen die unterschiedlichsten Blumen, Büsche, Sträucher und Bäume.

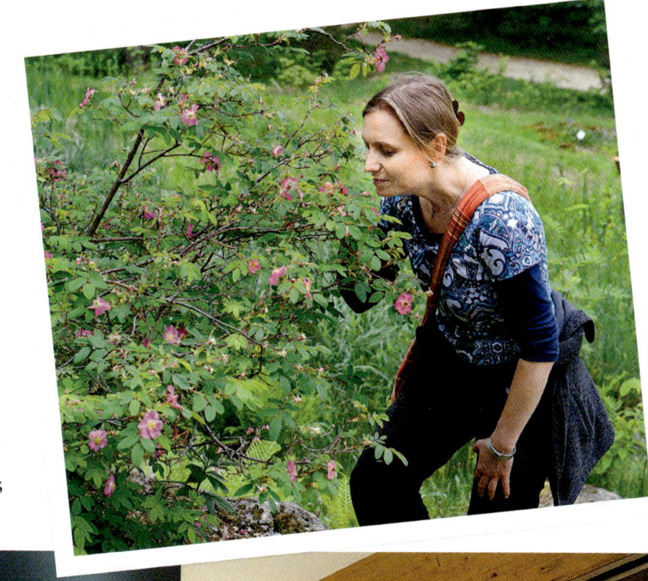

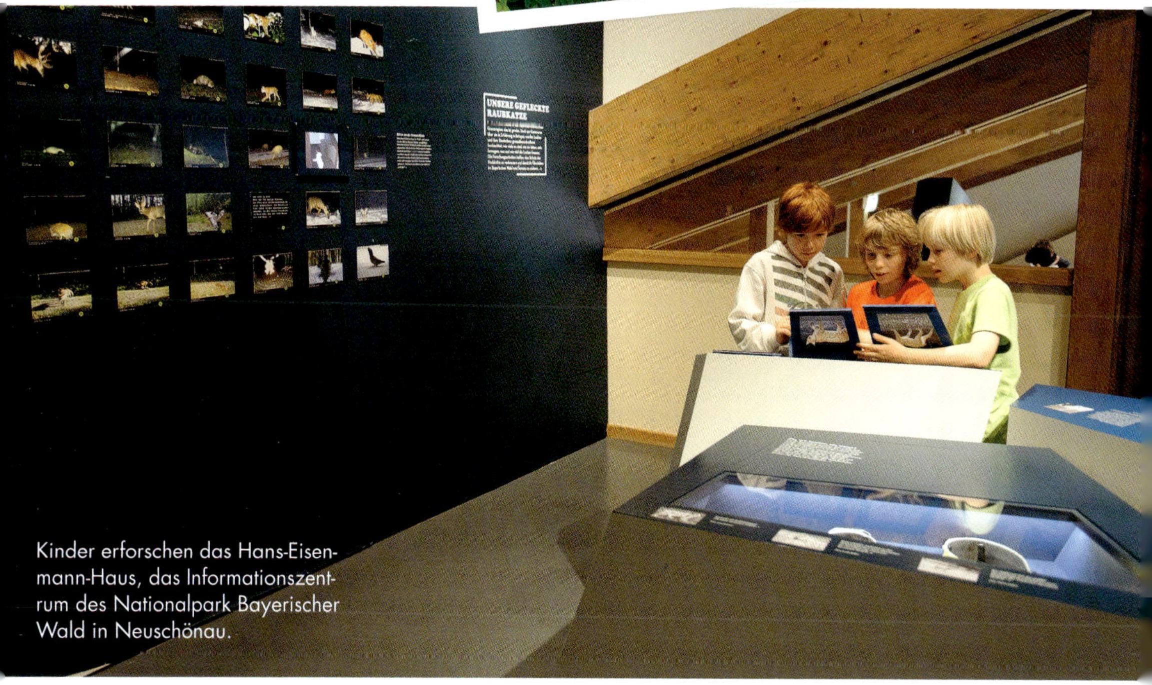

Kinder erforschen das Hans-Eisenmann-Haus, das Informationszentrum des Nationalpark Bayerischer Wald in Neuschönau.

## Spannender Baumwipfelpfad

Mit einer Gesamtlänge von 1300 Metern ist der Baumwipfelpfad, der überall nur als »Holzei« bezeichnet wird, der weltweit längste Naturlehrpfad dieser Art. Die überwiegend aus Holz erbaute Konstruktion hat die Form eines großen Eis, zu dessen Spitze man über viele Windungen hinaufsteigt. Vom höchsten Punkt, der 44 Meter hohen Plattform, hat man eine sensationelle 360°-Aussicht, die die Kontraste des Bayerischen Walds auf einen Blick aufzeigt: im Norden endlos weite bewaldete Hügel, die die unberührte Natur und Einsamkeit zeigen, im Süden dagegen eine gepflegte und besiedelte Kulturlandschaft mit vielen kleinen Dörfern und Weilern, hinter denen man an klaren Tagen die Alpen aufragen sieht. Rund um den Baumwipfelpfad werden übrigens auch viele Veranstaltungen des Nationalparks angeboten. Sehr interessant ist hierbei z. B. die abendliche Fledermaus- und Vogel-Führung, die in den Sommermonaten allerdings erst sehr spät bei Einbruch der Nacht beginnt (weitere Infos unter baumwipfelpfad.de).

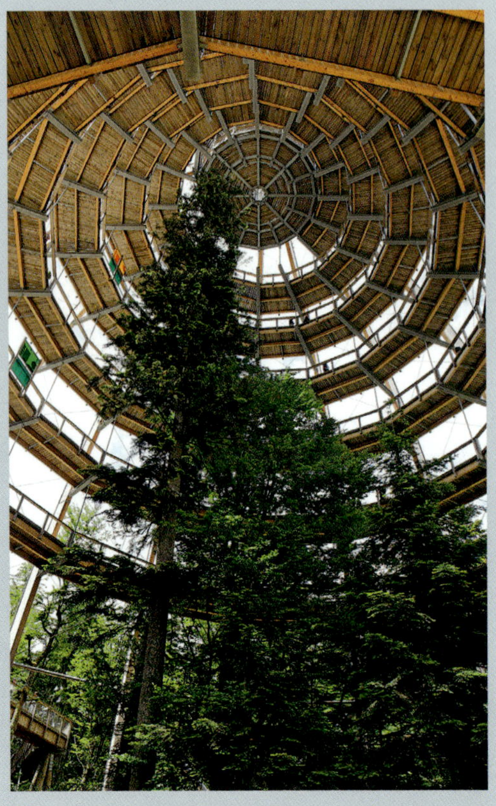

wärmstens empfehlen können); hier gibt es viele Mitmach-Aktionen für Kinder, wechselnde Ausstellungen und natürlich alles Wissenswerte rund um den Wald. Für die Besichtigung sollte man daher locker eineinhalb Stunden einplanen. Wagemutige und Sportliche hingegen stürzen sich auf den weltweit längsten **Baumwipfelpfad**, der wirklich sehr sehenswert ist.

Für den Rückweg steigen wir zunächst wieder zum Pflanzengarten hinunter, halten uns dann noch ein Stück nach rechts und marschieren schließlich auf einem Feldweg schnurgerade in südlicher Richtung auf **Neuschönau** zu. Wir queren eine Autostraße, gehen dann mit Blick auf den Kirchturm durch die Schulstraße und sind so bald an unserem Ausgangspunkt angekommen.

Rechte Seite: Wenn Gewitterwolken über den Wiesen des Nationalparks aufziehen, ist es höchste Zeit, einen Unterschlupf zu suchen.

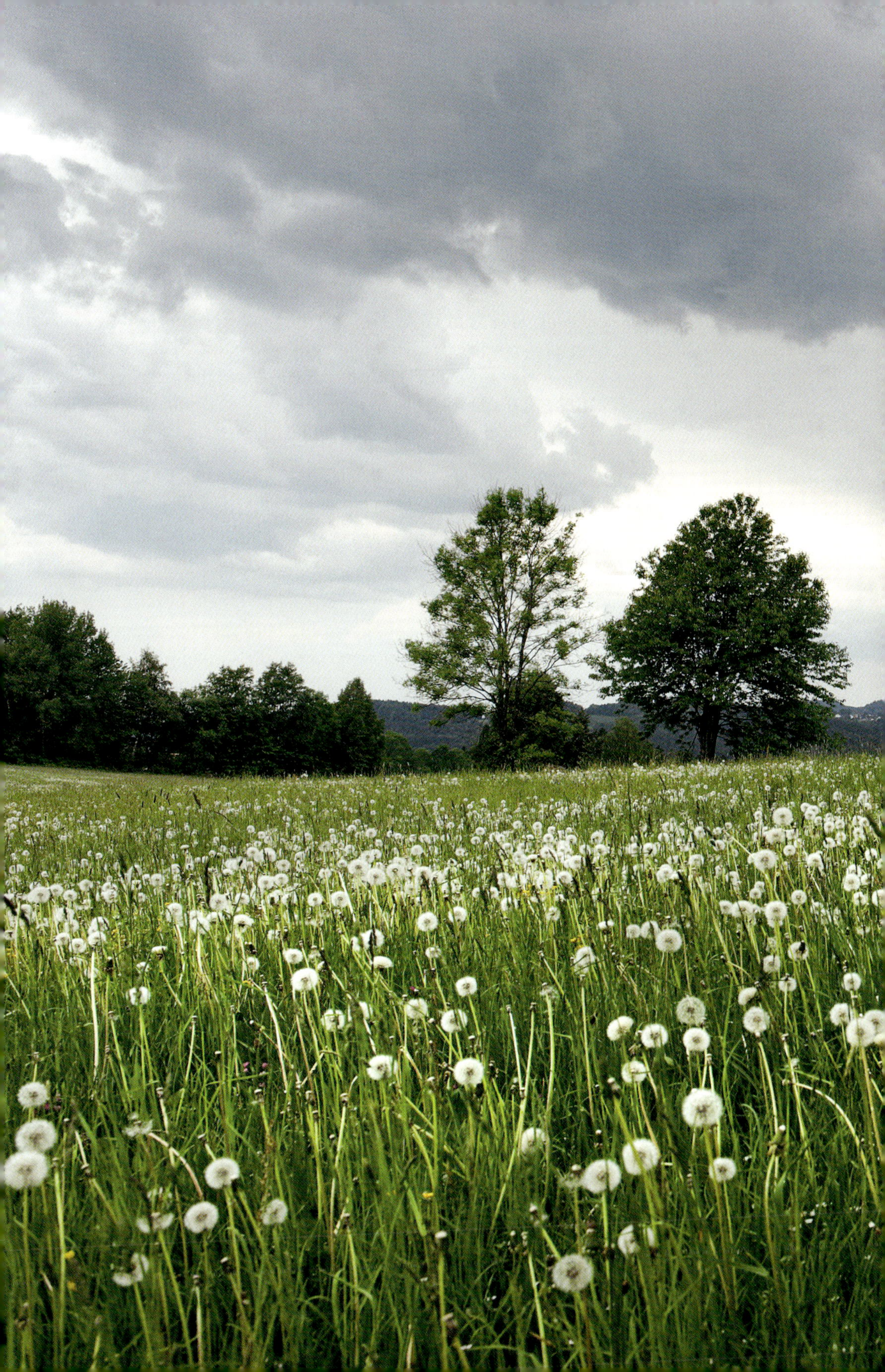

# 21 Durch die Klosterfilze bei Riedlhütte

## Sumpf, Gold und Triftkanäle

Mittel

12,5 km

150 Hm
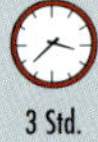
3 Std.

**Tourencharakter**
Rundweg ohne technische Schwierigkeiten auf gut ausgeschilderten Wanderwegen (Markierung »Kreuzotter«). Nach einer Regenperiode können die Wege allerdings mitunter sehr sumpfig sein.

**Ausgangs-/Endpunkt**
Parkplatz am Friedhof in Riedlhütte (741 m)

**GPS-Daten**
48.90848, 13.39095

**Anfahrt**
Auto: Riedlhütte liegt zwischen Spiegelau und Neuschönau am südlichen Rand des Nationalparks Bayerischer Wald. Der Parkplatz befindet sich am östlichen Ortsende, direkt am Friedhof, in der Nähe des Sportplatzes (dort alternative Parkmöglichkeiten).
Bahn/Bus: Von Mai bis Anfang Nov. fährt der Igelbus nach Riedlhütte.

**Karte**
Kompass 1:50 000, Nr. 198/3 Bayerischer Wald

**Einkehr**
Unterwegs keine; am Ende der Tour die Kaffeestub'n Riedlhütte oder das Wirtshaus zum Wichtl in Riedlhütte

**Information**
sankt-oswald-riedlhuette.de

**Weich wiegen sich die zartrosa Blütenstängel des Knöterichs in der Frühlingssonne, schwarz hingegen ist das Moorwasser der Großen Ohe. Abwechslungsreich führt diese Runde durch das südliche Randgebiet des Nationalparks, durch Moorgebiete und kleine Weiler und entlang ehemaliger Triftwege.**

Wir starten vom **Friedhof in Riedlhütte** und wandern zunächst auf der kleinen geteerten Straße in nördlicher Richtung. Nach etwa 250 Metern biegen wir gegenüber des Sportplatzes rechts in den Triftweg ein, der uns, vorbei an einem einsam gelegenen Haus, an den Rand der Klosterfilze bringt. Wir queren den kleinen Triftkanal (s. Tippkasten) und die Große Ohe nach rechts und folgen dann dem Flusslauf aufwärts. So geht es direkt mit bester Aussicht über den Bach und auf den Rachel in die **Kloster-**

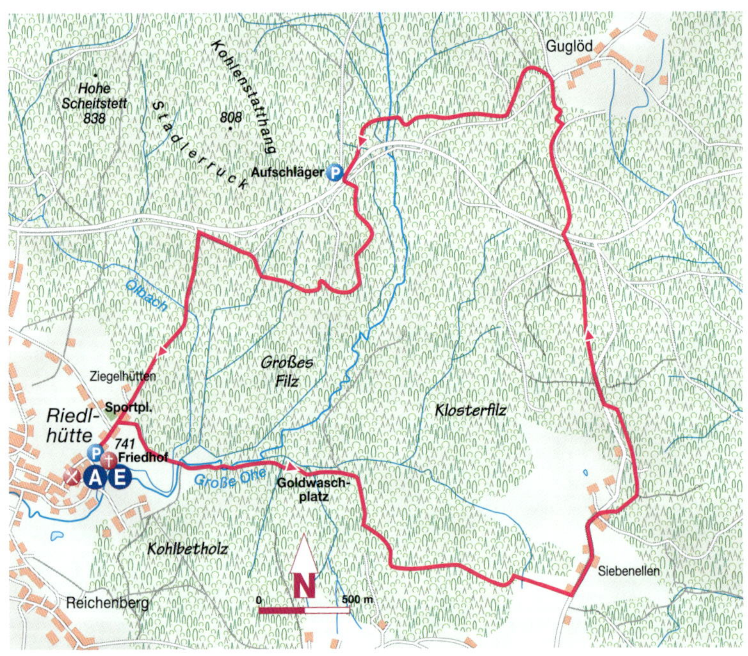

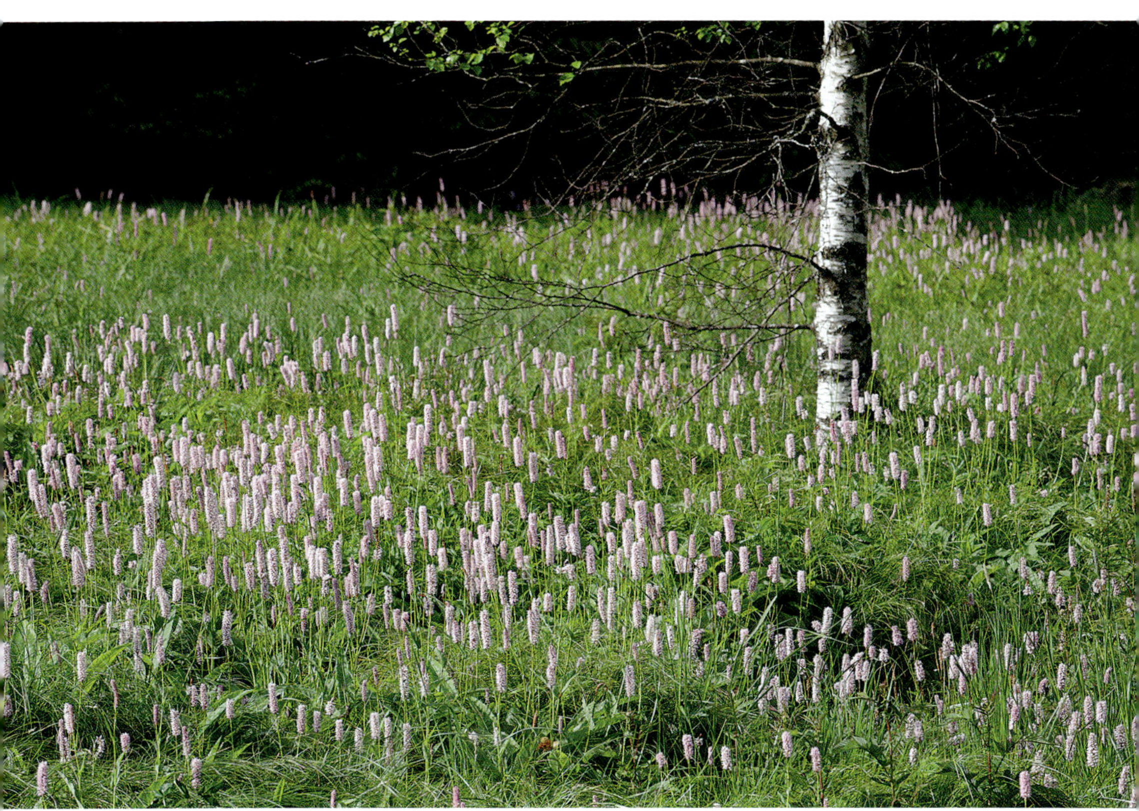

Der Schlangenknöterich färbt die sumpfigen Wiesen in der Klosterfilze bei Riedlhütte rosa.

**filze** hinein. Wir folgen dabei nun stets dem Symbol der Kreuzotter, die sich hier sicherlich sehr wohl fühlt, auch wenn wir auf der Wanderung leider keine einzige gesehen haben.

Gleich zu Beginn passieren wir einen Goldwaschplatz. Wer Kinder dabei hat, wird hier wohl schon mit einer ersten Pause rechnen müssen. Interessante Informationstafeln über die Goldfunde verkürzen auch uns die Wartezeit. Auch der weitere Weg bleibt spannend; er leitet uns als Nächstes unmittelbar am Rand des Feuchtgebiets über Holzbohlenstege weiter. Jede Menge Libellen schweben in der Luft. Dann erreichen wir den Wald; unser Wanderweg wendet sich in Richtung Süden und führt schließlich im Zick-

## Zum Goldwaschen

Jeden Donnerstag ab Mitte Mai bis Anfang September gibt es um 13 Uhr eine spannende Führung zum historisch nachgebauten Goldwaschplatz. Sie dauert ca. 2 Std. und startet an der Joseph-Hütte. Zum Abschluss bekommt jeder ein Goldwäscher-Diplom. Um Anmeldung wird dringend bei der Tourist-Info Riedlhütte gebeten.

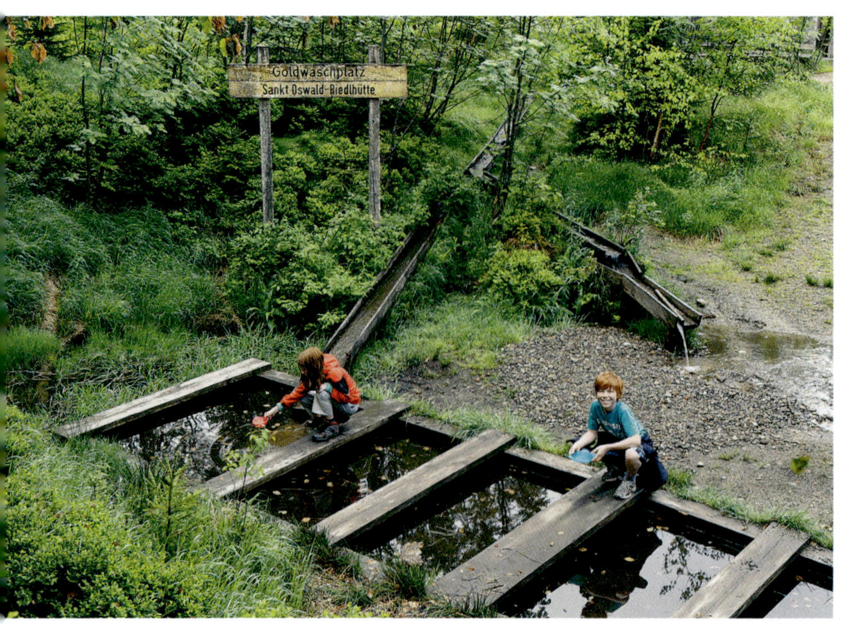


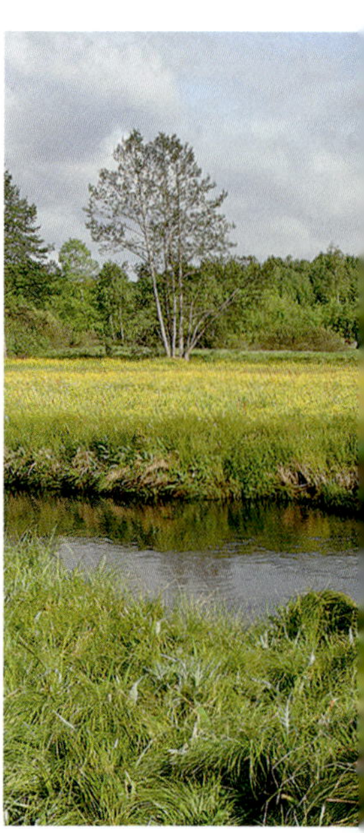

Kinder spielen an einem für sie eingerichteten Goldwaschplatz bei St. Oswald-Riedlhütte.

Rechts: Die Große Ohe windet sich völlig naturbelassen durch die Klosterfilze bei der Riedlhütte.

zack, stets dem Kreuzotter-Symbol folgend, durch den Wald. Am Weiler **Siebenellen** verlassen wir diesen und erreichen eine kleine Straße. Ihr folgen wir für gut 500 Meter nach links, halten uns dann aber am Waldrand rechts am Wanderweg, der nun in einigem Abstand zur Straße in leichtem Auf und Ab durch einen herrlichen Mischwald führt. Nun sind wir auf dem »Guldensteig« unterwegs. Hier hat noch kein Borkenkäfer und kein Sturm gewütet, und so geht es angenehm schattig dahin. Wir queren die Straße einmal und erreichen schließlich die größere Nationalparkstraße, die wir geradeaus queren. Der leicht wellige Waldweg führt uns an den Waldrand, und am Weiler Guglöd haben wir dann einen weiten Blick zum Lusen.

Wir queren die kleine Straße und passieren dabei ein einsam gelegenes Häuschen. Am Wanderparkplatz weist uns dann wieder das Kreuzotter-Symbol links in den Wald hinein. Mit etwas Abstand wandern wir nun nördlich der Nationalparkstraße leicht abwärts. Nun ist der Wald schon nicht mehr so grün – viele Hundert Baumgerippe ragen in den Himmel, und mindestens genauso viele liegen schon am Boden und bilden ein wildes Durcheinander von Ästen und Stämmen. Gespenstisch mutet das Ganze an. Hier haben Borkenkäfer und Sturm schwer zugeschlagen. Nur unmittelbar entlang des Wanderwegs haben

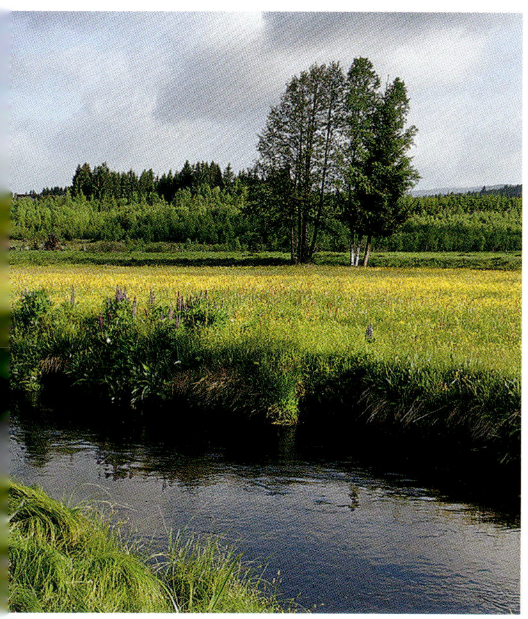

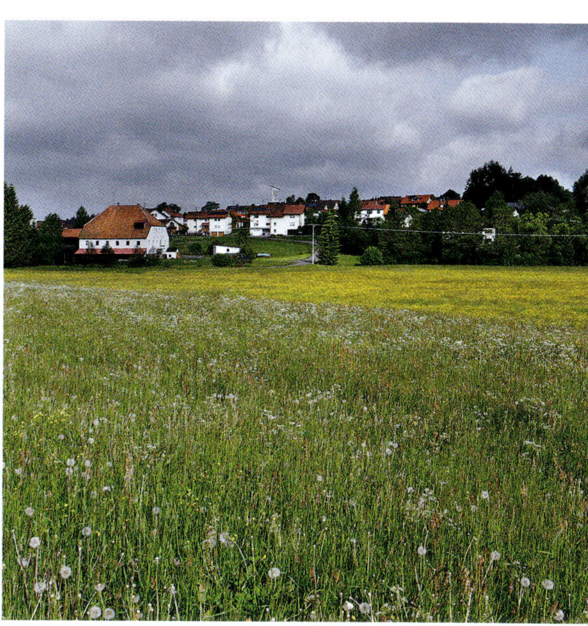

Die ehemalige Schleifmühle für Spiegel in St. Oswald-Riedlhütte ist heute in Privatbesitz.

die Nationalpark-Ranger die umgefallenen Bäume abgeschnitten, um den Weg frei zu halten. Die Natur würde sonst jegliches Durchkommen verhindern.

Schließlich queren wir das dunkle Wasser der Großen Ohe. Sie ist einer der Quellflüsse der Ilz und beginnt ihren Lauf am Rachelsee, wobei sie sich dort noch schlicht Seebach nennt. Erst bei Eberhardsreuth vereint sie sich zusammen mit der Kleinen Ohe zur Ilz. Nachdem wir den Bach gequert haben, erreichen wir bald den Wanderparkplatz **Aufschlägersäge**, wo wir erneut die Nationalparkstraße queren. Nun sind wir wieder im Gebiet der Klosterfilze. Im Zickzack folgen wir dem Wanderweg, der eigentlich an einem Aussichtsturm vorbeiführen sollte – aber ganz ehrlich, wir haben ihn leider nicht gefunden. Schließlich mündet der Weg in eine breitere, aber wenig befahrene Nebenstraße. Dieser folgen wir nun für etwas mehr als 1,5 Kilometer nach links in südlicher Richtung. Dann treffen wir am Ortsrand von **Riedlhütte** wieder auf unseren bekannten Weg und folgen diesem nun zurück zum Ausgangspunkt.

## Themenwanderweg

Ein Teil der Wanderung verläuft auf dem Themenwanderweg zur Siedlungsgeschichte der Gemeinde St. Oswald-Riedlhütte; immer wieder treffen wir daher auf interessante Informationstafeln.

# 22 Rund um Waldhäuser

## Kurze Wanderung unter dem Lusen

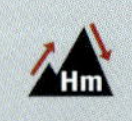
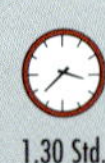
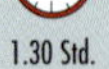

Leicht | 4 km | 200 Hm | 1.30 Std.

**Tourencharakter**
Sehr einfacher Rundweg auf einsamen Waldwegen und Pfaden mit vielen schönen Ausblicken

**Ausgangs-/Endpunkt**
Dorfkapelle in Waldhäuser (1000 m)

**GPS-Daten**
48.927998, 13.462581

**Anfahrt**
Auto: Waldhäuser liegt mitten im Nationalpark Bayerischer Wald und ist von der Nationalparkstraße über die Waldhäuserstraße gut zu erreichen. Wanderparkplatz im Ort
Bahn/Bus: Von Mai bis Anfang Nov. fährt der Igelbus nach Waldhäuser.

**Karte**
Kompass 1:50 000, Nr. 198/3 Bayerischer Wald

**Einkehr**
Berggasthof Lusen in Waldhäuser

**Information**
waldhaeuser-bayerischer-wald.de

**Von Waldhäuser aus starten die meisten zu einer Bergtour auf den Lusen (s. Tour 23), der zu Recht als einer der schönsten Gipfel im Nationalpark gilt. Trotzdem gibt es von Waldhäuser auch noch andere traumhafte Wanderwege, die zwar keine so berühmte Aussicht vorweisen können, dafür jedoch umso ruhiger und genussreicher sind.**

Ausgangspunkt der heutigen Rundwanderung ist die kleine **Kapelle von Waldhäuser**. Wir steigen die Treppenstufen zu ihr empor und laufen dann auf der kleinen Straße, die sich auf der rechten Seite des Gotteshauses befindet, aufwärts. Bereits hier finden wir die ersten Schilder mit dem Wanderwegsymbol »Habicht«. Hinter der Kirche bleiben wir geradeaus auf dem »Guldensteig«, der uns an den Bäumen entlang bis zur Teerstraße bringt. Auf dieser gehen wir für 150 Meter nach rechts und biegen dann am Ortsende, an der Pension Draxlerhof, rechts ab. Zwischen der Pension und dem links davon gelegenen Zuhaus führt der Weg mit der Habicht-Markierung weiter. Er wird wieder zu einem Forstweg, der mit herrlicher Aussicht über die üppig blühenden Blumenwiesen und die idyllischen Häuser von Waldhäuser auf den Wald zuführt.

Nun geht es leicht bergab. Im Wald überrascht dann das lautstarke Vogelkonzert – die Gegend ist bekannt für ihren Artenreichtum. Nach nur 600 Metern Waldstück biegt unser Weg nach rechts ab und führt nun etwas tiefer, auf halber Hanghöhe, wieder zurück. Der Weg wird schmaler, und nun beeindrucken vor allem die mächtigen alten Baumriesen. Im Gegensatz zum fast kahlen Lusengipfel spürt man hier förmlich das pulsierende Leben des Waldes; selbst aus den wenigen umgefallenen Bäumen sprießt bereits neues Leben empor – ein ewiger Kreislauf. Rechts von uns türmen sich wieder Felsbastionen auf, und so ist's kein Wunder, dass das Gebiet auch »**Steinfelsenhäng**« genannt wird.

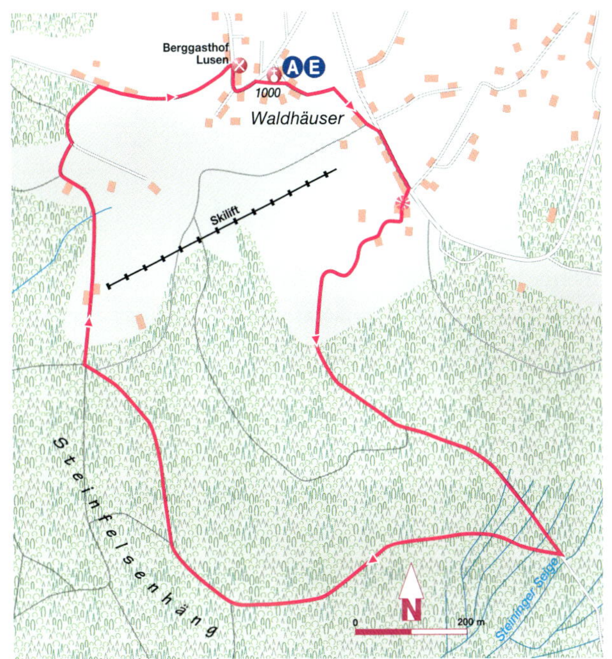


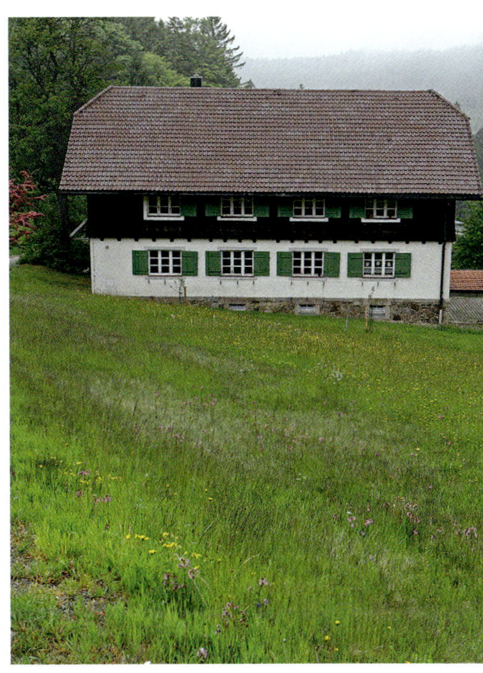

Ehemaliges Bauernhaus in Waldhäuser

Im Herbst raschelt das Laub der vielen Buchenblätter unter unseren Füßen, und viel zu schnell verlassen wir den Wald dann wieder an einem kleinen Lifthäuschen. Der etwas altertümlich wirkende Lift ist in den letzten Jahren wieder in Betrieb genommen worden und erfreut sich in der Wintersaison starker Beliebtheit, denn der Hang hat eine herrliche Südwest-Neigung.

Nun geht es aufwärts, an einem idyllischen alten Häuschen vorbei, bis wir auf eine größere Straße stoßen. Dieser folgen wir nach links und kommen über eine lange Rechtskurve, an ein paar Häusern vorbei und nun aus westlicher Richtung, wieder direkt nach **Waldhäuser** zurück.

## Tipps

**Künstlerdorf Waldhäuser** Der so malerisch gelegene Ort scheint eine magische Wirkung auf Künstler auszuüben – hier leb(t)en Künstler wie Reinhold Koeppel, Hajo Blach oder Heinz Theuerjahr. Die Tierfiguren von Heinz Theuerjahr kann man z. B. im Waldhäuser Skulpturenpark besichtigen (waldhaeuser-bayerischer-wald.de/kuenstlerdorf.htm).

**Der frühe Vogel fängt den Wurm …** Nur für absolute Frühaufsteher besteht die Möglichkeit, bei einer kostenfreien Vogelstimmenwanderung in Waldhäuser dabei zu sein. Die Wanderung mit einem leidenschaftlichen Vogelliebhaber, der gleichzeitig Nationalpark-Ranger ist, lohnt sich jedoch sehr, denn rund um Waldhäuser leben viele seltene Vogelarten, deren Gesang dann zumindest zu hören ist (Infos unter neuschoenau.de).

# 23 Himmelsleiter auf den Lusen

## Der Klassiker fürs ganze Jahr

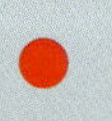
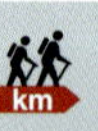

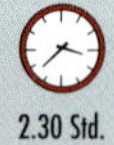

Mittel | 5,5 km | 250 Hm | 2.30 Std.

**Tourencharakter**
Gut ausgeschilderter Rundweg; Steinstufen vor dem Gipfel erfordern Trittsicherheit. Über den Winterwanderweg kann man das ganze Jahr über auf den Lusen steigen.

**Ausgangs-/Endpunkt**
Lusen-Wanderparkplatz (1120 m)

**GPS-Daten**
48.92984, 13.49164

**Anfahrt**
**Auto:** Waldhäuser liegt im Nationalpark Bayerischer Wald und ist über die Waldhäuserstraße gut zu erreichen. Zum Wanderparkplatz Lusen fährt man durch den Ort und folgt dieser Straße aufwärts, bis sie für den öffentlichen Verkehr endet. Von Mitte Mai bis Mitte Nov. darf diese Straße von 9–16 Uhr nur vom Igelbus befahren werden. Im Winter ist die Straße komplett gesperrt.
**Bahn/Bus:** Von Mai bis Anfang Nov. fährt der Igelbus zum Lusen-Parkplatz.

**Karte**
Kompass 1:50 000, Nr. 198/3 Bayerischer Wald

**Einkehr**
Lusenschutzhaus

**Information**
waldhaeuser-bayerischer-wald.de

**Der Lusen gehört neben Rachel, Arber und Falkenstein zu den Klassikern unter den Wanderzielen im Bayerischen Wald. Da kann von Einsamkeit natürlich keine Rede sein. Aber der Lusen ist nun mal ein absolutes »Muss«. Er schafft es, auf kleiner Fläche so viele unterschiedliche Landschaften zu vereinen, dass es schöner kaum geht: ein wilder Gipfelaufbau und eine unendlich weite Fernsicht, kombiniert mit dem komplexen Entstehen und Vergehen der Natur!**

Natürlich führen viele Wege hinauf zum Lusengipfel. Einer der bequemsten und auch kürzesten ist der Aufstieg ab dem **Lusen-Wanderparkplatz**. Wir folgen dem gut ausgeschilderten Wanderweg mit dem Luchs-Symbol, der in nordwestlicher Richtung,

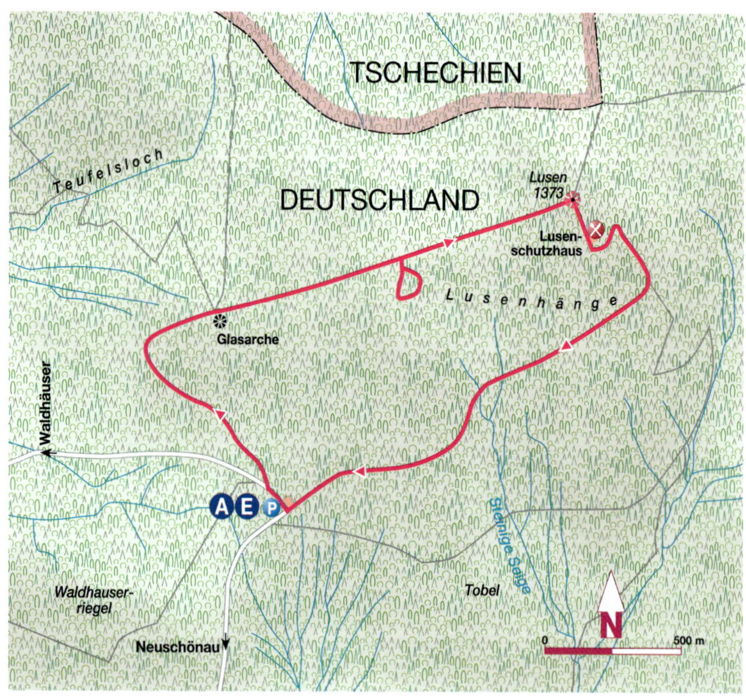

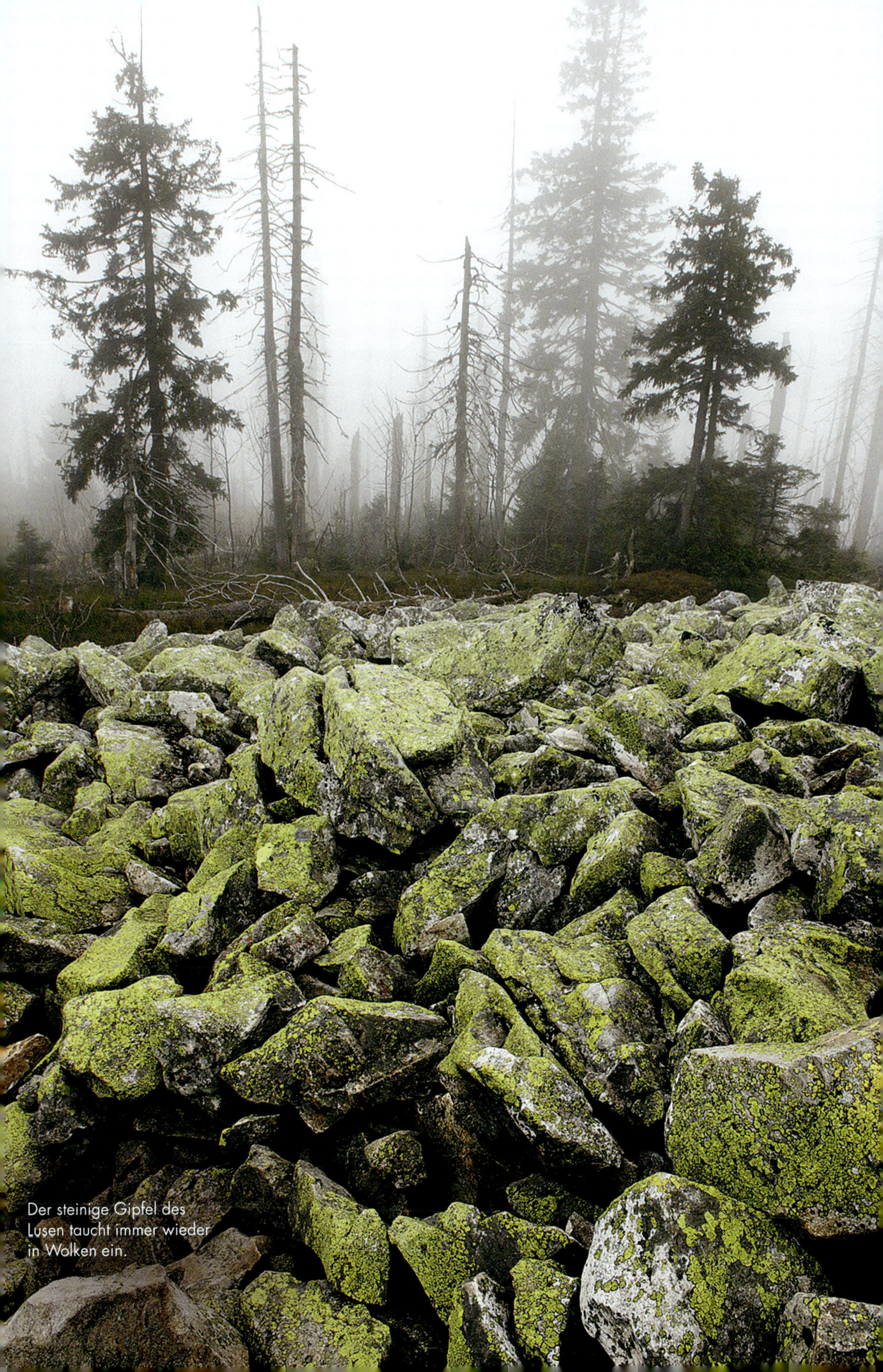
Der steinige Gipfel des Lusen taucht immer wieder in Wolken ein.

also etwas zurück in Richtung der Lusenstraße, beginnt. Er wird auch »Sommerweg« genannt und startet als breite, leicht ansteigende Bergstraße, die anfangs noch durch lichten, gesunden Wald führt. Wir befinden uns auf einer der ganz alten Verbindungswege, einer historischen Handelsstraße, die Bayern mit Böhmen verband. Auf diesem alten Böhmweg (auch »Guldene Strass«) wurden neben dem wichtigen Salz auch viele andere Waren von den Donauhäfen durch den Bayerischen Wald nach Böhmen transportiert.

Stets dem Luchs-Zeichen folgend, erreichen wir bald eine unverkennbar markierte Wegkreuzung, an der neben der kleinen Schutzhütte ein großes Kunstobjekt, die große **Glasarche**, steht. Hier beginnt der schnurgerade angelegte und anfangs noch gar nicht sehr steile Sommerweg. Doch die Bäume werden nun schon deutlich lichter, im Sommer brennt die Sonne erbarmungslos nieder. Auch wenn wir den Gipfel so direkt vor unserer Nase haben, lohnt sich auf halber Strecke ein kleiner Umweg über den Hochwaldsteig. Der schmälere Wanderweg führt hier über Bretter und Bohlen ganz nah in die vom Borkenkäfer

Vater und Tochter wandern durch das Laub zum Lusen.

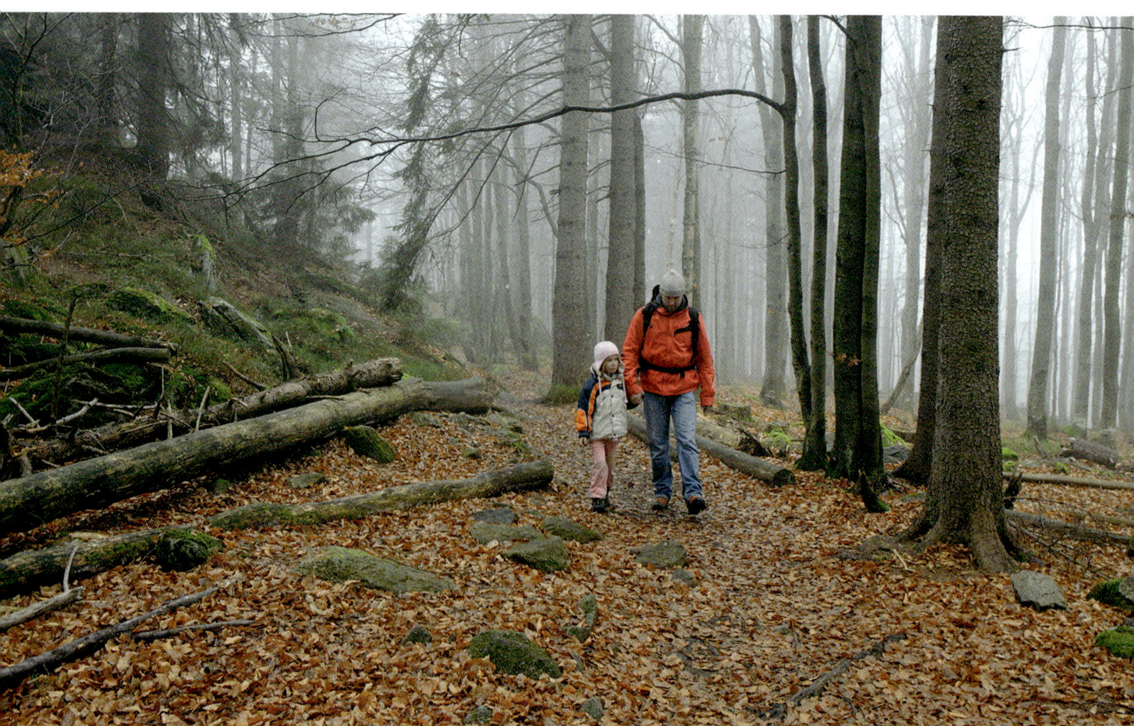

zerstörten Waldzonen, auf denen heute bereits wieder das erste Grün wächst.

Wir treffen wieder auf den Sommerweg, und nun ist es nicht mehr weit, bis wir am Beginn der »**Steinernen Himmelsleiter**« stehen. Diese holprige Steintreppe müssen wir erst bezwingen, bevor wir uns ins Gipfelbuch eintragen dürfen. Gut 500 (!) Stufen sollen es sein – angesichts des unendlich großen Haufens aufgetürmter, von schwefelgelben und giftgrünen Flechten überwucherter Granitfelsen erscheint dies aber als der leichtere Aufstieg, als wenn man sich den Weg selbst suchen müsste. Bei Nässe ist hier Vorsicht geboten, denn man kann leicht ausrutschen! Wenn jedoch die Sonne scheint, kommt man zwischen den aufgewärmten Felsblöcken erst recht ins Schwitzen. Da hilft vielleicht der Gedanke daran, dass die Wegebauer hier noch einer ganz anderen Schinderei ausgesetzt waren …

Mit jedem Schritt hinauf wird aber auch die Aussicht schöner, und schließlich stehen wir ganz oben am schlichten Gipfelkreuz des **Lusen**. Mit seinen stattlichen 1373 Metern gehört er zu den

Der Weg zum Lusen führt immer wieder durch schwere Felsblöcke hindurch.

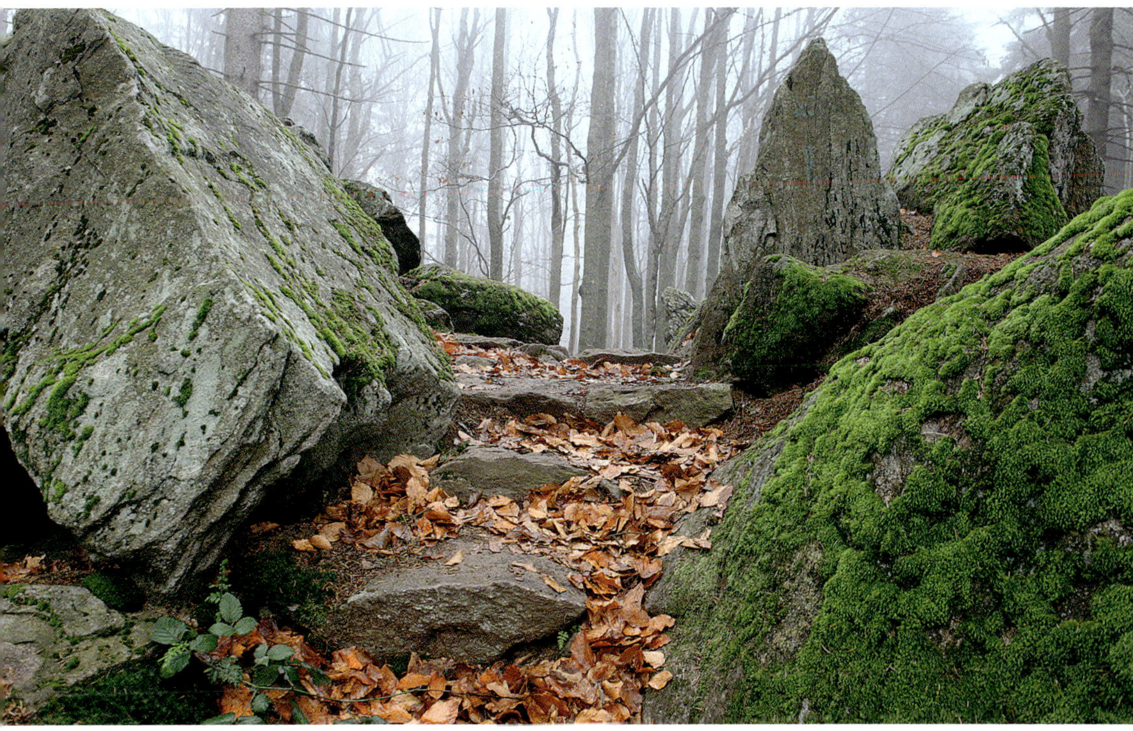

## Borkenkäfer

Der Lusen ist einer der Berge, an denen man heute noch die Schäden, die durch den Borkenkäfer entstanden sind, besonders deutlich sieht. Das Gründungsmotto des Nationalparks Bayerischer Wald »Die Natur Natur sein lassen« schien vollkommen richtig zu sein: Der Wald bestand fast ausschließlich aus Fichtenbäumen.

Das änderte sich 1983, als zwei gewaltige Gewitterstürme riesige Schneisen in den Wald schlugen. Der Idee des Naturparks folgend, wurden diese Windwürfe nicht beseitigt, sondern die umgeworfenen Bäume blieben kreuz und quer am Boden liegen. Nur vorhandene Wanderwege wurden freigeschnitten und gegebenenfalls gesichert.

Doch das war der Beginn einer Katastrophe, die den Verfechtern dieser Naturparkidee außerordentlich viel Kritik einbrachte. Das am Boden liegende Holz schuf ideale Lebensbedingungen für den gefürchteten Borkenkäfer, den Buchdrucker. Dieser hat sich ausschließlich auf Fichten spezialisiert; er bohrt sich durch die Rinde und legt Eier in die Bastschicht, über die der Baum seine Nährstoffe transportiert.

Diese Nährstoffe dienen fortan der Larve als Nahrung, dem Baum aber fehlen die »Leitungen«, und er stirbt ab. Eine gesunde Fichte kann sich dagegen wehren, ihr austretendes Harz tötet den Käfer ab. Fallen jedoch gleichzeitig viele Käfer über den Baum her, dann ist dieser überfordert. Einige Käfer haben Erfolg und produzieren sofort einen Lockstoff für ihre Artgenossen. Auf diese Weise kann ein einziges Käferweibchen innerhalb eines Jahres bis zu 100 000 Nachkommen erzeugen. Ist dieser Mechanismus einmal losgetreten und greift der Mensch nicht ein, so können ganze Wälder dem Käfer zum Opfer fallen. Ein Problem, das mittlerweile in vielen größeren und kleineren Waldflächen nicht nur in Deutschland sondern in ganz Europa auftritt.

So war es auch im Nationalpark – in den vom Wind umgeworfenen Bäumen vermehrten sich die Käfer massenhaft. Jetzt waren auch die noch gesunden Bäume in den angrenzenden gesunden Wäldern nicht mehr vor ihm sicher – der tödliche Käfersturm begann unaufhaltsam in kürzester Zeit viele Tausend Hektar des Bergwalds zu befallen. Die Bilder davon aus dem Bayerischen Wald und dem Böhmerwald auf tschechischer Seite gingen um die ganze Welt.

Kein Wunder, dass ein ungeheurer Proteststurm losbrach, der nicht nur die Idee, die Natur sich selbst zu überlassen, infrage stellte, sondern auch den Sinn eines Nationalparks in einem so dicht besiedelten Gebiet wie Deutschland. Doch die Nationalparkverwaltung und mit ihr im Hintergrund der bayerische Staat bewiesen Standhaftigkeit.

Seit etwa 10 Jahren geht der Käferbefall stark zurück, und gleichzeitig beginnt – ohne jegliches Eingreifen des Menschen – neuer Wald zu wachsen. Davon kann man sich auch auf dem Lusen überzeugen. Es wird wohl noch 100 Jahre dauern, bis unsere Nachfahren einen Wald erleben können, den wir – zumindest hier in Mitteleuropa – so noch nie gesehen haben: einen Urwald, in dem die Natur und nicht wir Menschen über Leben und Wachsen bestimmt.

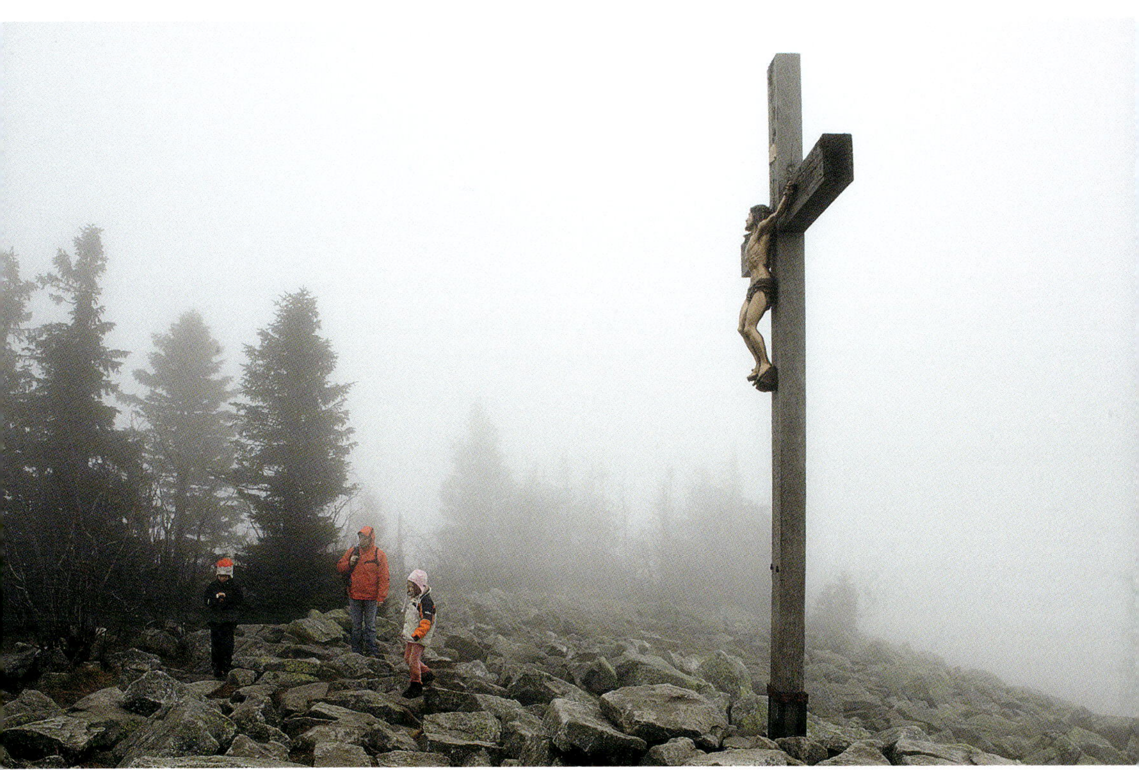

Der Herbstnebel am Gipfelkreuz des Lusen ist auch nach langem Warten nicht verschwunden.

höchsten Zielen im Bayerischen Wald. Dementsprechend schön ist auch die Rundsicht, nur der Gipfelaufbau der Großen Arbers und des benachbarten Rachels versperren uns ein wenig die Sicht. Einsam sind wir hier heroben nicht, aber auf einem der zahlreichen Granitblöcke finden wir bestimmt ein Rastplätzchen, wo wir etwas verschnaufen können, ehe wir uns nach einem ausgiebigen Gipfel-Weitblick-Genuss wieder auf den Rückweg machen.

Vom Gipfel folgen wir nun der Beschilderung zum **Lusenschutzhaus** über die Südseite. Der Weg durch das Felsenmeer ist auf dieser Seite deutlich kürzer. So stehen wir schnell vor dem gemütlichen Berggasthaus, in dem man sogar übernachten könnte, und können dort mit etwas Glück noch einen freien Platz auf der Terrasse ergattern. Der Abstieg von hier erfolgt dann wieder auf einem breit angelegten Wanderweg, der gemächlich in einer weiten Rechtskurve bergab führt. Bald erreichen wir wieder grünere Buchenwaldbestände, und nun ist es nicht mehr weit bis zu unserem Ausgangspunkt, dem **Lusen-Wanderparkplatz**.

# 24 Von Gfäll auf den Rachel

## Der Wald regeneriert sich wieder

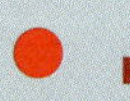
Mittel

10 km

500 Hm

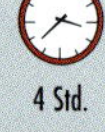
4 Std.

**Tourencharakter**
Gut ausgebauter Rundweg; der Abstieg zum Rachelsee führt über viele, teilweise glattgetretene Steinstufen, sodass wir kräftiges Schuhwerk und Teleskopstöcke sehr empfehlen.

**Ausgangs-/Endpunkt**
Parkplatz Gfäll (950 m)

**GPS-Daten**
48.96072, 13.37457

**Anfahrt**
**Auto:** Von der B 85 über Schönberg und Grafenau nach Spiegelau; von dort mit dem Igelbus alle 30 Min. zum Parkplatz Gfäll. Die Straße nach Gfäll ist im Sommerhalbjahr von 8–18 Uhr für den öffentlichen Pkw-Verkehr gesperrt.
**Bahn/Bus:** Spiegelau liegt an der Bahnstrecke Zwiesel–Grafenau und ist in das Igelbus-Netz des Nationalparks eingebunden.

**Karte**
Kompass 1:50 000, Nr. 198/2 Bayerischer Wald

**Einkehr**
Waldschmidt-Haus am Rachel; zahlreiche Gaststätten in Spiegelau

**Information**
spiegelau.de

**Der Weg auf den Rachel ist fast ein Lehrbeispiel für die Fähigkeit der Natur, sich zu regenerieren – wenn ihr der Mensch genug Zeit dafür lässt. Wer den Weg wenige Jahre nach der großen Käferkatastrophe gegangen ist, konnte sich nicht vorstellen, dass sich hier jemals wieder ein gesunder Wald entwickeln würde. Die Natur aber hat uns eines Besseren belehrt.**

Allenthalben sprießen hier junge Bäume auf, die sich selbst angesät haben – der Wald lebt wieder, und es scheint so, als ginge es ihm besser als jemals zuvor. Wir beginnen unsere Tour nach der Fahrt mit dem Igelbus am **Parkplatz Gfäll** und steigen langsam den Waldweg bergauf. Die Auerhahn-Markierung wird uns

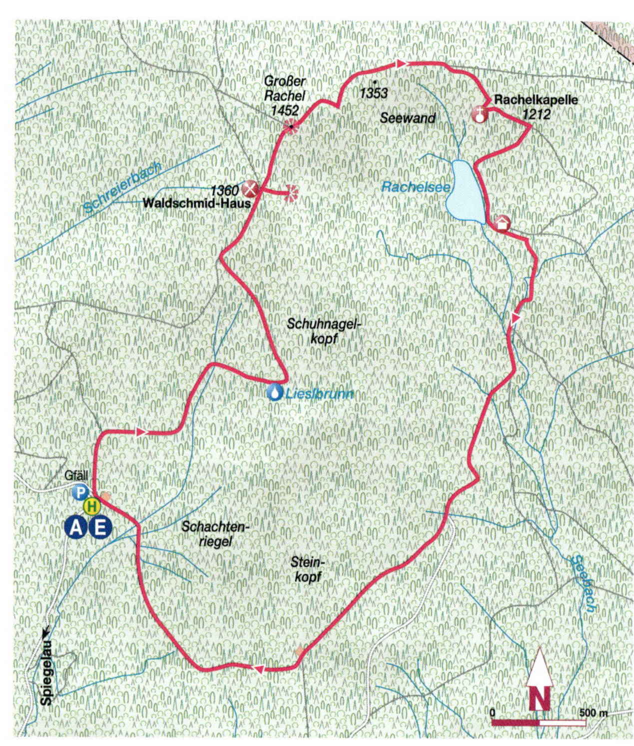


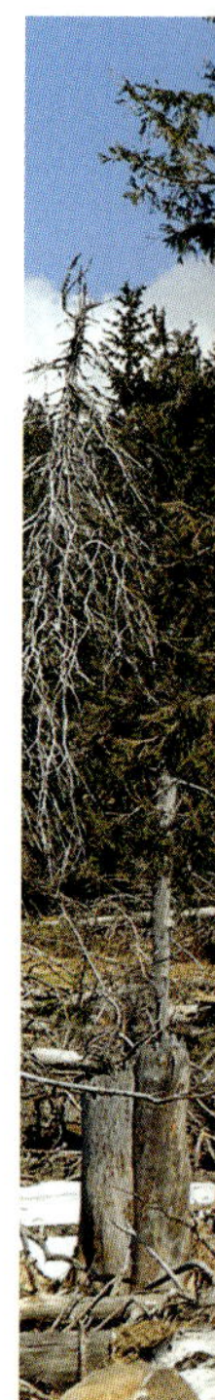

bis zurück nach Gfäll begleiten. Wir wandern zuerst durch einen Mischwald, der aber mehr von Laubbäumen als von Fichten dominiert wird und dadurch vollkommen gesund ist. Nach einer Dreiviertelstunde kommen wir an eine kleine Quelle, die **Lieslbrunn** genannt wird. Eine Tafel mit einem humorvollen Spruch bestätigt uns, dass wir die richtige Stelle gefunden haben.

Dann wird es wild, und wir erreichen den Bereich, in dem die Borkenkäfer ganze Arbeit geleistet haben. Immer noch strecken die Bäume ihre kahlen Äste in den Himmel; viele liegen bereits gebrochen am Boden, aber zwischen ihnen wachsen nicht nur alle möglichen Gräser und Büsche, sondern auch junge Bäume, und einige davon sind bereits übermannsgroß. Eigentlich müssten diese Bäumchen ein gefundenes Fressen für das Wild sein, denn überall klagen die Förster über den Wildverbiss an jungen Bäumen. Doch hier ist es anders: Der zusammengebrochene Wald schützt mit seinem Chaos aus Baumstämmen, Ästen und Zweigen die jungen Bäume besser als jeder Zaun. Rehe und Hirsche und nicht einmal ein hungriges Wildschwein steigen gern hier durch.

Der Weg zum Waldschmidt-Haus am Rachel führt durch den vom Borkenkäfer vernichteten Wald, in dem sich aber wieder junges Leben regt.

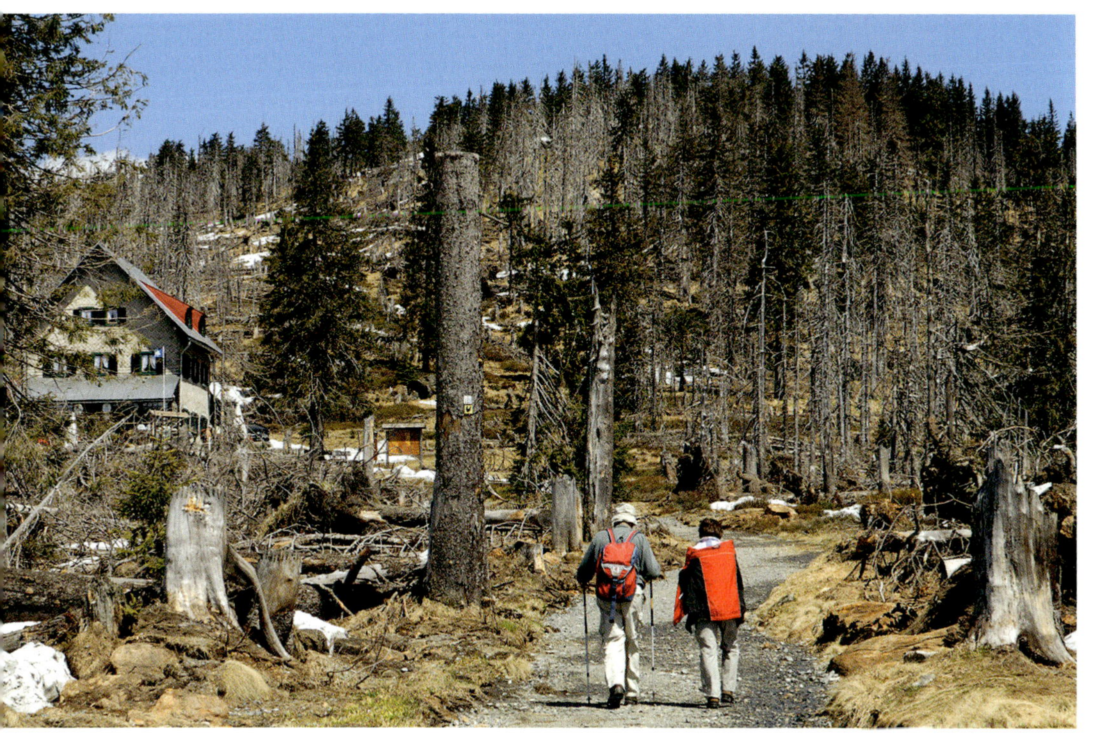

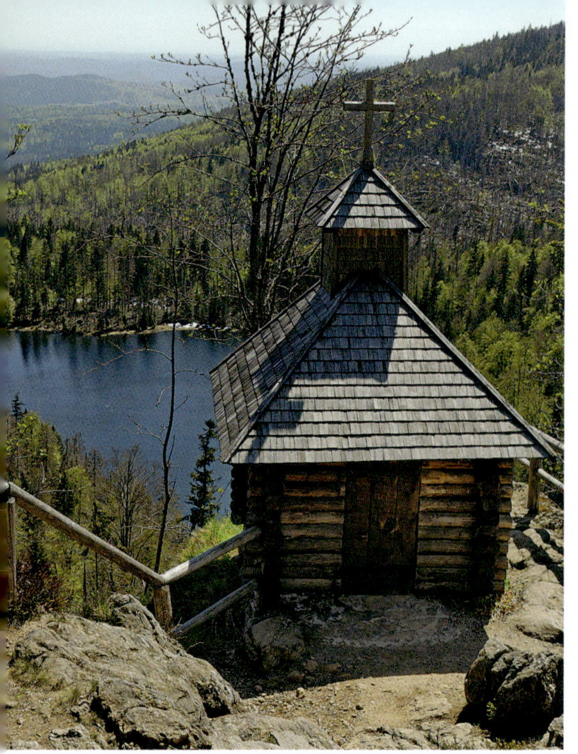

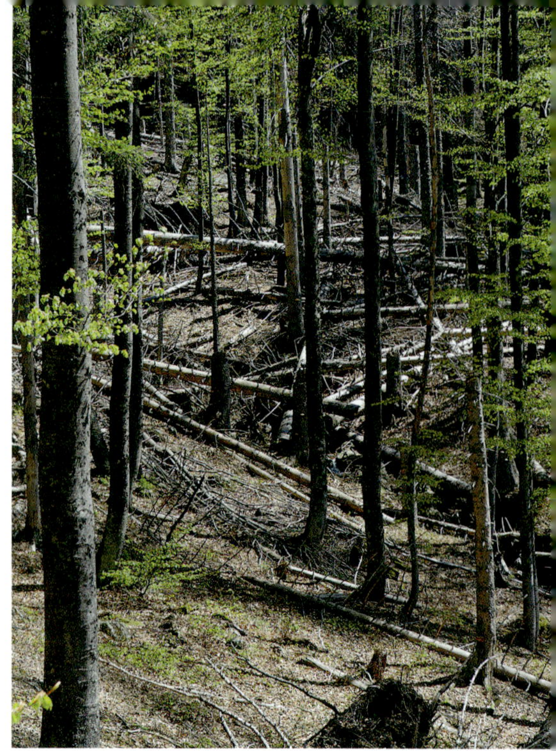

Die Rachelkapelle ist eines der am meisten fotografierten Motive im Bayerischen Wald.

Rechts: Der Laubwald in dem vom Borkenkäfer vernichteten Wald ist ohne menschliches Zutun aufgewachsen und inzwischen wieder einige Meter hoch.

Bald darauf kommt das **Waldschmidt-Haus** (1360 m) in Sicht, das nach dem Schriftsteller Maximilian Schmidt (s. Tour 3) benannt ist. Auf der Terrasse vor dem Haus lässt es sich wunderbar rasten. Als Langschläfer sind wir erst mittags hier angekommen, und da hat uns der Rindersuppentopf mit dem dicken Kaspressknödel ausgezeichnet geschmeckt. Früher konnte man hier auch übernachten, aber dann hat die Feuerpolizei festgestellt, dass die Übernachtungsgäste bei einem Brand keinen Fluchtweg gehabt hätten – deshalb mussten Übernachtungen verboten werden.

Nach der Rast gehen wir vor der Hütte ein wenig nach Osten und kommen nach ein paar Metern an eine Felskanzel, von der aus wir auf unser nächstes Ziel, den Rachelsee, hinunterschauen können. Zum **Rachelgipfel** (1452 m) geht es in unserer ursprünglichen Wanderrichtung weiter, und in längstens einer Viertelstunde stehen wir am Gipfelkreuz und können die weite Sicht rundum genießen. Es erscheint unsinnig, hier eine ewig lange Liste der Gipfel anzuführen, die wir vom Rachelfelsen aus entdecken können. Der Arber mit seinen Antennen und rechts über dem Tal des Großen Regens der Große Falkenstein sollen im Norden als Orientierung dienen, im Südosten ist es der kahle Gipfel des Lusen, von dem man bei Föhn glaubt, er stehe unmittelbar vor der Alpenkette.

Vom Gipfel aus folgen wir nun weiter unserem Weg mit der Auerhahn-Markierung. Jetzt kommen unsere Teleskopstöcke richtig zum Einsatz, denn der Weg führt steil abwärts. Steinstufen erleichtern zwar das Steigen, doch teilweise sind sie durch die vielen Wanderer so glatt geschliffen, dass man darauf achten muss, auf ihnen nicht auszurutschen. Wenn wir die von unzähligen Fotos her bekannte **Rachelkapelle** (1212 m) erreicht haben, liegt der steilste Teil der Strecke aber auch schon hinter uns.

Hier beginnt der Kapellensteig und etwas unterhalb endlich die Laubwaldzone, die uns wieder eine grüne Umgebung beschert. Der Weg führt zunächst in einem großen Bogen um den **Rachelsee**, um dann an seinem Südufer die **Rachelsee-Schutzhütte** zu erreichen, wo wir nochmals eine Rast einlegen können. Dann geht es gemütlicher weiter, und der bestens markierte Weg schlägt dabei im Uhrzeigersinn einen weiten Boden um den Rachel. Aufpassen muss man nach einer guten halben Stunde: Dann schickt uns ein Wegweiser nach rechts auf einen schmäleren Weg, der uns direkt zur Haltestelle des Igelbusses am Parkplatz Gfäll zurückbringt.

## Rachelkapelle und Rachelsee

Die Rachelkapelle wurde zum ersten Mal 1885 errichtet. Damals war der Forstmeister Leithäuser aus Spiegelau mit seinem Pferd unterhalb des Rachels unterwegs. Im Nebel hatte er den Weg verloren, und urplötzlich wollte sein Pferd keinen Schritt mehr vorwärts gehen. Als er abstieg, erkannt er, dass er über einer Steilwand stand – ein Schritt weiter nach vorne wäre sein Tod gewesen. Aus Dankbarkeit ließ er an dieser Stelle die Kapelle bauen. Was wir heute sehen, ist allerdings nicht mehr die ursprüngliche Kapelle, sondern ein fast kompletter Neubau aus dem Jahr 2000. Die erste Kapelle war 1945 abgebrannt, die zweite fiel 1972 ebenfalls einem Brand zum Opfer. Der Neubau nach diesem Brand war vor der Jahrtausendwende in einem so schlechten Zustand, dass die Renovierung praktisch wieder ein Neubau war, von dem man jetzt hofft, dass sie auf lange Zeit den Wanderern Schutz gewährt.

Der Rachelsee entstand während der letzten Eiszeit; er ist bis zu 13 Meter tief. Die Sagen erzählen, dass es ein verwunschener See sei, der nie ein Lebewesen beherbergen könne. Damit haben sie nicht ganz Unrecht, denn sein Wasser ist durch den ständigen Eintrag von organischem Material ziemlich sauer. Das behagt weder den Fischen noch den Fröschen. Zur Zeit der Holztriften diente er als Wasserspeicher für die Holzschwemme; den Damm dafür sehen wir heute noch an seiner Südseite.

# 25 Über die Reschbachklause zur Moldauquelle

## Zwischen Bayern und Böhmen

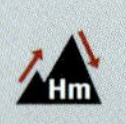

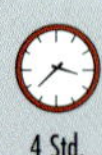

Mittel | 11,5 km | 350 Hm | 4 Std.

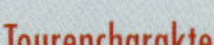

**Tourencharakter**
Etwas längere Wanderung im bayerisch-tschechischen Grenzgebiet des Nationalparks auf Forstwegen und Waldpfaden. Das letzte Stück entlang der Nationalparkstraße fahren wir mit dem Igelbus.

**Ausgangspunkt**
Wanderparkplatz Wistlberg (1060 m) nördlich von Finsterau

**GPS-Daten**
48.94162, 13.57073

**Endpunkt**
Bushaltestelle (Endstation) des Finsterau-Busses an der Grenze nach Bučina (1140 m)

**Anfahrt**
Auto: Finsterau liegt nördlich von Freyung im Grenzgebiet zu Tschechien. Der Wanderparkplatz befindet sich nördlich von Finsterau, gegenüber des Campingplatzes.
Bahn/Bus: Finsterau ist mit dem Igelbus erreichbar.

**Karte**
Kompass 1:50 000, Nr. 198/3 Bayerischer Wald

**Einkehr**
Gegen Ende der Tour: Hotel Alpska auf tschechischer Seite in Bučina.

**Information**
mauth.de

**Die Gegend um Finsterau bis hinüber in den tschechischen Böhmerwald ist eine der einsamsten Ecken des Nationalparks Bayerischer Wald. Zwischen abgestorbenen Fichten, Hochmooren und gesunden Mischwäldern geht es auf dieser Wanderung vorbei an historischen Klausen auf die tschechische Seite, wo wir einen Abstecher zur Moldauquelle unternehmen.**

Wir starten am **Wanderparkplatz Wistlberg** auf der ab hier für den öffentlichen Verkehr gesperrten Nationalparkstraße. Dieser folgen wir zunächst für knapp 500 Meter auf einem Trampelpfad links der Straße und biegen dann rechts in den Wanderweg ein, der als Europäischer Pilgerweg VIA NOVA nach Bučina beschildert ist. Es geht über eine herrliche Hochmoorfläche der Finsterauer Filze. Dann stoßen wir auf eine querende Forststraße. Hier biegen wir nach links und queren kurz darauf die Nationalparkstraße geradeaus in den dichteren Wald hinein. Kurz darauf erreichen wir die ehemalige **Alte Klause**, an der heute nur noch ein Hinweisschild samt Picknicktisch steht.

Für uns geht es nun in nördlicher Richtung weiter, und wir folgen dem Marder-Symbol auf dem ansteigenden Weg, der entlang des munter plätschernden Reschbachs und an einem Schwellgraben vorbei führt. Der Wanderweg ist hier sehr sonnig, denn der Borkenkäfer hat an dieser Stelle erbarmungslos zugeschlagen. Schließlich erreichen wir nach rechts die **Reschbachklause** (1140 m). Das dunkel aufgestaute Gewässer mutet etwas gespenstisch an mit seinen vielen toten Baumskeletten, die das Ufer säumen. Das künstlich aufgestaute Wasser an einer Klause benötigte man für das Triften von Holzstämmen bei der Holzarbeit. Die Bäume wurden von den Holzknechten vorwiegend im Winter geschlagen und zu den Bächen transportiert. Diese waren natürlich zu klein, um die Holzstämme schwimmend zu den nächstgrößeren Flüssen zu transportieren. Deshalb nutzte

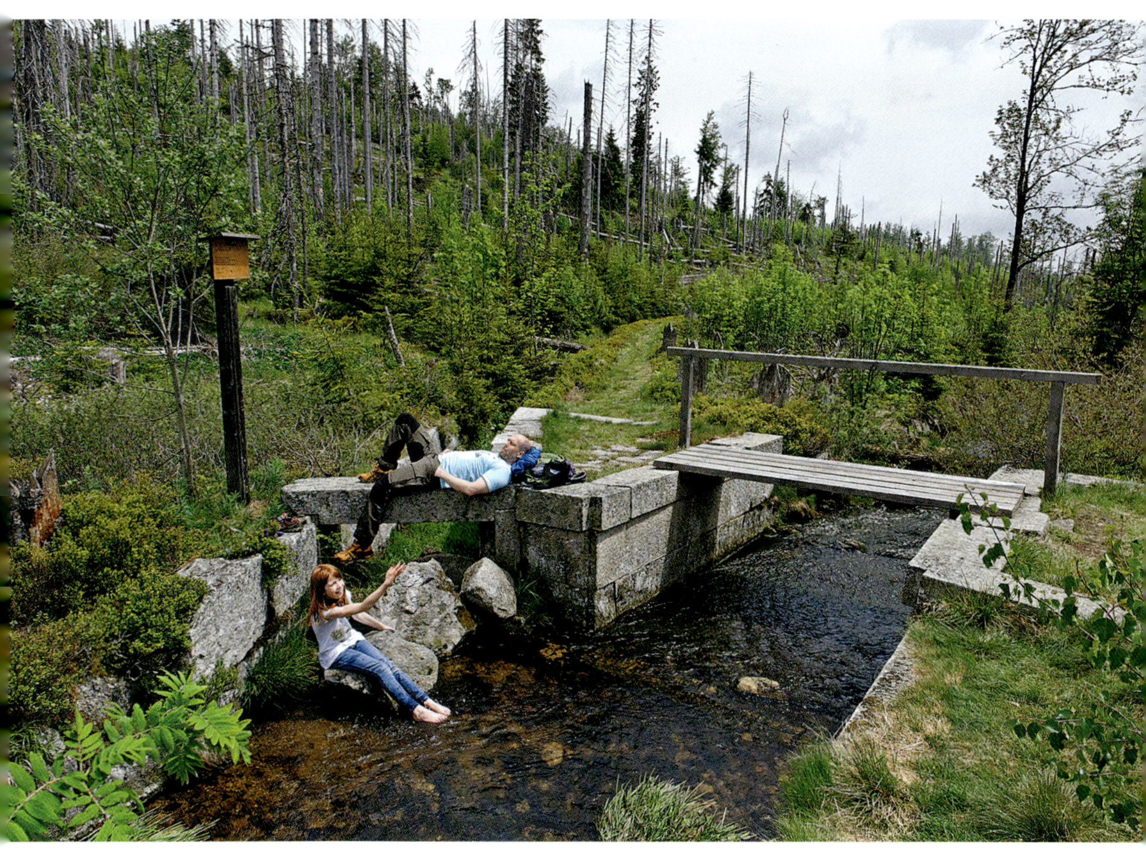

Wanderer bei einer Pause am Schwellgraben auf dem Weg zum Siebensteinfelsen bei Finsterau

man sogenannte Klausen, um das Wasser vor allem während der Frühjahrsschmelze aufzustauen. Wenn die Holzarbeiter dann die Schleusen für eine Trift öffneten, erzeugte man für einige Stunden ein Hochwasser, das die Bäume mitriss und weiter ins Tal zu den nächstgrößeren Flüssen transportierte. Für die Holzarbeiter war dies eine sehr gefährliche Arbeit, denn die Stämme verhakten sich gern und mussten dann mit Stöcken befreit werden. Dabei war man fast hilflos Quetschungen an Beinen, Füßen oder Händen ausgesetzt.

Stets der Markierung »Marder« folgend, steigen wir nun auf dem Weg nach links an und übertreten bald die bayerisch-tschechische Grenze. Kurz hinter dem Grenzstreifen mit seinen Grenzsteinen können wir rechts einen Abstecher zum Gipfel des Siebensteinkopfs (1263 m) unternehmen – von dort ist die Aussicht auf das einsame, hügelige Nationalparkgebiet wunderschön (hin und zurück ca. 20 Min. zusätzlich). Wir folgen nun weiter dem

## »Mutter« Moldau

Die Moldau ist mit ihren 444 km der längste Fluss in der Tschechischen Republik und gilt als »Mutter« aller tschechischen Flüsse. Sie bildet sich aus zwei Quellflüssen, der Warmen und der Kalten Moldau. Auf unserer Wanderung besuchen wir die Quelle der Warmen Moldau, die sich erst 56 km später bei Chlum mit der Kalten Moldau vereinigt. Ihr Name stammt von dem germanischen »Wilthahwa«, was so viel wie »wildes Wasser« bedeutet. In ihrem weiteren Verlauf passiert die Moldau dann Städte wie Krumau, Budweis und natürlich Prag. Bei Melnik mündet sie schließlich in die Elbe, wo das Wasser dann weiter zur Nordsee fließt.

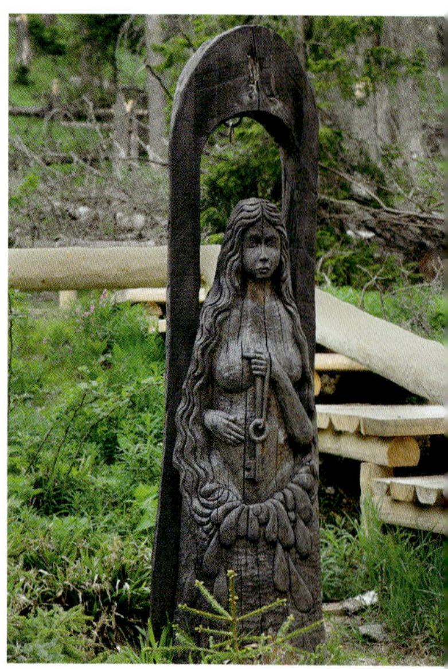

Eine Stele mit der personifizierten Moldau zeigt ihre Quelle an.

vorbildlich und nun zweisprachig ausgeschilderten Wanderweg mit der Marder-Markierung in Richtung Moldauquelle, der kurz hinter der Abzweigung zum Siebenfelsen links abbiegt. Leicht bergab stoßen wir auf eine breite Forststraße – zu dieser Stelle werden wir nach der Besichtigung der Moldauquelle wieder zurückkommen –, marschieren nun nach links und registrieren sofort, dass der Borkenkäfer nicht vor innereuropäischen Grenzen Halt gemacht hat. (Im Gegensatz zu den Bäumen auf bayerischer Seite wurden hingegen in Tschechien die Spitzen der Fichten gekappt.) Auf dem letzten Kilometer zur Moldauquelle begegnen uns viele Fahrradfahrer, denn die Moldau ist ebenso wie die Donau äußerst beliebt bei den Fluss-Radlern – viele Tschechen radeln an ihren Ufern von der Quelle zur Mündung. Dann stehen auch wir an der **Quelle der Moldau** (1172 m), wobei es genau genommen zwei Quellen sind: Die erste ist durch ein Holzgeländer gefasst, und eine kleine hölzerne Frauenskulptur markiert die Stelle. Noch ein Stück weiter in Marschrichtung kann man dann auf der anderen Seite des Forstwegs über einen hölzernen Steg zu weiteren Quellen hinaufsteigen und Wasser aus einem der Quellbrunnen schöpfen.

Nach einer ausgiebigen Rast drehen wir um und wandern nun zurück bis zu der Stelle, die wir vom Hinweg schon kennen. Etwas nach links und gleich wieder nach rechts geht es nun aufwärts, wiederum mit dem Marder-Symbol (Bučina ist ebenfalls ausgeschildert). Kurz darauf haben wir den Sattel geschafft, und nun geht es weiter in westlicher Richtung abwärts. Schließlich biegt unser Forstweg scharf nach rechts ab, und wir erreichen bald darauf durch ein noch intaktes Waldstück die kleine Kapelle von **Bučina**, wo wir uns nach rechts wenden. Der Grenzort besteht aus nur wenigen Häusern und dem großen Hotel Alpska, in dem sich auch ein Café und ein Restaurant befinden. Direkt neben dem Hotel hat man ein Stück der ehemaligen Grenzbefestigung stehen gelassen. Vor allem jüngere Wanderer sind immer wieder erstaunt, wie hermetisch sich der Osten gegen den Westen abriegeln konnte – das ist heute kaum mehr vorstellbar! Vor allem wenn wir gleich im Anschluss frank und frei und vor allem ohne jegliche Kontrolle über den Teufelsbach wieder auf die bayerische Seite hinüberwechseln. Gleich nach dem Grenzschild stehen wir dann auf dem großen Wendeparkplatz für den Nationalparkbus – der wird nun hoffentlich nicht lange auf sich warten lassen und uns praktischerweise wieder zurück zu unserem Ausgangspunkt bringen.

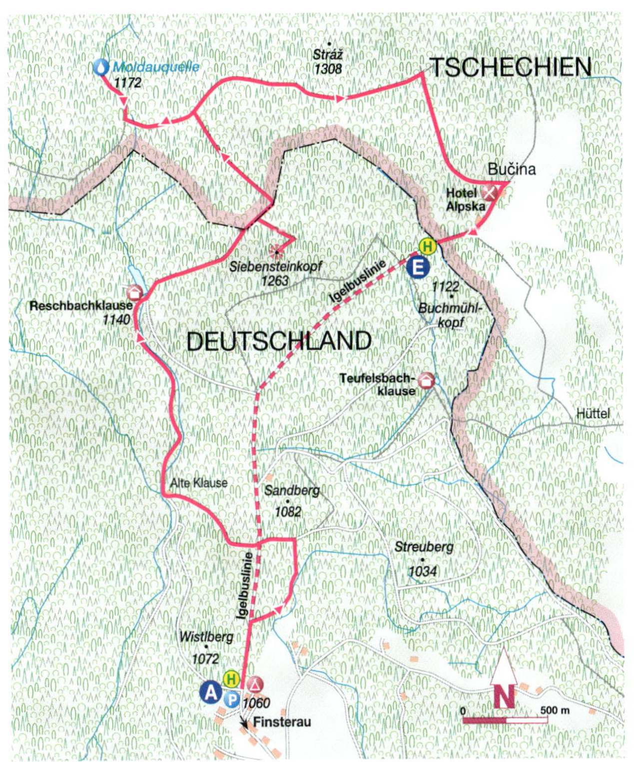


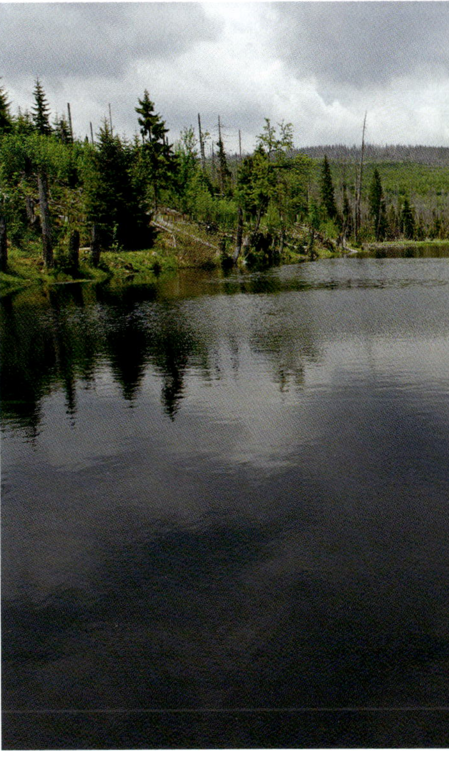

Die Reschbachklause bei Finsterau diente einst der Holztrift.

# 26 Nach Fürstenhut

## Fast vergessene Dörfer im Grenzgebiet

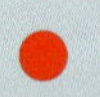
Mittel

12,5 km

300 Hm

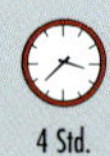
4 Std.

**Tourencharakter**
Eine etwas längere Wanderung im bayerisch-tschechischen Grenzgebiet des Nationalparks auf einsamen Waldpfaden und breiteren Forststraßen. Für die Anfahrt nach Bučina wählen wir den Igelbus (Ausweis nicht vergessen!).

**Ausgangspunkt**
Letzte Bushaltestelle am Genzübergang nach Bučina (1140 m)

**Endpunkt**
Wanderparkplatz Wistlberg (1060 m) nördlich von Finsterau

**GPS-Daten**
48.94162, 13.57073

**Anfahrt**
Auto: siehe Tour 25

**Karte**
Kompass 1:50 000, Nr. 198/3 Bayerischer Wald

**Einkehr**
Unterwegs keine

**Information**
mauth.de

**Für uns zählt die Gegend nördlich von Finsterau zu einer der schönsten und ruhigsten Ecken des Bayerischen Walds, sodass wir hier gleich zwei Wanderungen anbieten (s. auch Tour 25). Die Natur ist hier noch einen Tick ursprünglicher und wilder – kein Wunder, befand sich doch die gesamte Gegend vor der Grenzöffnung für viele Jahre in einem Dornröschenschlaf.**

Wir starten am großen **Buswendeparkplatz** und folgen zunächst der kleinen geteerten Straße über die Brücke des Teufelsbachs auf die tschechische Seite in Richtung Bučina. Nach insgesamt gut 250 Metern biegen wir rechts auf den schmalen, abwärts führenden Pfad ein, der mit einer weiß-rot-weißen Markierung bezeichnet und für Fahrradfahrer gesperrt ist. Später werden wir für ein kurzes Stück auch dem Marder-Symbol folgen. Je länger

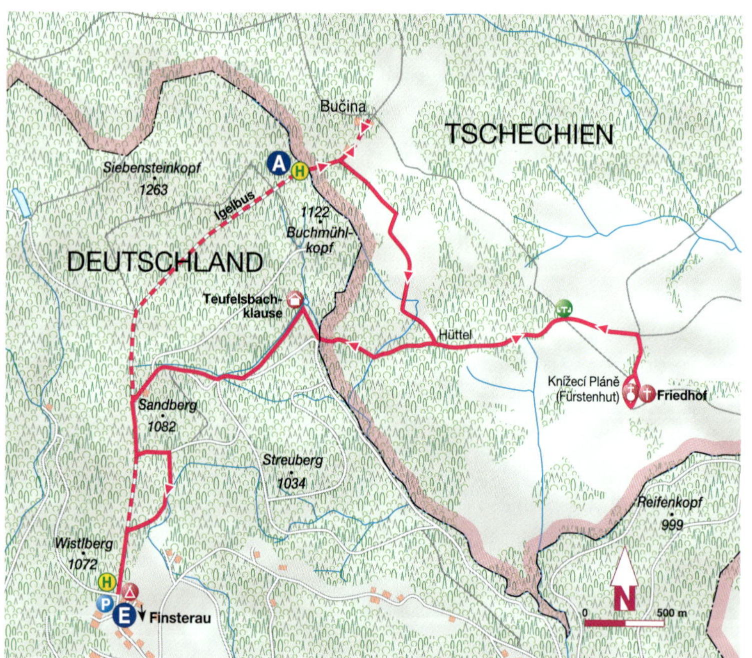

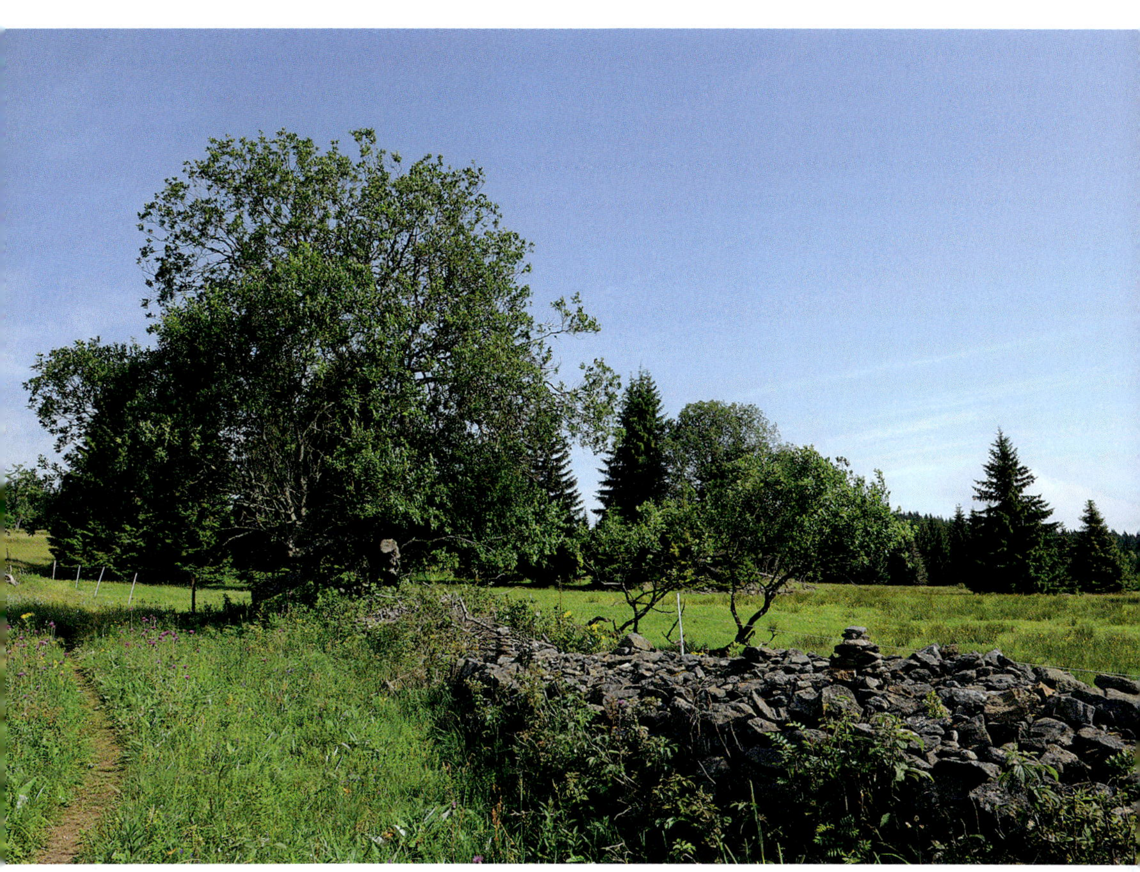

Auf dem Weg von Bučina bei Außergefild (Kvilda) nach Fürstenhut in Böhmen

wir gehen, desto mehr öffnet sich die Landschaft, und wir haben bald einen freien Blick über weite Felder hin zu den sanften Hügelkuppen des Böhmerwalds. Der schmale Wiesenweg führt an einigen Hecken und Bäumen entlang, und manchmal sehen wir Rinder auf den Weiden grasen. Faszinierend schön sind diese weiten Flächen, die sich mit altem Baumbestand abwechseln und deren Pflanzenwelt von einer großen Vielfalt ist.

Wir wandern durch ein relativ junges Besiedlungsgebiet. Erst im 18. Jahrhundert wurden hier Orte wie Bučina (Buchwald) oder Knížecí Pláně (Fürstenhut) gegründet. Auch das umliegende Land wurde erst zu dieser Zeit urbar gemacht, die Bevölkerung lebte von und mit dem Wald. Unmittelbar nach dem Zweiten Weltkrieg wurde dann die deutschsprachige Bevölkerung von hier vertrieben, und ihre Häuser und Siedlungen wurden dem Erdboden gleich gemacht. Immer wieder stoßen wir heute auf stumme Zeitzeugen wie steinerne Mauerreste, einsame Flur-

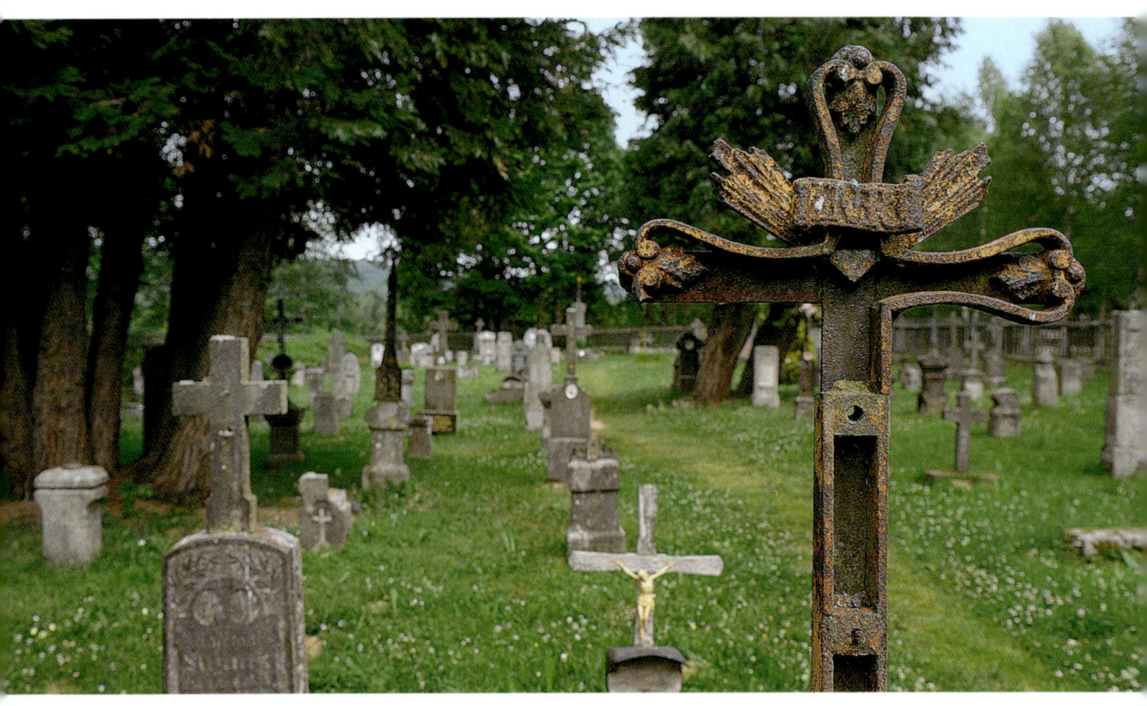

Friedhof des verlassenen und zerstörten Dorfs Fürstenhut bei Außergefild im tschechischen Grenzgebiet

Rechte Seite: Wilde Lupinen blühen überall auf den einsamen Wiesen um Fürstenhut.

und Feldkreuze oder kleine Gedenktafeln, die oft erst viel später von Angehörigen angebracht wurden. Während der Zeit der geschlossenen Grenzen und der Abschottung des Ostens bis in die 1980er-Jahre hinein konnte sich hier eine Vielzahl seltener Blumen und Pflanzen ein Stück Natur zurückerobern. Im Frühjahr blühen hier die Wiesen, die Wege sind dicht von Lupinen gesäumt, und an den Waldrändern steht allerorts der pinkfarbene Fingerhut.

Schließlich mündet unser Pfad in einen breiteren Forstweg. Informationstafeln über die geologischen Gesteine der Gegend und den Tonalith-Abbau zeigen, dass wir uns an der ehemaligen und heute nicht mehr existenten Siedlung **Hüttel** befinden. Hierher werden wir später wieder zurückkommen. Jetzt wenden wir uns nach links und folgen nun dem Trauermantel-Schmetterlings-Symbol sowie der Beschilderung in Richtung Knížecí Pláně (Fürstenhut). Vorbei an einem einsamen gusseisernen Feldkreuz stoßen wir an der Picknickstelle Furik erneut auf eine querende Feldstraße. Dies ist eine beliebte Radwegstrecke, die von Bučina hierher führt. Für knapp 500 Meter folgen wir dem Weg nun nach rechts, dann biegen wir erneut rechts ab und be-

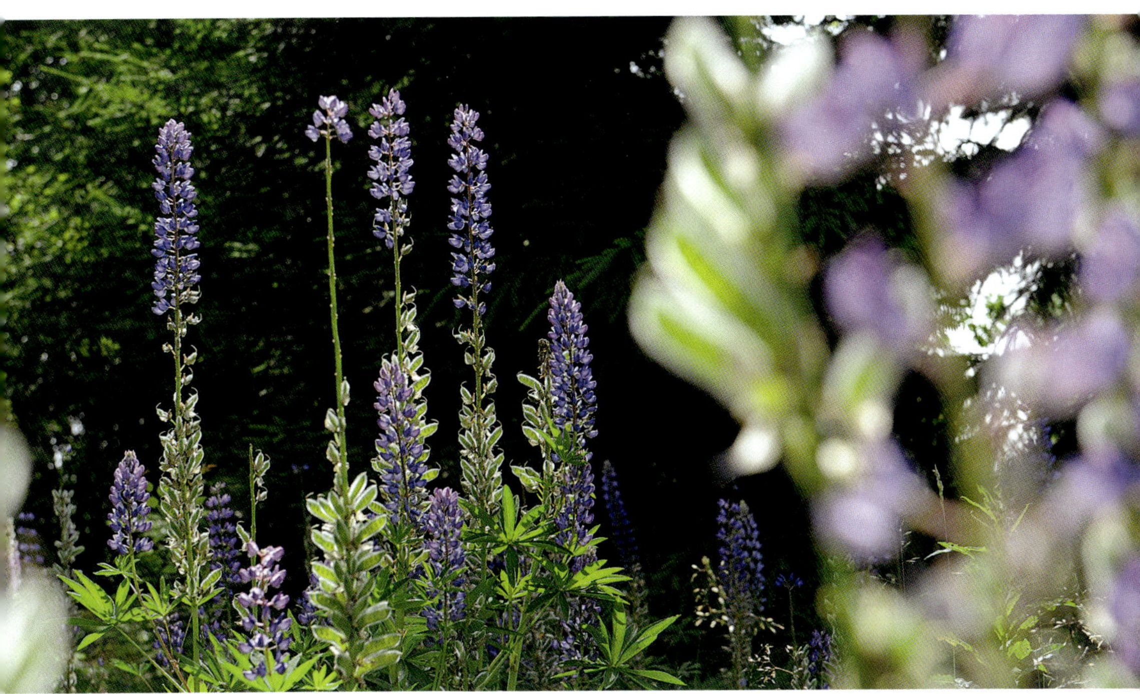

finden uns kurz darauf in der einstigen Siedlung von **Knížecí Pláně (Fürstenhut)**. Bei einem kleinen Rundgang über den ehemaligen Friedhof können wir die Grabkreuze betrachten, viele davon sind aber zerstört und beschädigt; die Wut auf Deutsche war unmittelbar nach dem Ende des Zweiten Weltkriegs sicherlich grenzenlos. Überall finden sich Zeichen einer einstigen Siedlung, Mauerreste oder ein Wappen. Ein magisches Fleckchen Erde und ein wichtiges Zeugnis der jüngeren Zeitgeschichte.

Nach der ausgiebigen Besichtigung wandern wir den langen Weg bis zur ehemaligen Sied-

## Das Grüne Band

Auf dieser Wanderung dürfen wir einen einmaligen Abschnitt unberührter Naturlandschaft erleben. Genauso wie das »Grüne Band«, die Grenze, die über viele Jahrzehnte Deutschland von der DDR trennte, ist der Grenzabschnitt zwischen Böhmen und Bayern. Hier am östlichsten Rand Bayerns war es immer schon ruhig, es fehlt an größeren Städten oder anderen Einzugsgebieten. Das gleiche Bild zeigt sich auf tschechischer Seite. Auch dort war die Landschaft schon immer durch dichte Wälder geprägt. Der Sumava, der Böhmerwald schließt nämlich direkt an den Bayerischen Wald an. Durch die Jahrzehnte lange Abriegelung der beiden Länder wurde in dem gesamten Gebiet großflächig jegliche Zivilisation ferngehalten. Ein Traum für die Natur, die sich zumindest zwischen den Grenzbefestigungen so gut wie ungestört entwickeln konnte.

lung **Hüttel** zurück. Diesmal halten wir uns geradeaus und folgen nun dem Weg mit der Beschilderung »Teufelsbachklause« und den Symbolen »Trauermantel-Schmetterling« und »Marder«. Leicht abwärts geht es an Flächen vorbei, die einer Totholzwüste gleichen, und auf Bohlen über ein feuchtes Moor, bis wir

## Geografie und Historie

Die Geografie wird durch die bayerischen Landesgrenzen im Norden und im Osten klar definiert. Im Süden bildet die Donau von Regensburg bis über Passau hinaus die Grenze, während die Westgrenze nur durch eine gedachte Linie von Waldmünchen über Nittenau nach Regensburg definiert werden kann. Doch für uns Wanderer sind diese Grenzen inzwischen vollkommen offen, und ganz unkompliziert kann man nach Tschechien oder nach Oberösterreich hinüber wechseln. Höchstens an der Wanderweg-Beschilderung oder an den Grenzschildern erkennt man, in welchem der Staaten man sich gerade befindet. Das haben wir der guten Zusammenarbeit der beiden Nationalparkverwaltungen in Bayern und Tschechien zu verdanken. Der Nationalpark Bayerischer Wald grenzt über weite Strecken direkt an den Nationalpark Sumava, den Böhmerwald. Gemeinsam bilden sie schließlich das größte zusammenhängende Waldgebiet Europas.

Die Geschichte der Region begann vor 2000 Jahren recht simpel – man wusste nicht viel darüber. Die zivilisierte Welt der Römer endete an der Donau, sie drangen nicht weiter nach Norden vor. Erst in der zweiten Hälfte des 1. Jahrtausends begann eine Kolonisierung des Nordens. Sie ging hauptsächlich von großen Klöstern wie St. Emmeram in Regensburg oder Niederaltaich aus. Diese gründeten Tochterklöster als Stützpunkte, die ihrerseits wieder die Kleinsiedlungen der Umgebung betreuten. Die Zeit nach dem Dreißigjährigen Krieg war bestimmt von der Gegenreformation, die vor allem in den inzwischen protestantisch gewordenen Gebieten der Oberpfalz mit aller Macht durchgedrückt wurde. Es war aber auch die Zeit, in der die bildende Kunst und das Theater zu einer einmaligen Hochblüte reiften. Die Kehrseite der Medaille war eine immer größer werdende Macht der Kirche, die der Bildung eines modernen, einheitlich verwalteten Staats entgegenstand. Bei der Säkularisation 1802/03 wurden die kirchlichen Besitzungen enteignet – das bedeutete aber für viele Menschen den Rückfall in extreme Armut, weil damit Klöster und Kirchen als Arbeitgeber wegfielen. Ein paar Jahre zuvor wurde das Dorf Fürstenhut gegründet, um einigen Bauern Siedlungsflächen in einem sehr abgelegenen Gebiet zu geben. Um 1864 lebten gut 500 Menschen hier, und es gab eine kleine Kirche, die Johannes dem Täufer geweiht war. Nach der Vertreibung 1946 wurden die Gebäude 1956 zerstört, und Fürstenhut lag wie das zerstörte Bučina in der Sperrzone an der Grenze zu Deutschland. Erst nach dem Mauerfall wurde den ehemaligen Bewohnern erlaubt, Fürstenhut zu besuchen und die Grabsteine wieder aufzurichten. In Bučina steht noch ein Rest des einstigen Eisernen Vorhangs; er lässt sich bei einem Abstecher besichtigen.

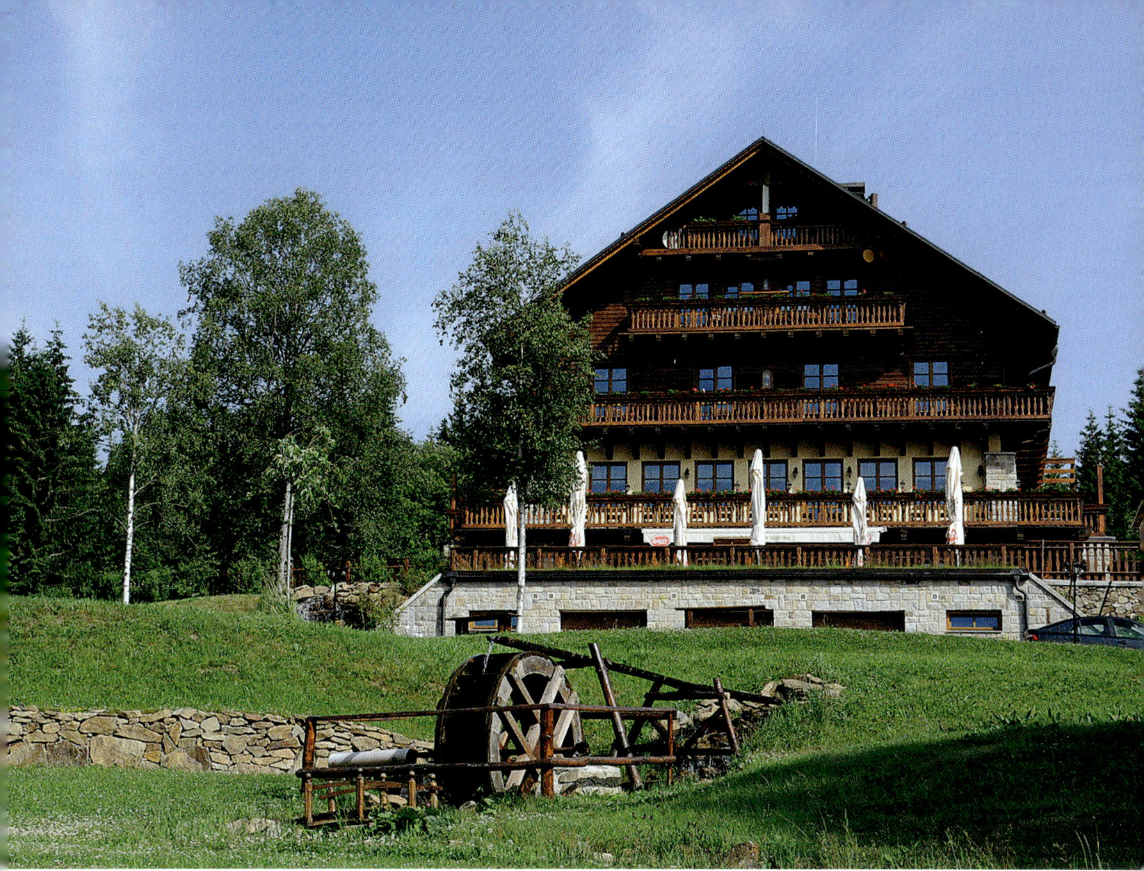

Das tschechische Hotel Alpska in Bučina liegt direkt an der Grenze. Dort kann man sich noch ein Stück des einstigen »Eisernen Vorhangs« ansehen.

wieder auf eine größere Forststraße stoßen. Hier wandern wir nun rechts am munter plätschernden Teufelsbach entlang und sind kurz darauf an der **Teufelsbachklause** mit ihrer kleinen Schutzhütte. Auch hier wurde früher das Wasser für die Holztrift in einem Becken gestaut.

Der nächste Wegabschnitt führt uns wildromantisch an dem kleinen, wasserführenden und mit wildem Fingerhut bewachsenen Schwellgraben entlang, und wir folgen dabei der Beschilderung in Richtung Finsterau bzw. zum Schwellgraben/Bus. Schließlich kommen wir wieder in die Nähe eines Forstwegs, laufen aber weiter an einem kleinen Wasserlauf in Richtung Schwellgraben/Bus. Die letzten Meter müssen dann aber auch wir auf den Forstweg ausweichen, und wir folgen diesem bis zur Nationalparkstraße. Wenn wir Glück haben, kommt just in diesem Moment einer der Igelbusse vorbei, um uns bis zum **Wanderparkplatz Wistlberg** mitzunehmen. Andernfalls folgen wir einfach der Beschilderung Richtung Finsterau, z. B. über den Birkhahnweg, und erreichen auch so in einer halben Stunde den Wanderparkplatz Wistlberg.

# 27 Auf Dreisessel und Hochstein

## Spaziergang mit viel Berggefühl

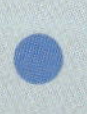
Leicht

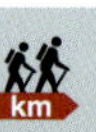
3 km

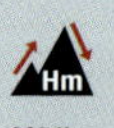
100 Hm

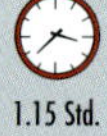
1.15 Std.

**Tourencharakter**
Sehr kurzer Weg, der bis zum Dreisesselhaus auf einer kleinen geteerten Straße verläuft. Der Aufstieg zu Dreisessel und Hochstein führt über steile Steinstufen. Sehr gut kombinierbar mit Tour 28.

**Ausgangs-/Endpunkt**
Wanderparkplatz Dreisessel (1230 m)

**GPS-Daten**
48.77993, 13.80062

**Anfahrt**
Auto: A 3 bis Ausfahrt Aicha vorm Wald, weiter auf der B 12 Richtung Freyung, bei Deching abbiegen nach Waldkirchen, von dort über Jandelsbrunn und Altreichenau Richtung Haidmühle, dort kurz nach dem Ortsteil Frauenberg rechts auf die kleine Bergstraße hinauf zum gebührenpflichtigen Dreisessel-Wanderparkplatz
Bahn/Bus: Keine öffentlichen Verkehrsverbindungen

**Karte**
Kompass 1:50 000, Nr. 198/3 Bayerischer Wald

**Einkehr**
Berggasthof Dreisessel (täglich nur bis 17 Uhr geöffnet; Anfang Nov. bis Mitte Dez. geschlossen)

**Information**
haidmuehle.eu

**Eigentlich handelt es sich bei dieser Tour nur um einen Spaziergang, der aber so wunderschön ist, dass wir ihn Ihnen nicht vorenthalten möchten. Auf kürzester Strecke ist hier vieles vereint, was den Bayerischen Wald so einzigartig macht: weite Aussichten, zwei Gipfel mit wilden Felstürmen drumherum und ein uriger Berggasthof, der sich wunderbar für eine spätnachmittägliche Einkehr eignet.**

Wir starten am großen **Wanderparkplatz Dreisessel** und folgen einfach der kleinen geteerten Straße aufwärts. Sie führt in einer

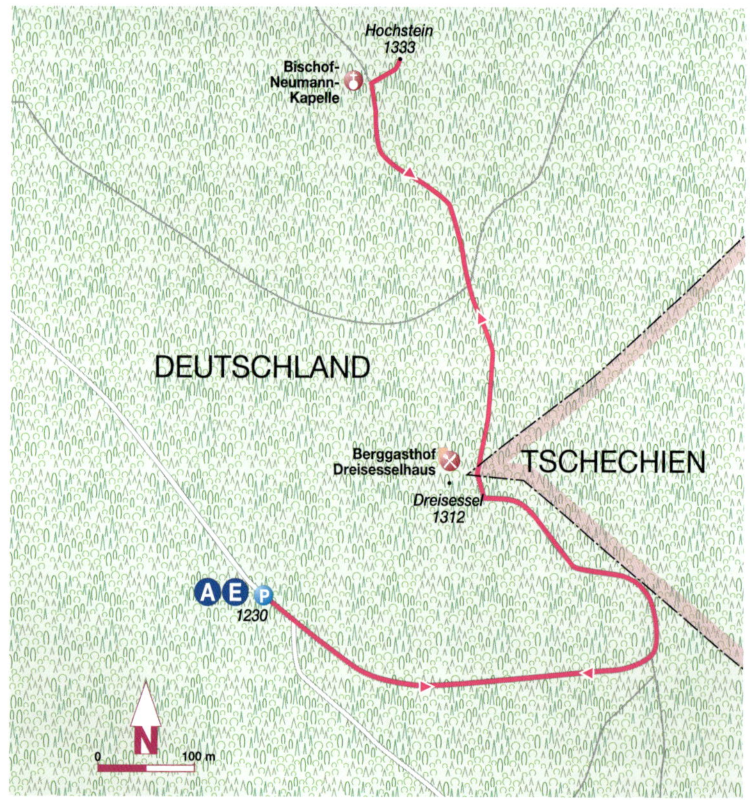

lang gezogenen Linkskurve hinauf bis zum Berggasthof Dreisessel. Links davon geht es über Steinstufen steil auf den eigentlichen **Dreisesselfelsen** (1312 m), wo uns die erste herrliche Aussicht erwartet. Es ist wenig Platz hier oben, aber die »Drei Sessel« im Stein sind deutlich zu sehen. Das 360°-Panorama ist wunderschön: Weit sehen wir nach Norden auf die tschechischen Böhmerwälder, und nach Süden erstrecken sich schier unendlich die bewaldeten Hügel bis zum Horizont. Gespenstisch muten die vielen abgestorbenen Baumgerippe an, die zwischen den Felsen in den Himmel ragen. Lange können wir hier nicht bleiben, denn von unten drängeln schon die nächsten Wanderer nach, die alle einmal hier oben stehen wollen.

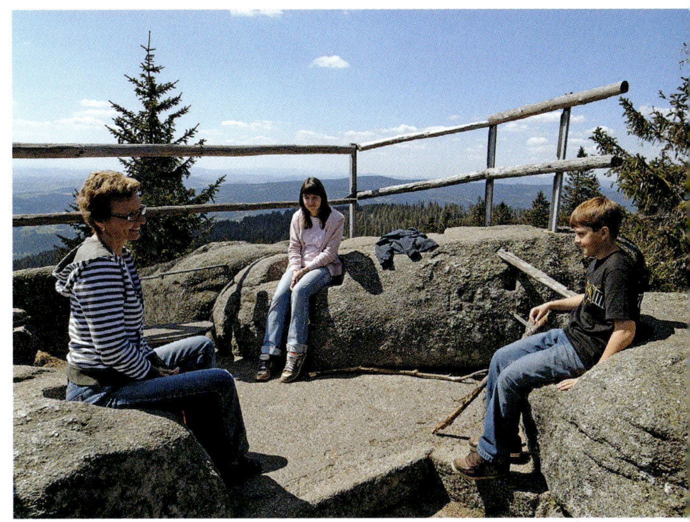

Die berühmten drei Sitzplätze am Dreisessel

Nach dem Abstieg wandern wir zwischen dem Berggasthof Dreisessel und dem kleinen Nebengebäude in nördlicher Richtung weiter. Der breite Wanderweg ist als »Dreisesselrundweg« und in Richtung Hochstein beschildert. Vor uns türmen sich bereits die Felsriegel in ihren wilden und bizarren Formen auf. Der Größte davon – mit einem Kreuz markiert – ist der Hochstein (1320 m). Auf ihn führen nun schon deutlich mehr Stufen als zuvor auf den Dreisessel. Trotzdem ist das Angebot an passablen Rastplätzen auf dem Gipfel sehr gering. Aber am Fuße des Felsturms und rund um die kleine Bischof-Neumann-Kapelle finden sich jede Menge Brotzeitfleckerl, z. T. mit bequemen Rastbänken.

Eine Pause können wir zudem am Berggasthof Dreisessel einlegen, auch wenn wir das fast nicht mit unserem Gewissen vereinbaren können, denn groß war unser bisheriger Kalorienverbrauch auf dieser Strecke heute noch nicht. Wer ein zu schlechtes Gewissen hat, kann ja die Weiterwanderung über den Plöckenstein (s. Tour 28) noch in Erwägung ziehen … Ansonsten wandern wir wieder auf demselben Weg zum **Wanderparkplatz Dreisessel** hinunter.

# 28 Auf den Bayerischen Plöckenstein

## Über den Adalbert-Stifter-Weg zum Dreiländereck

Mittel
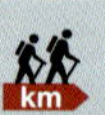

9 km

300 Hm
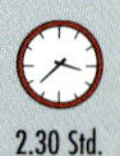
2.30 Std.

**Tourencharakter**
Tour mit Bergcharakter – anfangs bergab auf einer Forststraße, dann steiler Aufstieg zum Gipfel. Unbedingt feste Schuhe tragen! Flacherer Abstieg zum Dreisesselhaus. Gut kombinierbar mit Tour 27. Achtung: Sehr wenig Schatten! Im Grenzgebiet Ausweis nötig.

**Ausgangs-/Endpunkt**
Wanderparkplatz Dreisessel (1230 m)

**GPS-Daten**
48.77993, 13.80062

**Anfahrt**
Auto: A 3 bis Ausfahrt Aicha vorm Wald, weiter auf der B 12 Richtung Freyung, bei Deching abbiegen nach Waldkirchen, von dort über Jandelsbrunn und Altreichenau Richtung Haidmühle, dort kurz nach dem Ortsteil Frauenberg rechts auf die kleine Bergstraße hinauf zum gebührenpflichtigen Dreisessel-Wanderparkplatz

**Karte**
Kompass 1:50 000, Nr. 198/3 Bayerischer Wald

**Einkehr**
Berggasthof Dreisessel

**Information**
neureichenau.de

**Über den Themenweg »Adalbert Stifter« beginnen wir die Wanderung auf einem Waldweg. Dann steigen wir jedoch, einer Bergtour gleich, steil aufwärts, vorbei am Steinernen Meer bis zum Dreiländereck. Und zum Schluss wandern wir mit grandioser Aussicht über den Bayerischen Plöckenstein am Kamm entlang zum Dreisessel.**

Gleich einmal vorneweg sei gesagt: Es ist ein bisschen verwirrend, wie die Adalbert-Stifter-Themenwege angelegt wurden. Es gibt einen schon lange existierenden »Adalbert-Stifter-Steig« und gleichzeitig, ganz in der Nähe, einen der neuen »A.-Stifter-Kunst-und-LiteraTour-Themenwege«. Wir werden heute auf dem neuen »LiteraTour-Themenwanderweg Nr. 3« unterwegs sein. Dafür gehen wir am oberen Ende des **Dreisesselparkplatzes** unmittelbar vor dem Beginn der für den öffentlichen Verkehr gesperrten Straße nach rechts auf den abwärts führenden Forstweg, der ebenfalls für den öffentlichen Verkehr gesperrt, aber

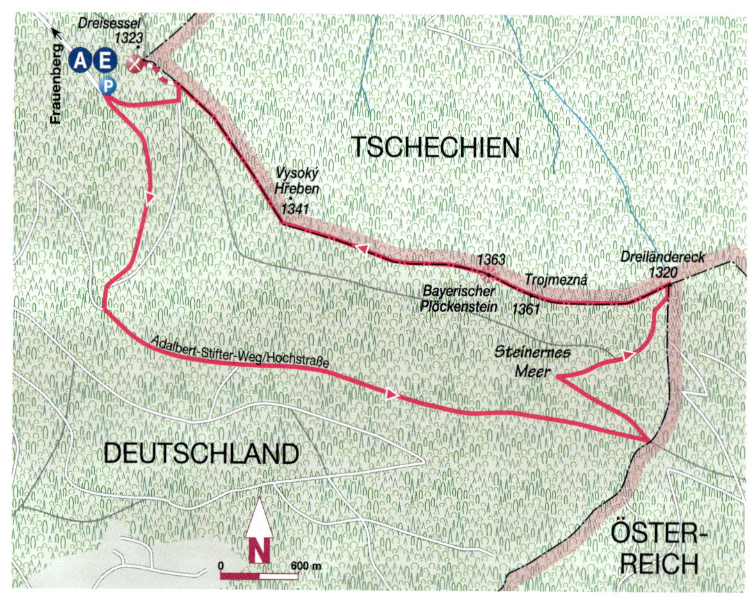

sonst nicht weiter beschildert ist. Dieser führt anfangs bergab und dann fast eben um die Südseite des Dreisesselbergs herum. Dabei treffen wir auf einige Tafeln mit prägnanten Stifter-Zitaten, die von verschiedenen Künstlern interpretiert wurden. Gut 45 Minuten lang ignorieren wir nun alle Abzweigungen und folgen der sogenannten Hochstraße, die erst kurz vor der österreichischen Grenze endet.

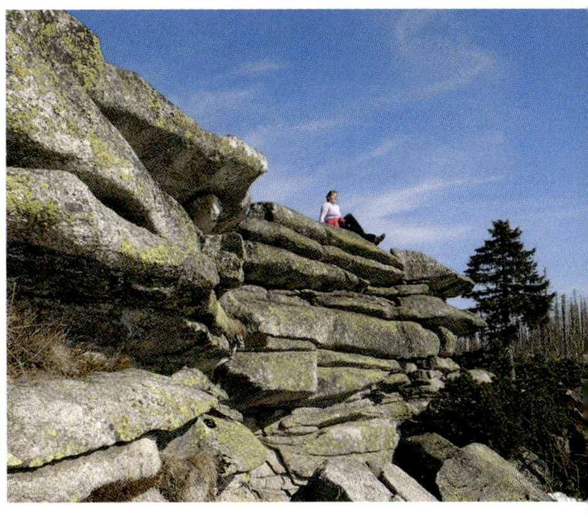

Die oben ganz glatt geschliffenen Felsen des Plöckensteins sind ein idealer Platz zum Rasten in der Sonne.

Hier weist uns nun ein Wanderwegschild links hinauf zum Dreiländereck und zum Dreisessel. Jetzt kommen wir ins Schwitzen, und das nicht nur, weil der Weg steiler wird – zusätzlich nimmt auch die Vegetation deutlich ab, und uns schützt nun kein Schatten mehr vor der strahlenden Sonne. Wir nähern uns dem Steinernen Meer am Südhang des Dreisessels; für uns wurde mühevoll ein steinerner Steig angelegt. Richtung Norden ragen zahllose Baumgerippe in den Himmel. Dann erreichen wir das **Dreiländereck** (1320 m) an einem Sattel, auf dem neben dem markanten Grenzstein von 1993 jede Menge Landes-Grenzschilder von Österreich, Tschechien und Deutschland stehen. Ein herrliches Schilderwald-Chaos, neben dem es auch einen Rastplatz gibt. Nach rechts kann man über den Tschechischen Plöckenstein weiter zum Adalbert-Stifter-Denkmal wandern, wo man einen schönen Blick auf den Plöckensteiner See genießt.

Wir jedoch wenden uns nach links, denn nun ist es nämlich nicht mehr weit bis zu unserem heutigen Ziel. Wir folgen jetzt stets den deutsch-tschechischen Grenzsteinen aufwärts über den Bergkamm. Dann erreichen wir den felsigen Aufbau des **Bayerischen Plöckensteins** (1363 m), der sich mit Händen und Füßen leicht erklettern lässt. Aber Achtung: Runterkommen müssen wir auch wieder! Vom Plöckenstein wandern wir weiter in Gehrichtung entlang des Grenzverlaufs über den Hauptkamm. Dann verlieren wir schon wieder an Höhe und wandern bald mit Sicht auf das Dreisesselhaus hinunter zu der geteerten Zubringerstraße. Wenn es noch nicht 17 Uhr ist, können wir dieser hinauf zum Dreisesselhaus folgen und dort einkehren (s. Tour 27) oder sogar noch auf den Dreisessel steigen. Für den weiteren Abstieg folgen wir ansonsten der geteerten Straße bis zurück zum **Dreisesselparkplatz**, wo wir gestartet sind.

# 29 Durch die Saußbachklamm

## Natur und Kunst in Waldkirchen

Leicht

7 km

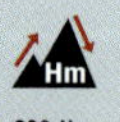

200 Hm

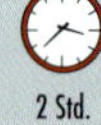
2 Std.

**Tourencharakter**
Rundweg entlang eines der schönsten bayerischen Geotope; Spaziergang durch den malerischen Ort Waldkirchen. Geringe Steigungen

**Ausgangs-/Endpunkt**
Wanderparkplatz »Am Karoli-Badepark« in Waldkirchen (573 m)

**GPS-Daten**
48.721497, 13.604256

**Anfahrt**
**Auto:** A 3 bis Ausfahrt Aicha vorm Wald, weiter auf der B 12 Richtung Freyung, bei Deching abbiegen nach Waldkirchen. Der Karoli-Badepark ist ausgeschildert, er liegt südlich des Zentrums am Ende der Hauzenbergerstraße, ziemlich am höchsten Punkt des Ortskerns.
**Bahn/Bus:** Mit dem Zug nach Passau, von dort weiter mit Bussen nach Waldkirchen

**Karte**
Kompass 1:50 000, Nr. 198/3 Bayerischer Wald

**Einkehr**
In der Saußbachklamm die Haller Alm (nur von Mai-Okt. geöffnet); am Ende der Klamm der sehr nette Bioladen Bogners; viele Möglichkeiten in der Altstadt von Waldkirchen

**Information**
waldkirchen.de

**Waldkirchen ist eine lebhafte kleine Stadt mit einem hübschen Marktplatz und einer Stadtmauer. 2007 fand in und rund um die Stadt die Regionalgartenschau unter dem Motto »Aufwärts – Himmelwärts« statt. So können wir neben dem sensationellen Geotop Saußbachklamm auch noch die Kunstinstallationen rund um Waldkirchen sowie die Altstadt selbst besuchen.**

Wir starten am großen **Parkplatz des Karoli-Badeparks**. Für uns geht es mit Blick auf den Badepark nach links für wenige Me-

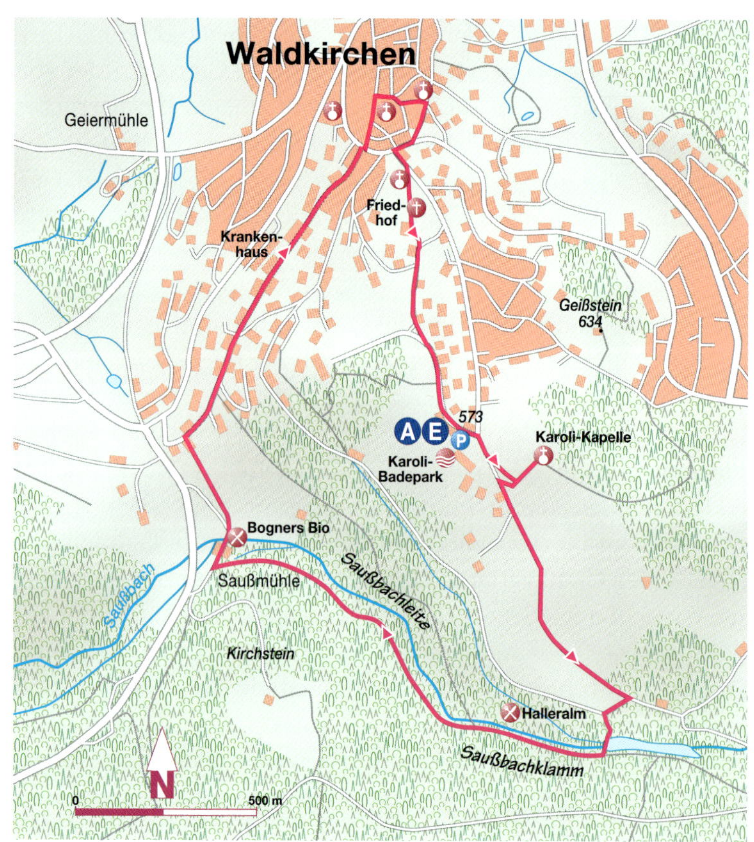

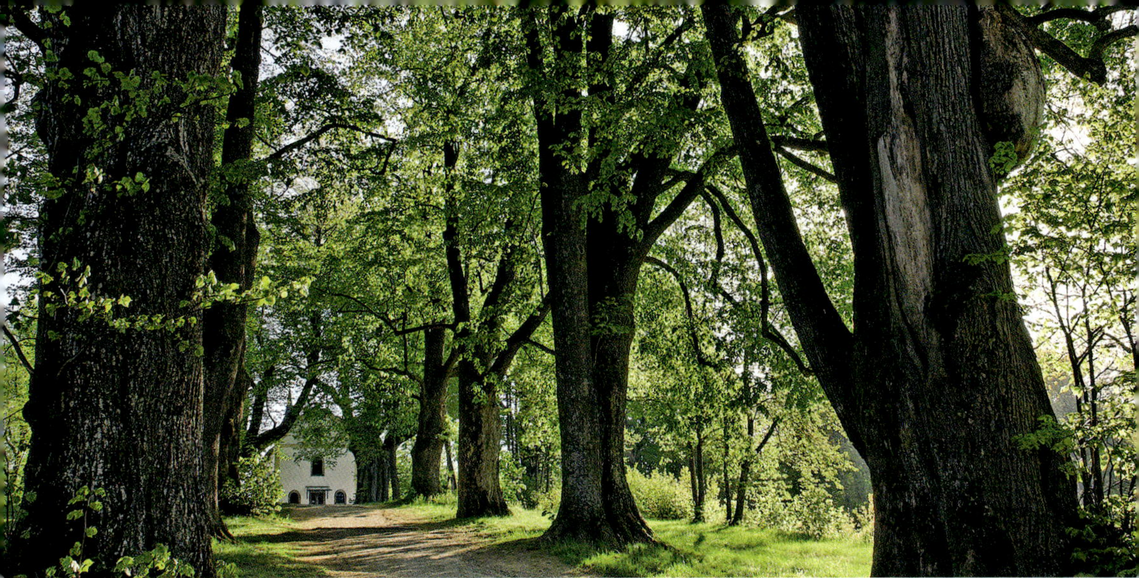

Eine Allee mit mächtigen Lindenbäumen führt zur Karoli-Kapelle in Waldkirchen.

ter weiter auf der Hauzenbergerstraße, dann biegen wir gleich nach links auf einen schmalen Wiesenweg, der uns zur großen Lindenallee und von dort hinauf zur **Karoli-Kapelle** bringt. Von dem Platz vor der Kirche haben wir einen wunderbaren Blick auf Waldkirchen. Dann wandern wir durch die knorrige Lindenallee abwärts und stoßen an ihrem unteren Ende auf die gläserne Kunstinstallation »Kristall zwischen Himmel und Erde«, die im Zuge der Gartenschau errichtet wurde. Hier wenden wir uns auf der kleinen Straße nach links und folgen nun der Beschilderung zur Saußbachklamm über einen Feldweg leicht abwärts. Am Waldrand biegen wir dann nach rechts ab und erreichen am kleinen Wehr mit seiner Brücke den Beginn der **Saußbachklamm**.

Wir queren den Kanal und den Bach und wandern dann nach rechts, mit dem Saußbach zu unserer Rechten. Mit seinen von Moosen überzogenen Steinen und den gurgelnden, teils kaskadenartigen Wasserläufen ist die Klamm zu jeder Jahreszeit wunderschön. Gleich zu Beginn passieren wir die Haller Alm, wo man in den Sommermonaten prima einkehren kann. Je enger das Bachbett nun wird, desto wilder fließt das Wasser. Es dauert jedoch nicht lange, dann wird das Tal wieder breiter, und bald schon verlassen wir den Fluss. An einer Wiese kommen wir aus

## Badevergnügen

Badesachen nicht vergessen! Der Karoli-Badepark hat täglich bis 20 Uhr (Di + Do bis 22 Uhr) geöffnet. Neben einem großen Hallenbad und dem im Sommer zu nutzenden Freibad gibt es ein Mediterraneum, dessen verschiedene Warmwasserbecken mit rund 34 °C warmem Thermal-Solewasser gefüllt werden.

## Steinerne Wahrzeichen Waldkirchens

Die Stadt lag am »Goldenen Steig«, über den die Säumer mit ihren Packpferden Handelsware (hauptsächlich Salz) nach Böhmen brachten. In Waldkirchen wurde dabei übernachtet, und deshalb besitzt die Stadt auch einen ungewöhnlich großen Marktplatz. Auf ihm konnten die Säumer für die Nacht ihre Waren abladen und ihre Pferde gesichert anhängen. Als im Lauf der Zeit mehr Fuhrwerke für den Warentransport benutzt wurden, stießen diese wieder an den Hausecken an. Also setzte man massive Granitsteine zum Schutz an die Ecken. Dem Steinmetz Matthias Häusbäck war das zu langweilig, und so machte er aus dem Granitstein eine Figur und malte sie bunt an – der »Ewige Hochzeiter« war geboren und stand, sehnsüchtig nach einer Gefährtin Ausschau haltend, an seinem Hauseck. Bei der Stadterhebung 1972 bekam er sie endlich, seither steht ihm gegenüber die »Stoarnerne Gretl«. Seit damals haben sich die Radabweiserfiguren vermehrt, obwohl es ja schon lange keine Fuhrwerke mehr gibt. Wir finden rund um den Markt zahlreiche Persönlichkeiten aus der Geschichte Waldkirchens, die alle der Waldkirchner Künstler Manfred Werner geschaffen hat und die vom Heimatverein aufgestellt und betreut werden. Sie sind zu einem einzigartigen Wahrzeichen der Stadt geworden.

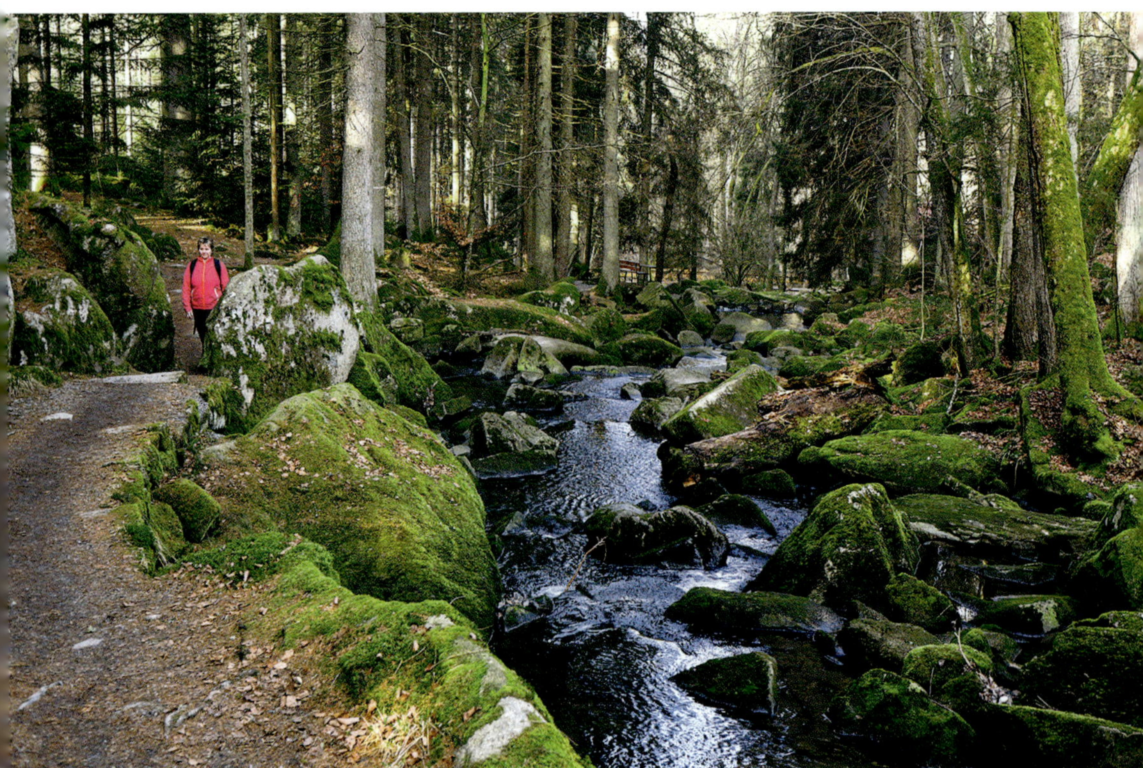

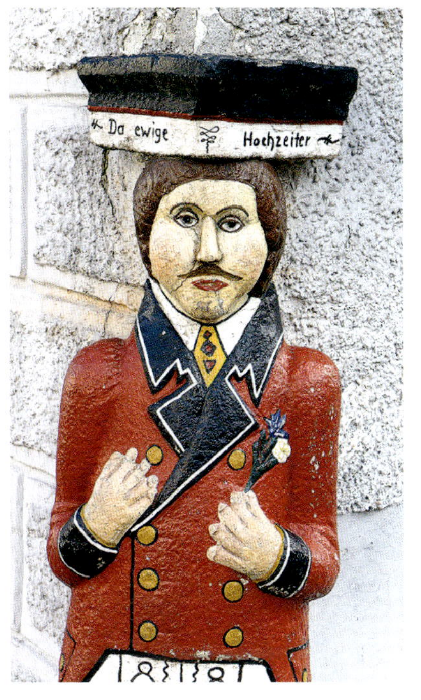


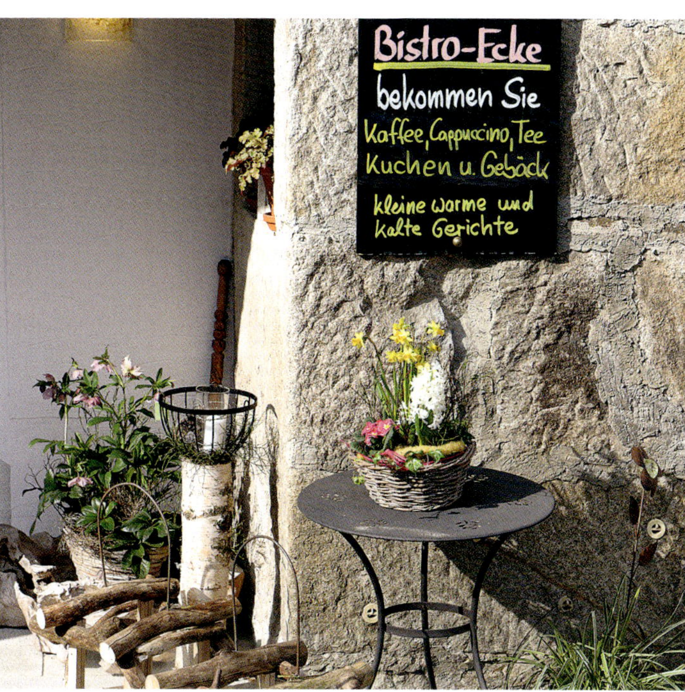


dem Wald und sind kurz darauf an der Saußmühle, dem unteren Einstieg zur Saußbachklamm. Wir treffen auf eine geteerte Straße und folgen ihr nach rechts zwischen den Mühlengebäuden hindurch. Der Weg führt über den Saußbach, dann halten wir uns rechts auf dem Feldweg, der aufwärts in Richtung Waldkirchen führt. Nach wenigen Minuten stoßen wir so auf die Straße Erlenhain, der wir weiter nach rechts aufwärts folgen. Kurz darauf stehen wir an der historischen Stadtmauer von **Waldkirchen**.

Wer die Altstadt besichtigen möchte, läuft hier geradeaus zum hübschen Marktplatz. Ansonsten wenden wir uns an dieser Stelle nach rechts und folgen der Ringmauerstraße bis zum Rathaus. Gegenüber beginnt am Friedhof unser Rückweg, der links am Rand des Friedhofs entlang aufwärts bis zum alten Wasserreservoir der Stadt führt. Dahinter liegen die Gärten mit den Kunstinstallationen, die im Rahmen der Gartenschau angelegt wurden. Vorbei am Aquasonum, einem Wasserspiel, und den Blauen Gärten geht es zum Platz der Regionen, wo wir die Aussicht nach Westen genießen können. Dort stoßen wir auf die VDK-Heim-Straße, der wir nach links bis zum **Parkplatz des Karoli-Badeparks** folgen.

Bogners Bioladen an der Saußmühle in Waldkirchen bietet auch uns Wanderern Kaffee und Kuchen an.

Links: Zum Wahrzeichen von Waldkirchen ist der Ewige Hochzeiter geworden.

Linke Seite: Durch die Saußbachklamm windet sich einer der schönsten und romantischsten Wanderwege des Bayerischen Walds.

# 30 Über den Donausteig

## Der Traum vom Schwarzen Meer

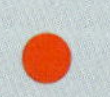
Mittel

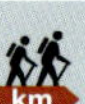
14,5 km

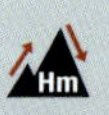
500 Hm

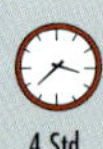
4 Std.

**Tourencharakter**
Rundweg mit steilem Auf- und Abstieg auf schmalen und steinigen Pfaden. Dazwischen wandern wir auf kleinen Nebenstraßen und naturbelassenen Wanderwegen. Die Wanderung eignet sich sehr gut im zeitigen Frühjahr, denn der Weg ist schnell frei von Schneeresten.

**Ausgangs-/Endpunkt**
Wanderparkplatz Jochenstein (300 m)

**GPS-Daten**
48.52007, 13.70943

**Anfahrt**
Auto: Über Passau auf die B 388 und entlang des nördlichen Donauufers Richtung Österreich. Über Obernzell kommt man zum Donaukraftwerk Jochenstein, wo es direkt am Umspannwerk einen großen Wanderparkplatz gibt.
Bahn/Bus: Mit der Bahn bis Passau, dann weiter mit Bussen

**Karte**
Kompass 1:50 000, Nr. 198/3 Bayerischer Wald

**Einkehr**
In Gottsdorf Landgasthof Zum Lang (sehr empfehlenswert). Am Ende der Tour: Gasthaus Kornexl am Donauufer

**Information**
untergriesbach.de

**Auf kleinen Schmugglerwegen wandern wir heute über den Donausteig hinauf aufs Donauhochufer zwischen Jochenstein und Engelhardszell. Hier gibt es zwei wunderschöne Aussichtsfelsen, den perfekten Platz für eine Rast: Tief unten glitzert das breite Band der Donau, auf der große Lastschiffe nach Süden fahren. Das lässt uns träumen, von einer Reise auf der Donau über Wien und Budapest ans Schwarze Meer …**

Die Donauleiten südlich von Passau bis hin zur österreichischen Grenze steht unter Naturschutz, und so finden wir hier noch

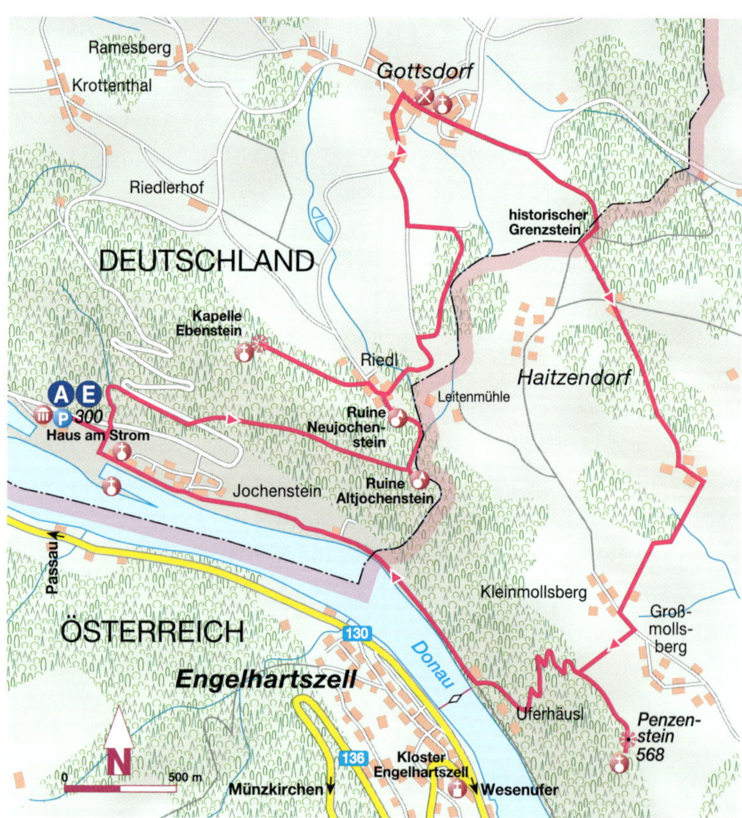

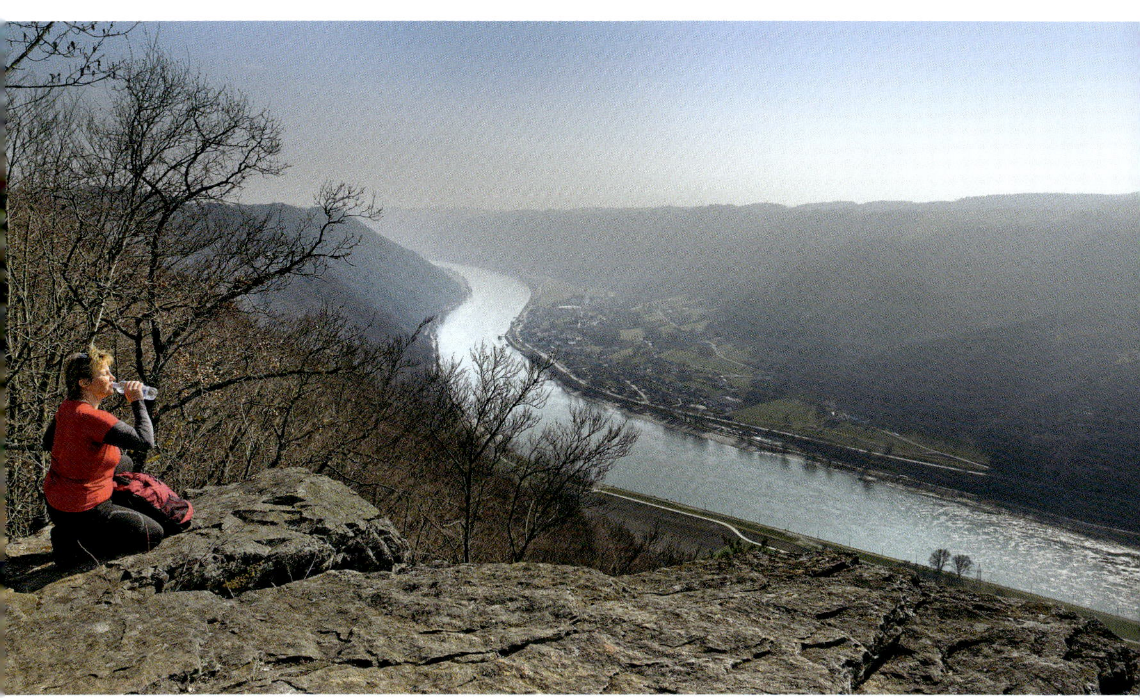

Wanderer am Aussichtspunkt der Kapelle Ebenstein im Naturschutzgebiet Donauleiten

jede Menge Highlights entlang der Strecke. Wir starten direkt am **Wanderparkplatz** in der Nähe des Museums »Haus am Strom«. Mit der Donau im Rücken wandern wir für etwa 300 Meter nach rechts auf einem Wiesenstreifen entlang der Autostraße. Ein gutes Stück bevor diese in einer Serpentine auf den Berg hinaufführt, finden wir auf der anderen Straßenseite das Wanderwegschild mit »Schmugglerweg« und »Life-Naturwaldweg«. Über eine Wiese, uns dabei rechts haltend, steigen wir zur Autostraße empor und können so die Straßenkurve abkürzen. Auf der anderen Straßenseite führt unser Wanderweg weiter. Der breite Waldweg steigt nun stetig, wenn auch nicht zu steil an. Wir sind jetzt auf dem Themenweg »Hang- und Schluchtenwälder im Oberen Donautal« unterwegs. Einige Informationsschilder erklären uns die Bedeutung des Leitenwalds. Hier wachsen vorwiegend Buchen und Birken auf den Hängen; sie lassen im Frühjahr viel Licht zum Wald-

## Berühmter Donausteig

Der Donausteig ist ein Weitwanderweg, der von Passau über Linz bis nach Grein im Unteren Mühlviertel führt. Für seine 450 km Streckenlänge benötigt man normalerweise 23 Tage. Auf der heutigen Wanderung treffen wir stellenweise auf ihn, z. B. am Streckenabschnitt von Untergriesbach.

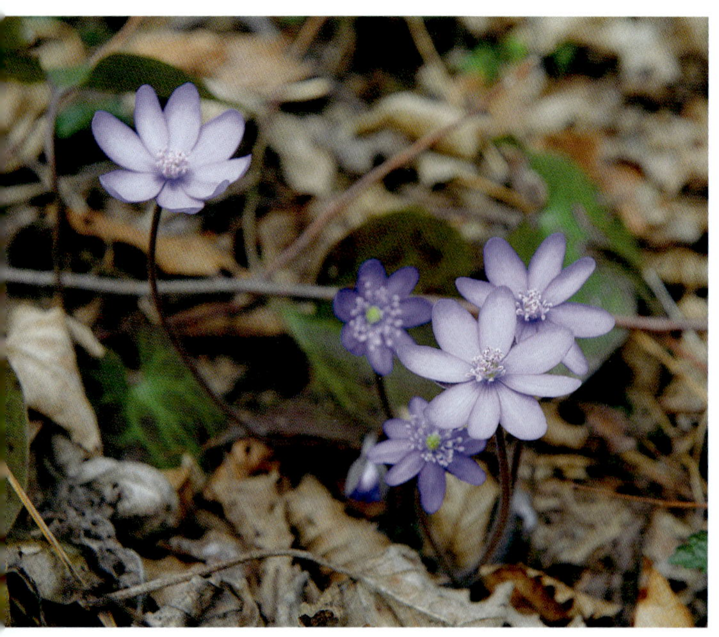

Die Leberblümchen im Naturschutzgebiet Donauleiten sind die ersten Frühlingsblüher auf dem lichten Buchenwaldboden.

boden durch und erwärmen die vereinzelt darin herumliegenden Felsbrocken. So sind sie ein beliebter Lebensraum für seltene Tiere, wie z. B. die Äskulapnatter, den Hirschhornkäfer und die Östliche Smaragdeidechse. Wer die Augen aufhält und auf das Rascheln im Laub achtet, kann diese mit etwas Glück vielleicht entdecken. Stets führt uns der Weg am Hang entlang in Richtung Osten, dann nähern wir uns einer Hangkante. Hier können wir in wenigen Schritten nach rechts zur **Burgruine Altjochenstein** gehen, von der aber nur noch ein kleines Mauerstück mitten im Wald steht. Zurück auf dem Wanderweg folgen wir nun dem Dantlbach, der die Staatsgrenze zu Österreich bildet. Kurz darauf treffen wir an der ehemaligen **Leitenmühle** erneut auf einige Wanderwegschilder und Informationstafeln. Direkt hinter dem großen Infoschild geht es links und über einige Stufen auf den schmalen Wanderpfad des Donausteigs. Nun erklimmen wir die letzten Höhenmeter hinauf zur **Burgruine Neu-Jochenstein**, die eigentlich Ruine Riedl heißt und bereits 1513 durch die Raubritter Oberhaimer aus Falkenstein zerstört wurde. Eine Ecke des großen, hohen Turms ist das Überbleibsel der erstmals 1298 erwähnten Burg, aber auch der Burggraben ist noch deutlich zu erkennen.

Wir wandern an den ersten Ferienhäusern von **Riedl** entlang und treffen dann auf die größere Dorfstraße. (An diese Abzweigung werden wir nach der Besichtigung der Ebensteinkapelle wieder zurückkommen.) Wir gehen hier wenige Schritte nach links und biegen vor der Pension Zum Ebenstein erneut nach links, wobei wir deren Parkplatz queren. Dahinter beginnt wieder ein breiterer Wanderweg, der entlang der Hangkante des Donauhochufers nach Westen führt. Nach nur 600 Metern haben wir die kleine **Aussichtskapelle Ebenstein** auf dem Felsvorsprung erreicht. Auf der Südseite steht eine kleine Rastbank, ein ideales

Plätzchen für eine erste Schaurast mit grandiosen Tiefblicken ins Donautal und das sich südlich davon erstreckende Innviertel.

Zurück wandern wir bis zur vorher erwähnten Abzweigung, bleiben dann einfach auf der geteerten Straße und folgen ihr ortsauswärts über den Dandlbach mit seinen Fischweihern. Die geteerte Straße vollführt eine Linkskurve, und dieser folgen wir bis zum Waldrand. Dort dürfen wir dann nach rechts auf einen Wanderweg ausweichen, der ein Stück durch den Wald führt, dann aber wieder in die Straße mündet. Auf ihr geht es nun am Sportplatz vorbei direkt auf **Gottsdorf** zu. Wir wandern nach rechts in den Ort hinein und können hier im Landgasthof Zum Lang einkehren und einen Blick in die hübsche Dorfkirche St. Jakob werfen. Der Patronatsheilige steht im Zentrum des großen Rokoko-Hochaltars und ist gut an seiner Pilgermuschel am Hut erkennbar. Das gotische Rippengewölbe zeigt jedoch, dass der Ursprung der Kirche bereits viel älter ist.

Über die Äcker bei Gottsdorf wabert der Nebel.

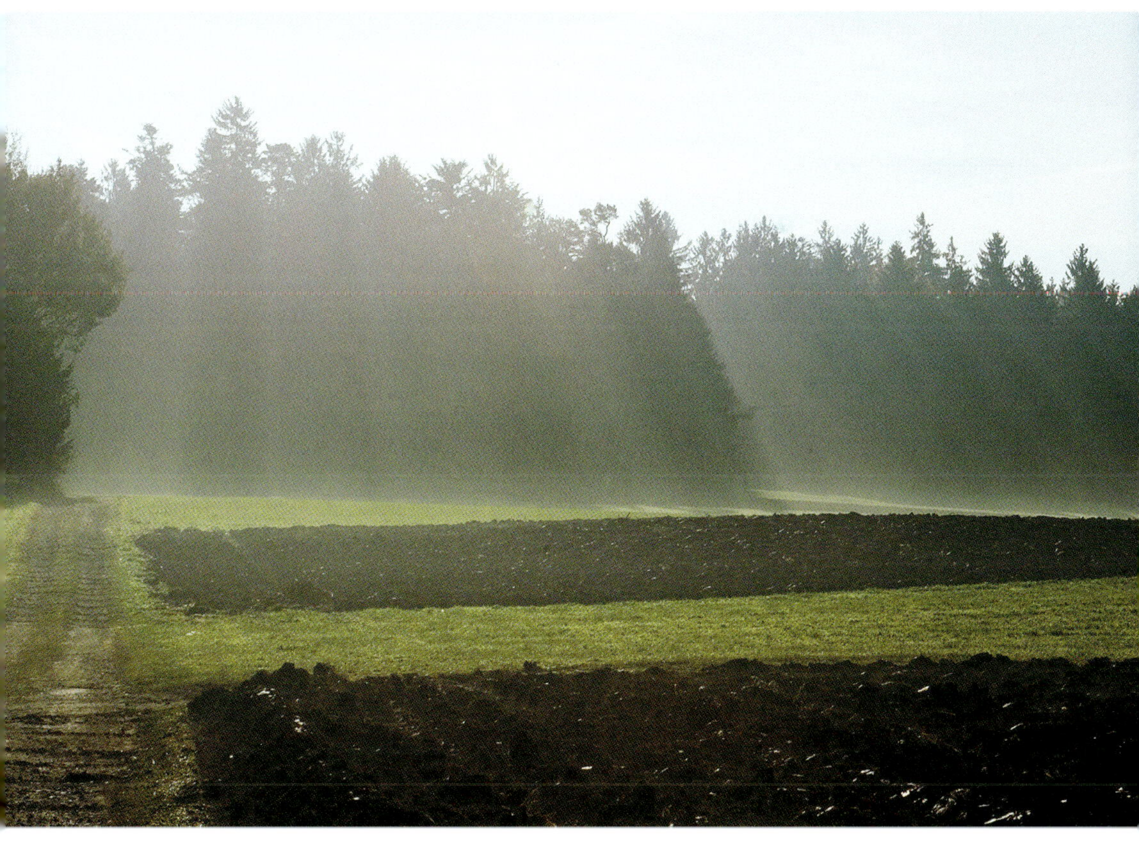

Wir verlassen Gottsdorf nach rechts und wandern auf einem Wiesenpfad neben der Straße weiter. Nach wenigen Minuten biegen wir dann auf den Feldweg nach rechts und folgen nun wieder der Beschilderung »Schmugglerweg zum **Grenzstein 47**«. Wir queren die Grenze nach Österreich und stoßen wieder auf eine geteerte Straße. Hier steht der Grenzstein 47, einer von 52 Steinen, die 1765 zwischen Jochenstein und Ranna aufgestellt wurden und so die Grenze neu definierten.

Wir folgen dem »Schmugglerweg«-Wanderschild weiter durch den Wald, dann treffen wir auf einen einsam gelegenen Hof, zwischen dessen Gebäuden unser Weg in Wanderrichtung wieder zum Wald hin verläuft. Er ist nun überdies auch mit der Nr. 1 beschildert. An der Weggabelung halten wir uns links und errei-

## Stift Engelszell

Es ist das einzige Trappistenkloster Österreichs. Die Trappisten spalteten sich im 17. Jh. von den Zisterziensern ab, um ein asketischeres Leben zu führen. Auch Engelszell war einmal ein Zisterzienserkloster, das 1293 vom Passauer Fürstbischof Wernhart von Prambach genau auf der Grenze zu Österreich gegründet wurde. Auf diese Weise konnte er erfolgreich die ständigen Grenzstreitigkeiten beilegen. Die Trappisten kamen erst 1925 nach Engelszell und belebten das Kloster neu, das seit der Säkularisation anderen Zwecken gedient hatte. Die Mönche leben heute von der Land- und Forstwirtschaft, von der Herstellung eines berühmten Magenbitters und (neuerdings) auch von ihrer Brauerei, die eigens ein »Trappistenbier« herstellt. Besondere Bedeutung hat für die Mönche der Erhalt alter Pflanzensorten, die aus wirtschaftlichen Gründen nicht mehr kultiviert werden. So pflanzen sie in einem eigenen Weingarten alte Rebsorten an, die dem rauen Klima des Innviertels angepasst sind. In einem vielbesuchten Garten finden sich zahlreiche alte, vom Aussterben bedrohte Obstsorten – sie sollen erhalten werden, und das durchaus vor dem Hintergrund, ihr wertvolles Genpotenzial auch in Zukunft nutzen zu können.

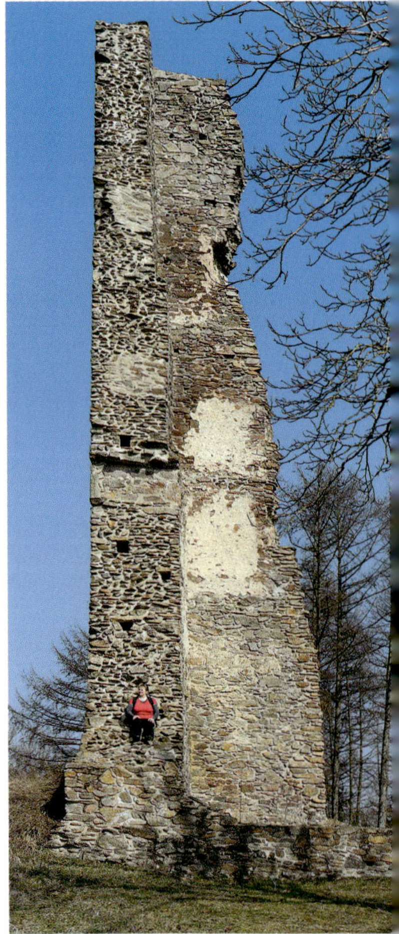

Wanderer an der Burgruine Neujochenstein im Naturschutzgebiet Donauleiten

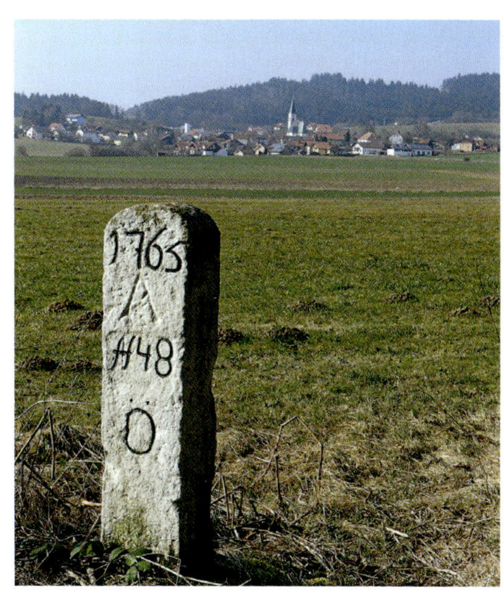

Grenzstein zwischen Österreich und Deutschland bei Gottsdorf

chen leicht abwärts **Forstedt**, dass wir nach links durchqueren und dann nach rechts wieder verlassen. Nun sind wir auf einem geteerten Sträßchen unterwegs, das uns nach **Kleinmollsberg** bringt, wo wir links ein Stück Richtung Großmollsberg wandern, aber keine 100 Meter später rechts in einen Wiesenweg abbiegen. Dieser führt uns an den Waldrand und zur Kante des Donauhochufers. Nach links sollten wir uns den Abstecher zum **Aussichtspunkt Penzenstein** nicht entgehen lassen (einfach ca. 10 Min.); nach der Besichtigung kehren wir dann hierher zurück. Der Penzenstein mit seiner Kapelle und dem Feldkreuz erhebt sich knapp 300 Meter über der Donau, direkt gegenüber dem Trappistenstift Engelszell. Es ist ein mächtiger Felsblock mit freier Sicht auf die Donau und auf den Sauwald im Innviertel, um dessen Entstehung sich herrliche Sagen ranken.

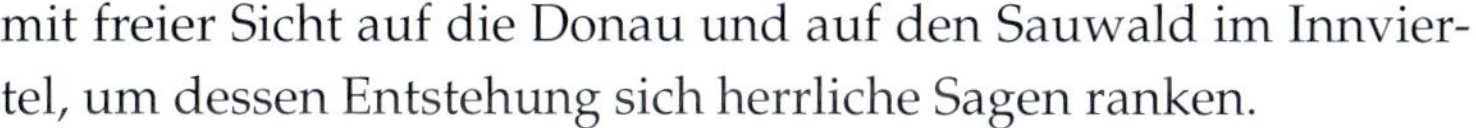

Die letzte Wegetappe zurück ins Donautal bewältigen wir nun ganz ohne Orientierungsprobleme: Zurück an der Abzweigung geht es bald steil in vielen Kehren abwärts; große Granitfelsen, wie sie häufig im Bayerischen Wald zu finden sind, säumen dabei den Pfad und bilden Schuttreißen. Schließlich treffen wir am Fährübergang hinüber nach Engelhardszell auf die Donauuferstraße, wo der bekannte Donauradweg verläuft. Wenn jetzt noch Zeit ist, kann man mit der Glocke den Fährmann rufen und auf die andere Seite übersetzen – der Ort mit seinem Kloster Engelszell ist eine Besichtigung wert.

Wem es hingegen für heute reicht, der wendet sich auf der Uferstraße nach rechts und folgt dieser an den Sandbänken der Donau entlang zurück auf die deutsche Seite. Dort durchwandern wir noch den kleinen Weiler **Jochenstein** mit seiner beeindruckenden Schiffsschleuse und können von der Flussuferpromenade aus einen Blick auf die kleine Kapelle mit der daneben stehenden Heiligenfigur des Johannes Nepomuk werfen, die auf einem Felsen in der Donauströmung stehen. Der Heilige gilt als Schutzpatron gegen Wassergefahren. Kurz vor unserem Ausgangspunkt bremst uns noch der nette Gasthof Kornexl ein wenig aus, und dann sind wir wieder zurück am **Wanderparkplatz**.

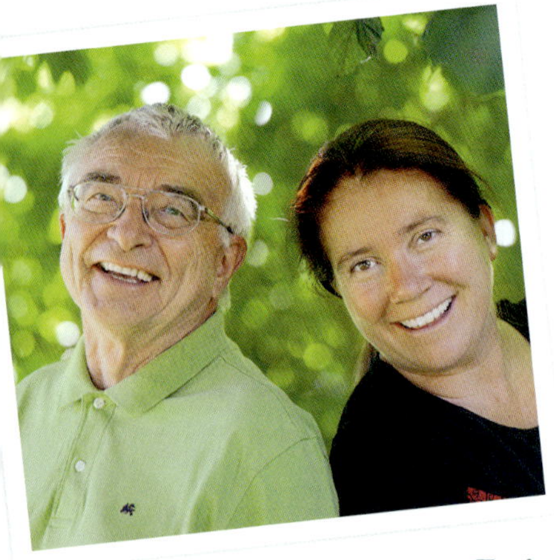

# Zugabe

***Wald erdet,** Wald beruhigt und Wald kann heilen, das ist mittlerweile wissenschaftlich bewiesen. Ein Zauberwort ist Waldbaden – Shinrin Yoku, ein Gesundheitstrend aus Japan, den es bei uns mittlerweile auch gibt. Denn Menschen fühlen sich im Wald wohl und halten sich gerne darin auf.*

***Es ist wohl das Wechselspiel** zwischen Licht und Schatten, zwischen Werden und Vergehen, das uns gefällt. Es ist die Wirkung der verschiedenen Grüntöne auf unsere Sinne. Und mit Sicherheit auch die frische Waldluft, in der Abermillionen Blätter, Zapfen und Nadeln feinste ätherische Öle für einen würzigen, erdigen und frischen Duft abgeben.*

***Gut**, dass – Nomen est Omen – das Wort »Wald« den Bayerischen Wald schon perfekt beschreibt. Weite Teile des Bayerischen Walds sind von mehr oder weniger dichtem Grün bedeckt. Aber durch die Landschaft weht nicht nur Tannengeflüster und Fichtenrauschen. Dazwischen liegen sonnige Kulturlandschaften mit kleinen Feldern, die extensiv genutzt werden. Die meisten Gipfel liegen voll in der Sonne und lassen uns über eine grüne, sanft gewellte Landschaft in die Weite schauen.*

***Kein Wunder**, dass bei so vielen positiven Eigenschaften immer mehr Menschen den Bayerischen Wald für sich entdecken. Wer Ruhe und Natur sucht, und gleichzeitig wanderbegeistert ist, wird im Bayerischen Wald sicherlich glücklich. Wir sind es definitiv bei jedem Besuch! Wir wünschen Ihnen eine wunderbare grüne Wanderzeit ganz im Sinne von Theodor Storm:*

***»Der Sinn des Reisens ist, an ein Ziel zu kommen, der Sinn des Wanderns, unterwegs zu sein.«***

*Herzlichst*

Lisa Bahnmüller

# Register

# Ebenfalls erhältlich ...

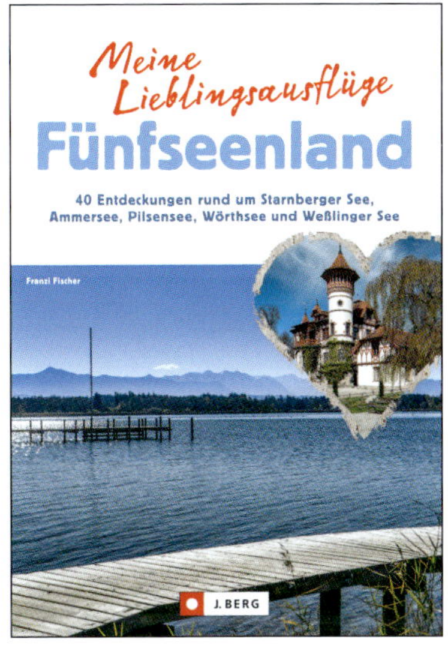


ISBN 978-3-86246-538-5

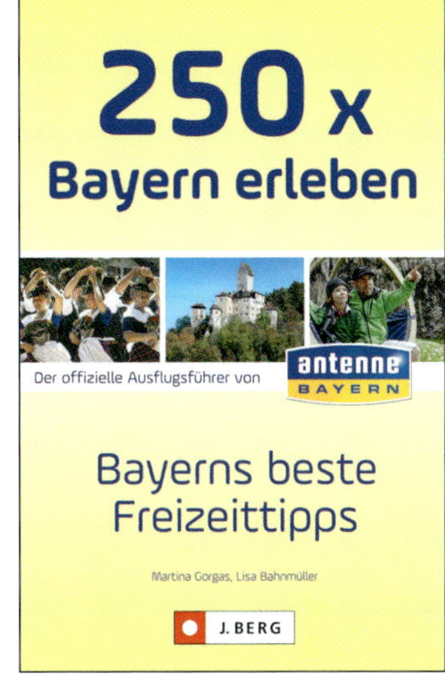


ISBN 978-3-86246-602-3

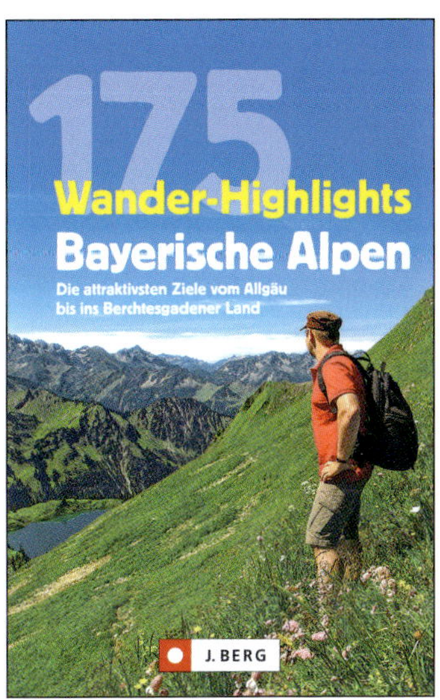


ISBN 978-3-86246-736-5

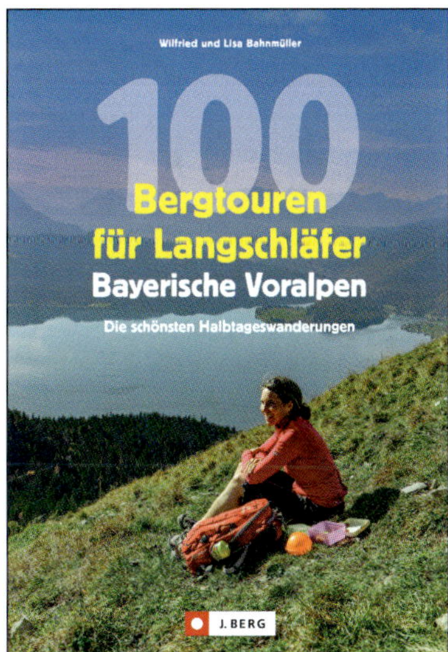


ISBN 978-3-86246-744-0

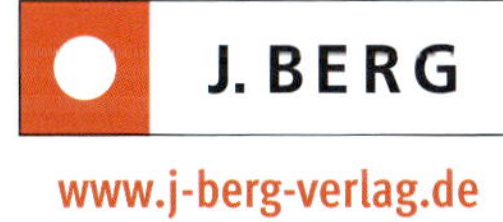


www.j-berg-verlag.de

# Impressum

Danksagung: Wir möchten uns noch sehr herzlich bei allen mitwandernden Freunden und Familienangehörigen bedanken: Liebe Mama, Maria, Hanni, Gaby und Andy mit Tomas und Johannes, Martin mit Lucas und Antonia – was würden wir nur ohne Euch, eure Geduld und Ausdauer machen? Herzlichst und in Liebe, eure Lisa und Wilfried Bahnmüller

Verantwortlich: Miriam Gieler
Redaktion: Anette Späth
Layout: Eva-Maria Klaffenböck
Repro: Cromika
Kartografie: Heidi Schmalfuß
Herstellung: Bettina Schippel
Printed in Slovenia by Florjancic

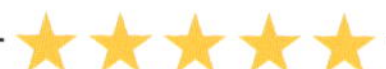

Sind Sie mit diesem Titel zufrieden? Dann würden wir uns über Ihre Weiterempfehlung freuen. Erzählen Sie es im Freundeskreis, berichten Sie Ihrem Buchhändler, oder bewerten Sie bei Onlinekauf. Und wenn Sie Kritik, Korrekturen, Aktualisierungen haben, freuen wir uns über Ihre Nachricht an J. Berg Verlag, Postfach 40 02 09, D-80702 München oder per E-Mail an lektorat@verlagshaus.de.

Unser komplettes Programm finden Sie unter 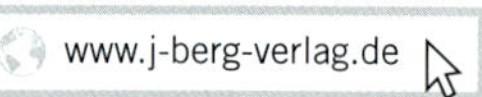




In diesem Buch wird aus Gründen der besseren Lesbarkeit das generische Maskulinum verwendet. Weibliche und anderweitige Geschlechteridentitäten sind dabei ausdrücklich mitgemeint, soweit es für die Aussage erforderlich ist.

**Empfehlung der Redaktion**
Sie sind auf der Suche nach weiterführender Literatur? Dann empfehlen wir Ihnen den Titel »100 Bergtouren für Langschläfer Bayerische Voralpen « von Wilfried und Lisa Bahnmüller. Oder Sie werfen einen Blick in die Zeitschrift »BERGSTEIGER«. Hier werden Sie bestimmt fündig.

Bildnachweis: Alle Aufnahmen im Innenteil und auf dem Umschlag stammen von den Autoren.
Umschlagvorderseite: Ein Wanderer genießt die Nachmittagssonne am Teufelstisch bei Bodenmais (Tour 10).
Umschlagrückseite: Wildromantischer Wanderweg durch die Saußbachklamm (Tour 29)

Die Deutsche Nationalbibliothek verzeichnet diese Publikation in der Deutschen Nationalbibliografie; detaillierte bibliografische Daten sind im Internet über http://dnb.d-nb.de abrufbar.


Infanteriestraße 11a
80797 München

ISBN 978-3-86246-810-2